中華文化促進會主持編纂

國家“十一五”重點圖書出版規劃項目

中國社會科學院哲學社會科學創新工程學術出版資助項目

出品人 王石 段先念

今注本二十四史

金史

四

紀〔四〕志〔一〕

元 脱脱等 撰
張博泉 程妮娜 主持校注

中國社会科學出版社

金史　卷一九

本紀第十九

世紀補

景宣皇帝諱宗峻，本諱繩果，太祖第二子。母曰聖穆皇后唐括氏，[1]太祖元妃。宗峻在諸子中最嫡。

[1]聖穆皇后唐括氏：女真人。本書卷六三有傳。

天輔五年，[1]忽魯勃極烈杲都統諸軍取中京，[2]帝别領合扎猛安，[3]受金牌，[4]既克中京，遂與杲俱襲遼主於鴛鴦濼。[5]遼主走陰山，[6]耿守忠救西京，[7]帝與宗翰等擊走之。[8]西京城南有浮圖，[9]敵先據之，下射，士卒多傷。帝曰："先取是，則西京可下。"既而攻浮圖，克之，遂下西京。太祖崩，[10]帝與兄宗幹率宗室群臣立太宗。[11]天會二年，[12]薨。

[1]天輔：金太祖年號（1117—1123）。

［2］忽魯勃極烈：國論勃極烈制度屬官。太祖與太宗時期，女真國家最高軍政權力機構爲國論勃極烈制度，忽魯勃極烈居第二位，總掌國家軍政大事，此時又兼任金軍最高統帥。　杲：女真人。姓完顔氏，本名斜也，太祖同母弟。本書卷七六有傳。　中京：遼京名。治所在今内蒙古自治區寧城縣大明城。

［3］合扎猛安：親軍名。此爲太祖的親軍，一猛安約千人。

［4］金牌：金制，猛安佩金牌。

［5］遼主：指遼天祚帝耶律延禧。1101 年至 1125 年在位。　鴛鴦濼：即今河北省張北縣西北的安固里淖。

［6］陰山：即今内蒙古自治區與山西省境内的陰山。

［7］耿守忠：遼人。其後降金，太宗天會年間參加伐宋戰爭。　西京：遼京名。治所在今山西省大同市。

［8］宗翰：女真人。姓完顔，本名粘没喝，漢語訛爲粘罕，忽魯論勃極烈撒改之長子。本書卷七四有傳。

［9］浮圖：即佛塔。

［10］太祖：廟號。即完顔阿骨打，漢名旻。金朝開國皇帝，1115 年至 1123 年在位。

［11］宗幹：女真人。姓完顔氏，本名斡本，太祖庶長子。本書卷七六有傳。　太宗：廟號。即完顔吴乞買，漢名晟。金朝第二任皇帝，1123 年至 1135 年在位。

［12］天會：金太宗與熙宗初年的年號（1123—1137）。

熙宗即位，[1]追上尊謚曰景宣皇帝，廟號徽宗，改葬興陵。[2]海陵弑立，[3]降熙宗爲東昏王，降帝爲豐王。[4]世宗復尊熙宗廟謚，[5]尊帝爲景宣皇帝。子合剌、常勝、查剌。[6]合剌是爲熙宗。

［1］熙宗：廟號。即完顔合剌，漢名亶。1135 年至 1149 年

在位。

[2]興陵：在今北京市房山區境内。

[3]海陵：封號。即完顔迪古迺，漢名亮。金朝第四任皇帝，1149年至1161年在位。

[4]降帝爲豐王：按《大金集禮》卷四《追加謚號下·雜録》，“大定二十年三月有司奏請，景宣皇帝於閔宗時追謚，至（正）隆二年四月，海陵庶人批劄，贈太師、追封遼王”。本書卷五海陵紀，“追降景宣皇帝爲遼王”。同作“遼王”，與此異。　豐王：封爵名。次國封號，天眷格第二十位。

[5]世宗：廟號。即完顔烏禄，漢名雍。金朝第五任皇帝，1161年至1189年在位。

[6]合剌：女真人。姓完顔氏，即熙宗。本書卷四有紀。　常勝：女真人。姓完顔氏，漢名元。本書卷六九有傳。　查剌：女真人。姓完顔氏，熙宗朝任安武軍節度使，皇統九年（1149）十月爲熙宗所殺。

睿宗立德顯仁啟聖廣運文武簡肅皇帝諱宗堯，初諱宗輔，本諱訛里朶，大定上尊謚，[1]追上今諱。魁偉尊嚴，人望而畏之。性寬恕，好施惠，尚誠實。太祖征伐四方，諸子皆總戎旅，帝常在帷幄。

[1]大定：金世宗年號（1161—1189），章宗即位後仍沿用一年。

天輔六年，太祖親征，太宗居守黄龍府，[1]安福哥誘新降之民以叛，[2]帝與烏古迺討平之。[3]南路軍帥鶻實荅以贓敗，[4]帝往閲實之，咸稱平允。

[1]黄龍府：治所在今吉林省農安縣城。太宗居守於皇都，今黑龍江省阿城市白城，非黄龍府。

[2]安福哥：女真人。事迹無考。

[3]烏古迺：女真人。事迹無考。

[4]南路軍帥鶻實荅以贓敗：本書卷三《太宗紀》天會三年（1125）十月，“有司言權南路軍帥鶻實荅官吏貪縱，詔鞫之”。官職與此異。　南路軍帥：金初路官。掌一路軍政事務，此時金朝官員尚無品級。南路治所在今遼寧省遼陽市。　鶻實荅：女真人。天會二年（1124）任同知南路都統，奏高麗納叛亡，請求增邊備。

天會五年，宗望薨，[1]帝爲右副元帥，[2]駐兵燕京。[3]十一月，分遣諸將伐宋，[4]帝發自河間，[5]徇地淄、青。[6]

[1]宗望：女真人。姓完顔，本名斡魯補，又作斡离不，太祖子。本書卷七六有傳。

[2]右副元帥：元帥府屬官。金朝前期元帥府爲軍政合一機構，既是國家最高軍事統帥機構，又是中原地區最高軍政統治機構。右副元帥駐在燕京，下設燕京樞密院。掌統兵征討，統治中原東部漢地民政、駐防之事。

[3]燕京：治所在今北京市。

[4]宋：北宋（960—1127）。

[5]河間：府名。治所在今河北省河間市。

[6]淄：北宋州名。治所在今山東省淄博市南。　青：北宋州名。治所在今山東省青州市。

六年正月，[1]宋馬括兵二十萬至樂安，[2]帝率師擊破之。聞宋主在揚州，[3]時東作方興，留大軍夾河屯田而還，軍山西。[4]二月，移剌古破宋臺宗雋、宋忠軍五萬于大名，[5]明日再破之，獲宗雋、忠而還。冀州人乘夜出兵襲照里營。[6]照里擊敗之。宋主奉表請和，密書以誘契丹、漢人。詔伐宋，帝發自河北，[7]降滑州，[8]取開德府，[9]攻大名府，克之，河北平。

[1]六年正月：原脱此四字。本書卷三《太宗紀》天會六年（1128）正月，"甲寅，宋將馬括兵次樂安，宗輔擊敗之"。《金史詳校》卷二據紀云："此上當加'六年正月'。"是，補之。

[2]馬括：宋人。北宋末年曾出使金朝，著有《茆齋自叙》。　樂安：縣名。治所在今山東省廣饒縣。

[3]宋主：指宋高宗趙構。1127年至1162年在位。　揚州：治所在今江蘇省揚州市。

[4]軍山西：宗輔爲右副元帥，駐地在河北，此時山西爲左副元帥宗翰的駐地。疑此處山西當是河北之誤，或某山之西，山名脱。

[5]移剌古：女真人。姓完顔氏，曾隨宗弼渡江伐南宋，後任山東東路兵馬都總管。　臺宗雋：南宋人。其他事迹不詳。　宋忠：南宋人。其他事迹不詳。　大名：府名。治所在今河北省大名縣。

[6]冀州：治所在今河北省冀州市。　照里：女真人。又作照立，太祖時討遼兵，俘獲耶律大石。又追襲遼天祚帝，不及，獲遼傳國璽。

[7]河北：指河北東、西路的轄區，今河北省的中部與南部地區。

[8]滑州：治所在今河南省滑縣東。

[9]開德府：北宋府名。治所在今河南省濮陽市。

初，伐宋，河北、河東諸將議不决，[1]或欲先定河北，或欲先平陝西，[2]太宗兩用其策。而宗翰來會于濮，[3]既平河北，遂取東平及徐州，[4]盡得宋人江淮運致金幣在徐州官庫者，[5]分給諸軍，而劉豫遂以濟南降。[6]使拔离速等襲宋主于揚州，[7]而宋主聞之，比拔离速至揚州，前夕已渡江矣。宋主乃貶去帝號，再以書來請存社稷，語在《宗翰傳》中。既而宗弼追宋主，[8]宋主渡江，入于杭州，[9]復遯入海，[10]宗弼乃還。

[1]河北、河東諸將：指金朝駐在中原的東路軍與西路軍將領。河東：泛指今黄河以東，即今山西一帶。

[2]陝西：泛指今陝西一帶。

[3]濮：州名。治所在今山東省鄄城北。

[4]東平：府名。治所在今山東省東平縣。　徐州：治所在今江蘇省徐州市。

[5]江淮：長江與淮河流域。

[6]劉豫：原北宋知濟南府，降金後，天會八年（1130）金太宗立其爲傀儡齊政權“子皇帝”，後爲金朝所廢。本書卷七七有傳。濟南：府名。治所在今山東省濟南市。

[7]拔离速：女真人。姓完顔氏。本書卷七二有傳。

[8]宗弼：女真人。姓完顔氏，本名兀术，又作斡啜、斡出、晃斡出，太祖子。本書卷七七有傳。

[9]杭州：南宋州名。治所在今浙江省杭州市。

[10]遯：“遁”的異體字。

於是，婁室所下陝西城邑輒叛，[1]宗翰等曰：“前討宋，故分西師合于東軍，而陝西五路兵力雄勁，[2]當并力攻取。今撻懶撫定江北，[3]宗弼以精兵二萬先往洛陽。[4]以八月往陝西，或使宗弼遂將以行，或宗輔、宗翰、希尹中以一人往。"[5]上曰："婁室往者所向輒辦，今專征陝右，[6]豈倦于兵而自愛邪？卿等其戮力焉！"由是詔帝往。

[1]婁室：女真人。姓完顔氏。本書卷七二有傳。

[2]陝西五路：泛指今陝西、甘肅一帶地區。

[3]今撻懶撫定江北：按本書卷七七《劉豫傳》記此事云，睿宗"使撻懶帥師至瓜洲而還"。"今"當爲"令"之誤。　撻懶：女真人。姓完顔氏，漢名昌，先後任六部路都統、元帥左監軍、右副元帥、左副元帥。本書卷七七有傳。

[4]洛陽：宋縣名。治所在今河南省洛陽市。

[5]或宗輔、宗翰、希尹中以一人往：按此是宗翰的話，"宗翰"必譌。《金史詳校》卷二："'翰'當作'幹'。"然本書卷三《太宗紀》："太宗以斜也、宗幹知國政，以宗翰、宗望總戎事。"卷七六《完顔杲傳》："太宗即位，杲爲諳班勃極烈，與宗幹俱治國政。"亦必不是宗幹。疑此處"宗翰"爲衍文。　希尹：女真人。姓完顔氏，本名谷神。創造女真大字，太宗朝任元帥右監軍，熙宗朝任尚書左丞相兼侍中。本書卷七三有傳。

[6]陝右：泛指河南陝縣以東地區。

是時，宋張浚兵取陝西，[1]帝至洛水治兵，張浚騎兵六萬，步卒十二萬壁富平。[2]帝至富平，婁室爲左翼，宗弼爲右翼，兩軍並進，自日中至于昏暮，凡六合戰，破之。耀州、鳳翔府皆來降。[3]遂下涇、渭二州。[4]敗宋經略使劉倪軍于瓦亭，[5]原州降。[6]撒離喝破德順軍静邊寨,[7]宋涇原路統制張中孚、知鎮戎軍李彦琦以城降。[8]宋秦鳳路都統制吴玠軍于隴州境上,[9]招討都監馬五擊走之,[10]降一縣而還。帝進兵降甘泉等三堡,[11]取保川城,[12]破宋熙河路副總管軍三萬,[13]獲馬千餘,拔安西等二寨,[14]熙州降。[15]分遣左翼都統阿盧補,[16]右翼都統宗弼招撫城邑之未下者,[17]遂得鞏、洮、河、樂、西寧、蘭、廓、積石等州,[18]定遠、和政、甘峪、寧洮、安隴等城寨,[19]及鎮堡蕃漢營部四十餘,於是涇原、熙河兩路皆平。撒离喝降慶陽府,[20]慕洧以環州降。[21]既定陝西五路,乃選騎兵六千,使撒离喝列屯衝要。於是班師,與宗翰俱朝京師,立熙宗爲諳版勃極烈,[22]帝爲左副元帥。[23]

[1]張浚:南宋人。《宋史》卷三六一有傳。

[2]富平:宋縣名。治所在今陝西省富平縣北。

[3]耀州:宋州名。治所在今陝西省銅川市耀州區。　鳳翔府:宋府名。治所在今陝西省鳳翔縣。

[4]涇:宋州名。治所在今甘肅省涇川縣。　渭:宋州名。治所在今甘肅省平凉市。

[5]劉倪:宋人。其他事迹無考。　瓦亭:宋寨名。在今寧夏回族自治區隆德縣東北。

[6]原州:宋州名。治所在今甘肅省鎮原縣。

[7]德順軍:宋軍州名。治所在今甘肅省静寧縣。　静邊寨:宋地名。在今甘肅省静寧縣西。

[8]涇原路統制:宋軍官名。當爲涇州與原州路軍統領。　張中孚:宋人。後降金。本書卷七九有傳。　知鎮戎軍:宋軍州官名。鎮戎軍治所在今寧夏回族自治區固原市。　李彦琦:宋人。其

他事迹無考。

[9]秦鳳路：宋路名。治於鳳翔府，在今陝西省鳳翔縣。　都統制：宋官名。　吴玠：宋人。《宋史》卷三六六有傳。　隴州：宋州名。治所在今陝西省隴縣。

[10]招討都監：招討司屬官。掌統兵馬。　馬五：契丹人。姓耶律。金初參加了滅北宋、攻占陝西、過江伐南宋等重大戰役，多有戰功。金世宗大定年間，以金吾上將軍配享衍慶宫。

[11]甘泉：宋縣名。治所在今陝西省甘泉縣。

[12]保川城：宋置敷川縣，金改爲保川。在今甘肅省靖遠縣。

[13]熙河路副總管：宋軍官名。統領熙州與河州的兵馬。熙州治所在今甘肅省臨洮縣西，河州治所在今甘肅省臨夏市東北。

[14]安西：地名。位於今甘肅省定西市南。

[15]熙州：宋州名。治所在今甘肅省臨洮縣西。

[16]左翼都統：軍官名。統兵官。　阿盧補：女真人。姓完顔氏，又作阿离補。本書卷八〇有傳。

[17]右翼都統：軍官名。統兵官。

[18]鞏、洮、河、樂、西寧、蘭、廓：宋州名。鞏州治所在今甘肅省隴西縣；洮州治所在今甘肅省臨潭縣；河州治所在今甘肅省臨夏市東北；樂州治所具體不詳，當在今甘肅、青海省一帶；西寧州治所在今青海省西寧市；蘭州治所在今甘肅省蘭州市；廓州治所在今青海省尖紮縣北。　積石：軍州名。治所在今青海省貴德縣。

[19]定遠、和政、甘峪、寧洮、安隴：宋地名。定遠城位於今甘肅省蘭州市東南；寧洮寨位於今甘肅省永靖縣西；安隴寨位於今青海省民和縣西。其他地名不能確指，但亦當在這一帶。

[20]慶陽府：治所在今甘肅省慶陽市。

[21]慕洧：宋人。其他事迹不詳。　環州：宋州名。治所在今甘肅省環縣。

[22]諳版勃極烈：國論勃極烈制度屬官。太祖與太宗時期，女真最高軍政權力機構爲國論勃極烈制度，諳版居首位，即首席輔弼

大臣，同時又是皇位繼承人，地位顯赫。

[23]左副元帥：元帥府屬官。宗輔任左副元帥後仍駐在燕京，主要掌統兵征討之事，同時亦掌管燕京一帶漢地民政。

十三年，行次嬀州薨，[1]年四十，陪葬睿陵，[2]追封潞王，[3]謚襄穆。皇統六年，[4]進冀國王。[5]正隆二年，[6]追贈太師、上柱國，[7]改封許王。[8]世宗即位，追上尊謚立德顯仁啟聖廣運文武簡肅皇帝，廟號睿宗。二年，改葬于大房山，[9]號景陵。

[1]嬀州：唐州名。遼爲可汗州。在今河北省懷來縣。

[2]睿陵：金太祖完顔阿骨打的陵墓。初在女真内地上京地區，海陵王時遷至中都附近，在今北京市房山區。

[3]潞王：封爵名。次國封號，天眷格第七位。

[4]皇統：金熙宗年號（1141—1149）。

[5]冀國王：封爵名。大國封號，天眷格第十五位。

[6]正隆：金海陵王年號（1156—1161）。

[7]太師：三師之首，正一品。　上柱國：勳級名。第一位，正二品。

[8]許王：封爵名。大國封號，天眷格第十二位。

[9]大房山：地名。金朝帝王陵墓所在地，在今北京市房山區。

顯宗體道弘仁英文睿德光孝皇帝，諱允恭，本諱胡土瓦，世宗第二子，母曰明德皇后烏林荅氏。[1]皇統六年丙寅歲生。體貌雄偉，孝友謹厚。

[1]明德皇后烏林荅氏：女真人。初謚昭德皇后，本書卷六四

有傳。

大定元年十一月，世宗即位于東京。[1]乙酉，封楚王，[2]置官屬。十二月，從至中都。[3]

[1]東京：治所在今遼寧省遼陽市。

[2]楚王：封爵名。大國封號，大定格第十一位。

[3]中都：都名。金海陵王貞元元年（1153）至金宣宗貞祐二年（1214）爲金朝的國都，治所在今北京市。

二年四月己卯，賜名允迪。五月壬寅，立爲皇太子，世宗謂之曰："在禮貴嫡，所以立卿。卿友于兄弟，按百官以禮，[1]勿以儲位生驕慢。[2]日勉學問，非有召命，不須侍食。"帝上表謝。專心學問，與諸儒臣講議於承華殿。[3]燕閑觀書，乙夜忘倦，翼日輒以疑字付儒臣校證。九月庚子，詔東宫三師對皇太子稱名，[4]少師以降稱臣。[5]十一月庚子，生辰，百官賀于承華殿。世宗賜以襲衣良馬，賜宴于仁政殿，[6]皇族百官皆與。自後生辰，世宗或幸東宫，或宴内殿，歲以爲常。十二月辛卯，奏曰："東宫賀禮，親王及一品皇族皆北面拜伏，臣但答揖。伏望天慈聽臣答拜，庶惇親親友愛之道。"世宗從之，以爲定制。

[1]按百官以禮："按"，局本作"接"，是。

[2]勿以儲位生驕慢："位"，原作"以"，據北監本、殿本、局本改之。

[3]承華殿：中都皇宫内大殿。

[4]東宫三師：東宫屬官。爲太子太師、太子太傅、太子太保，掌保護東宫，導以德義。正二品。

[5]少師：東宫屬官。正三品。

[6]仁政殿：中都皇宫大殿之一。

世宗聞儒者鄭松賢，[1]松先爲同知博州防禦事致仕，[2]起爲左諭德，[3]詔免朝參，令輔太子讀書。松以友諭自處，帝嘗顧松使取服帶，松對曰："臣忝諭德，不敢奉命。"帝改容稱善，自是益加禮遇。每出獵獲鹿，輒分賜之。

[1]鄭松：其他事迹不詳。

[2]同知博州防禦事：州官名。掌通判防禦使事，正六品。博州：治所在今山東省聊城市。

[3]左諭德：東宫屬官。掌贊諭道德，侍從文章。正五品。

四年九月，納妃徒單氏，[1]行親迎禮。故事，大駕鹵簿天子乘玉路，皇太子鹵簿乘金路。

[1]徒單氏：女真人。即孝懿皇后。本書卷六四有傳。

六年，世宗行自西京還都，[1]禮官不知皇太子自有鹵簿金路，乃請太子就乘大駕綴路，行在天子之前。上疑其非禮，詳閲舊典，禮官始覺其誤。於是禮部郎中李邦直、[2]員外郎李山削一階，[3]太常少卿武之才、[4]太常丞張子羽、[5]博士張椝削兩階。[6]

[1]西京：治所在今山西省大同市。

[2]禮部郎中：禮部屬官。佐掌禮樂、祭祀、學校、貢舉諸事。從五品。　李邦直：其他事迹不詳。

[3]員外郎：禮部屬官。從六品。　李山：其他事迹不詳。

[4]太常少卿：禮部屬官。從五品。　武之才：其他事迹不詳。

[5]太常丞：禮部屬官。正六品。　張子羽：其他事迹不詳。

[6]博士：太常寺屬官。掌檢討典禮。正員二人，正七品。　張樑：其他事迹不詳。

頃之，禮官議受册謁謝太廟，[1]服常朝服，乘馬，世宗曰："此與外官禮上後謁諸神廟無異，海陵一時率意行之，何足爲法？大册與三歲祫享當用古禮爲是。[2]孔子曰：[3]'禮與其奢也寧儉。'不當輕易如此。"又曰："右丞蘇保衡雖漢人不通經史，[4]參政石琚通經史而不言，[5]前日禮官既已削奪，猶不懼邪？其具前代典禮以聞，朕將擇而處之。"久之，將授太子册寶，儀注備儀仗告太廟。上曰："朕受尊號謁謝，乃用故宋真宗故事，[6]常朝服乘馬。皇太子乃用備禮，前後不稱，甚無謂也。"謂右丞相良弼、[7]左丞守道曰：[8]"此卿等不用心所致。"良弼等謝曰："臣愚慮不及此。"上復曰："此文臣因循故也。"是年十月甲申，祫享于太廟，[9]行亞獻禮。[10]

[1]太廟：皇帝的祖廟。

[2]祫享：古代祭祀名。將遠近祖先牌位集於太廟，進行合祭。

[3]孔子：名丘，字仲尼，春秋魯國人。參見《史記》卷四七

《孔子世家》。

[4]右丞：尚書省屬官。爲執政官，宰相的副佐，佐治尚書省政務。正二品。　蘇保衡：本書卷八九有傳。

[5]參政：尚書省屬官。即參知政事，爲執政官，宰相的副佐，佐治尚書省事。正員二人，從二品。　石琚：本書卷八八有傳。

[6]宋真宗：廟號。北宋皇帝，名趙恒。998年至1022年在位。

[7]右丞相：尚書省屬官。國家重要輔弼大臣之一，地位僅次於左丞相。從一品。　良弼：女真人。姓紇石烈氏。本書卷八八有傳。

[8]左丞：尚書省屬官。爲執政官，宰相的副佐，佐治尚書省政務。正二品。　守道：女真人。姓完顔氏，本書卷八八有傳。

[9]祫享于太廟："祫享"，按本書卷三一《禮志》作"逮六年禘"。與此異。　禘：皇帝在祖廟里舉行的一種盛大祭祀，《禮記》曰："王者禘其祖之所自出，以其祖配之。"

[10]亞獻禮：古代祭祀時第二次獻爵叫亞獻。

七年，帝有疾，詔左丞守道侍湯藥，徙居瓊林苑、臨芳殿調治。[1]

[1]瓊林苑、臨芳殿：本書卷二四《地理志上》中都條下，"瓊林苑有橫翠殿"。又有臨芳殿，與瓊林苑不在一處。

八年正月甲戌，改賜名允恭。庚戌，受皇太子册寶，[1]帝上表謝。

[1]庚戌，受皇太子册寶：中華點校本認爲是年正月甲子朔，無庚戌。本書卷六《世宗紀上》，"八年正月庚辰，行皇太子册禮"。《金史詳校》卷二據《紀》謂："'戌'當作'辰'。"此處應

改爲“庚辰，受皇太子册寶”。

九年五月，世宗命避暑于草濼，[1]隋王惟功從行，[2]其應從行者皆給道路費。帝奏曰：“遠去闕廷，獨就凉地，非臣子所安，願罷行。”世宗曰：“汝體羸弱，山後高凉，[3]故命汝往。”丁丑，百官奉辭于都城之北，再拜，帝答拜。是月，百官承詔具牋問起居。六月，百官問起居如前。八月乙酉，至自草濼，百官迎謁于都城之北，如送儀。丙戌，入見，世宗曰：“吾兒相别經夏，極甚思憶也。”九月，詔皇太子供膳勿月支，歲給五千萬。

[1]草濼：在山西境北，具體地點不詳。

[2]隋王惟功從行：“惟功”局本作“永功”。《殿本考證》：“按《宗室表》諸王俱世宗子，以永爲名首，此並訛惟，從表改正。”中華點校本認爲，本書卷八五《世宗諸子傳》，世宗諸子命名排行“允”，章宗時避其父顯宗允恭諱，皆改“允”爲“永”。衛紹王名“永濟”，諱“永”，又改“永”爲“惟”。今本書僅本卷見“惟功”及下文“惟中”等名，他卷則否。 隋王：封爵名。次國封號，大定格第一位。 惟功：女真人。即永功，姓完顔氏，世宗子。本書卷八五有傳。

[3]山後：指雲、寰、應、朔、蔚、嬀、儒、新、武州地。爲西京路的南部，或指整個西京路的範圍，即今山西省北部地方。

十年八月，帝在承華殿經筵，[1]太子太保壽王爽啟曰：[2]“殿下頗未熟本朝語，何不屏去左右漢官，皆用女直人。”帝曰：“諭德、贊善及侍從官，[3]曷敢輒去?”

爽乃揖而退。帝曰："宫官四員謂之諭德、贊善，義可見矣，而反欲去之，無學故也。"有使者自山東還，[4]帝問民間何所苦，使者曰："錢難最苦。官庫錢滿有露積者，而民間無錢，以此苦之。"帝曰："貯之空室，雖多奚爲。"謂户部尚書張仲愈[5]曰："天子富藏天下，何必獨在府庫也。"因奏曰："錢在府庫，何異銅礦在野。乞流轉，使公私俱利。"世宗嘉納，詔有司議行之。

[1]承華殿：中都内皇太子東宫所在地。

[2]太子太保：東宫屬官。正三品。　壽王：封爵名。次國封號，大定格第二十九位。　爽：女真人。姓完顔氏，又作完顔阿鄰。本書卷六九有傳。

[3]贊善：東宫屬官。掌贊諭道德，侍從文章。正六品。

[4]山東：泛指今山東一帶。

[5]户部尚書：户部長官。掌户籍、物力、鹽鐵、酒麯、礦冶、榷場、市易、度支、國用、俸禄、錢帛、貢賦、租税、積貯、度量衡等。正三品。　張仲愈：世宗大定六年（1166）以少府監爲賀宋正旦使，二十三年二月擢任參知政事。

十一年十一月丁亥，[1]有事於圓丘，[2]帝行亞獻禮。

[1]十一年十一月丁亥：原脱"十一年"，本書卷六《世宗紀上》將此事繫於"大定十一年十一月"，中華點校本據此補之。從之。

[2]圓丘：金朝南郊祭壇爲圓丘，用以祭祀天地。

十二年五月，世宗聞德州防禦使胡剌謀叛，[1]因曰：

“朕於親親之道未嘗不篤，而輒敢如此。”帝徐奏曰：“叔胡剌性荒縱，耽娱樂，而無子嗣，忽如此狂謀，望更閎實之。”十月己未，祫享于太廟，帝攝行祀事。

[1]德州：治所在今山東省德州市。　胡剌：女真人。姓完顏氏，漢名文，完顏宗望子，太祖孫。本書卷七四有傳。

十三年十月，承詔與趙王惟中、曹王惟功獵于保州、定州。[1]十一月甲午，還京師。[2]

[1]趙王：封爵名。大國封號，大定格第八位。　惟中：女真人。姓完顏氏，即永中，世宗子。本書卷八五有傳。　曹王：封爵名。大國封號，大定格第二十位。　惟功：女真人。姓完顏氏，即永功，世宗子。本書卷八五有傳。　保州：治所在今河北省保定市。　定州：治所在今河北省定州市。

[2]京師：即中都，治所在今北京市。

十四年四月乙亥，世宗御垂拱殿，[1]帝及諸王侍側。世宗論及兄弟妻子之際，世宗曰：“婦言是聽而兄弟相違，甚哉。”帝對曰：“《思齊》[2]之詩曰：‘刑于寡妻，至于兄弟，以御于家邦。’臣等愚昧，願相勵而修之。”因引《常棣》華萼相承，[3]脊令急難之義，爲文見意，以誡兄弟焉。

[1]垂拱殿：中都皇宫大殿之一。

[2]《思齊》：《詩·大雅》篇名。所引詩句出此篇。

[3]《常棣》：《詩·小雅》篇名。唐以前引作“棠棣”，傳是

周公爲宴飲兄弟所作的樂歌。

十五年，世宗詔五品職事官謝見皇太子。

十七年五月甲辰，侍宴于常武殿，[1]典食令涅合進粥，[2]帝將食，有蜘蛛在粥盌中，[3]涅合恐懼失措，帝從容曰："蜘蛛吐絲乘空，忽墮此中爾，豈汝罪哉。"十月己卯，祫享于太廟，攝行祀事。

[1]常武殿：中都殿名。爲擊毬、習射場所。

[2]典食令：東宫屬官。掌承奉膳羞。正八品。　涅合：女真人，其他事迹不詳。

[3]盌："碗"的異體字。

十九年四月戊申，有事于太廟，攝行祀事。丁巳，詹事烏林荅愿入謝，[1]帝命取幞頭腰帶，官屬請曰："此見宰相師傅之禮也。"帝曰："愿事陛下久，以此加敬耳。"皆曰："非臣等所及。"十一月，改葬明德皇后于坤厚陵，[2]帝徒行輓靈車，遇大風雪，左右進雨具，上却之，[3]比至頓所，衣盡霑濕，觀者無不下淚。海陵雖貶黜爲庶人，宗幹尚稱明肅皇帝，議者以爲未盡，帝具表奏論。世宗嘉納之。於是宗幹削去帝號，降封遼王。[4]

[1]詹事：東宫屬官。掌總統東宫内外庶務。從三品。　烏林荅愿：女真人。世宗時曾以近侍局使爲賀宋正旦使出使宋朝，章宗朝任山東路統軍使、御史大夫、尚書左丞、平章政事，雖位至高官，《金史》却未立傳。

［2］坤厚陵：當位於帝陵附近。

［3］上却之："上"，北監本、殿本、局本作"帝"。顯宗並未即帝位，僅是追謚之號。此處應依前例，改"上"爲"帝"。

［4］遼王：封爵名。大國封號，大定格第一位。

二十四年，世宗將幸上京，[1]詔帝守國，作"守國之寶"以授之。其遣使、祭享、五品以上官及事利害重者遣使馳奏，六品以下官、其餘常事，並聽裁決。每三日一次於集賢殿受尚書省啟事。[2]京朝官遇朔望具朝服問候。車駕在路，每二十日一遣使問起居。已達上京，每三十日一問起居。世宗曰："今巡幸或能留一二年，以汝守國。譬之農家種田，商人營利，但能不墜父業，即爲克家子也。"帝對曰："臣在東宫二十餘年，過失甚多，陛下以明德皇后之故未嘗見責。臣誠愚昧，不克負荷，乞備扈從。"世宗曰："凡人養子皆望投老得力。朕留太尉、[3]左右丞、參政輔汝，彼皆國家舊人，可與商議。且政事無難，但用心公正，無納讒邪，一月之後政事自熟。"帝流涕堅辭，左右爲之感動。三月，世宗如上京，帝守國留中都。初，帝在東宫，或携中侍步于芳苑。[4]中侍出入禁中，未嘗限阻。此輩見帝守國，各爲得意，帝知之，謂諸侍中曰：[5]"我向在東宫不親國政，日與汝輩語話。今既守國，汝等有召命然後得入。"五月，世宗至上京，賜勅書曰"朕以前月八日到遼陽，[6]此月二日達上京，翌日祀慶元廟。[7]省方觀民，古之制也。汝守國任重，夏暑方熾，益當自愛，無貽朕憂。"帝謂徒單克寧曰：[8]"車駕巡幸，以國事見屬。刑名最重，人之死生繫焉。凡有可議，當盡至公。比主上還都，勿有廢事。”自是，凡啟稟刑名，帝自披閱，召都事委曲折正，[9]移晷忘倦，或賜之食。近侍報瑶池位蓮開，[10]當設宴。帝曰：“聖上東巡，命我守國，何敢宴遊廢事？采致數花足矣。”七月，遣子金源郡王麻達葛奉表問起居，[11]請世宗還都。十一月壬寅，帝冬獵。辛亥，還都。

[1]上京：金朝前期京師。治所在今黑龍江省阿城市白城。

[2]集賢殿：中都皇城内大殿。　尚書省：官屬名。海陵王正隆官制改革以後，是金朝最高權力機構。

[3]太尉：三公之一。正一品。

[4]中侍：東宫屬官。掌轄侍人。　芳苑：當爲中都内御苑。

[5]謂諸侍中曰：上文兩見皆作“中侍”，此處或爲“中侍”之誤寫。

[6]遼陽：府名。治所在今遼寧省遼陽市。

[7]慶元廟：爲祭祀太祖的原廟，位於上京，即今黑龍江省阿城市一帶。

[8]徒單克寧：女真人。本書卷九二有傳。

[9]都事：左、右司屬官。掌本司受事付事，檢勾稽失，省署文牘，兼知省内宿直檢校架閣等事。左、右司各設二人，正七品。

[10]近侍：近侍局屬吏。　瑶池位：本書卷二四《地理志上》中都條下作“瑶池殿位”。海陵王貞元元年（1153）建，在中都後宫内。

[11]金源郡王：封爵號。郡王封號第一位。　麻達葛：女真人。姓完顔氏，即章宗。本書卷九至一二有紀。

二十五年正月乙酉，[1]免群臣賀禮。帝自守國，深懷謙抑，宫臣不庭拜，啟事時不侍立，免朔望禮。[2]京朝朔望日當具公服問候，並停免。至是，群臣當賀，亦不肯受。甲寅，帝如春水。[3]二月庚申，還都。丁卯，遣子金源郡王麻達葛奉表賀萬春節。[4]四月，久不雨，帝親禱，即日霑足。

[1]二十五年正月乙酉：據本書卷八《世宗紀下》，乙酉爲朔日。

[2]朔望禮：農曆每月初一曰朔，十五曰望，行朝謁之禮。

[3]春水：金朝皇帝春季狩獵的場所。

[4]萬春節：金世宗的誕辰日，在每年的三月。

六月甲寅，帝不豫。庚申，崩于承華殿。世宗自上京還，次天平山好水川，[1]訃聞，爲位臨奠于行宫之南，大慟者久之。親王、百官、皇族、命婦及侍衛皆會哭，[2]世宗號泣還宫。比至中都，爲位奠哭者凡七焉。世宗以豳王永成爲中都留守，[3]來護喪，遣滕王府長史再興、[4]御院通進阿里剌來保護金源郡王，[5]遣左宣徽使唐括鼎來致祭，[6]詔妃徒單氏及諸皇孫喪服並如漢制。帝在儲位久，恩德在人者深，每日三時哭臨，侍衛軍士皆争入臨，伏哭于承華殿下，聲殷如雷。中都百姓市門巷端爲位慟哭。七月壬午朔，賜謚宣孝太子。九月庚寅，殯于南園熙春殿。[7]己酉，世宗至自上京，未入國門，先至熙春殿致奠，慟哭久之。比葬，親臨者六。帝事世宗，凡巡幸西京、涼陘，[8]及上陵、祭廟，謁衍慶宫，[9]田獵觀稼，拜天射柳，[10]未嘗去左右。上有事于圓丘，[11]及親享于太廟，則行亞獻禮，不親祀則攝行祀事。國有大慶則率百官上表賀。正旦、萬春節則總班上壽。冬十月庚戌朔，宰相以下朝見于慶和殿，[12]太尉完顔守道上壽，世宗追悼悽愴者久之。十一月甲申，靈駕發引，世宗路祭于都城之西。庚寅，葬于大房山。世宗欲加帝號，以問群臣，翰林修撰趙可對曰：[13]“唐高宗追謚太子弘爲孝敬皇帝。”[14]左丞張汝弼曰：[15]“此蓋出于武后。”[16]遂止。乃建廟于衍慶宫後，祭用三獻，[17]樂用登歌。

[1]天平山：在今内蒙古自治區扎魯特旗西南好水川的上游之北。　好水川：其上源出天平山南，有金朝皇帝的行宫，爲皇帝夏季避暑地之一。

[2]親王百官皇族命婦：“親王”，原作“親五”，顯誤。南監本、北監本、殿本、局本並作“親王”，據改之。

[3]豳王：封爵名。次國封號，大定格第六位。　永成：女真人。姓完顔，世宗子。本書卷八五有傳。　中都留守：京官名。兼本路兵馬都總管，掌管一路軍政事務。正三品。

[4]滕王府長史：親王府屬官。掌警嚴侍從，兼總統本府之事。從四品。滕王，封爵名。次國封號，大定格第十二位。　再興：其他事迹不詳。

[5]御院通進：宣徽院閤門屬官。掌諸進獻禮物及薦享編次位序。正員四人，從七品。　阿里剌：女真人。姓完顔氏，宗室出身。本書卷六六有傳。

[6]左宣徽使：宣徽院屬官。掌朝會、燕享，凡殿庭禮儀及監知御膳。正三品。　唐括鼎：女真人。尚世宗第五女蜀國公主，世襲西北路没里山猛安，曾任定武軍節度使。

[7]南園熙春殿：當在中都城南面。

[8]凉陘：地名。金朝皇帝避暑之地。在桓州，即今内蒙古自治區正藍旗，或閃電河上源。

[9]衍慶宫：原廟内宫名，内供奉太祖以下御容及功臣像。

[10]拜天射柳：金承遼舊俗，每年五月五日重五節拜天祭祀後，行射柳禮，在球場插柳兩行，按尊卑次序進行騎馬射箭的比賽。

[11]上有事于圜丘："圜"字，原作"事"，今據南監本、北監本、殿本改。

[12]慶和殿：中都大殿。

[13]翰林修撰：翰林學士院屬官。分掌詞命文字，分判院事，銜内帶"同知制誥"。不限員，從六品。　趙可：本書卷一二五有傳。

[14]唐高宗：廟號。名李治。650 年至 683 年在位。　李弘：唐時人。《新唐書》卷八一有傳。

[15]張汝弼：渤海族人。本書卷八三有傳。

[16]武后：即女皇帝武則天。690 年至 705 年在位。

[17]三獻：祭祀的儀式。陳祭品後要三獻酒，即初獻爵、亞獻爵、終獻爵。

二十六年，立子璟爲皇太孫。[1]二十九年，世宗崩。太孫即位，是爲章宗。五月甲午，追謚體道弘仁英文睿德光孝皇帝，廟號顯宗。丁酉，祔于太廟，陵曰裕陵。

[1]璟：完顔璟，即金章宗。女真名麻達葛。1189 年至 1208 年在位。

帝天性仁厚，不忍刑殺。梁檀兒盜金銀葉，[1]憐其母老；李福興盜段匹，[2]值坤厚陵禮成；家令本把盜銀器，[3]值萬春節，皆委曲全活之。亡失物者，責其償而不加罪。聞四方饑饉，輒先奏，加賑贍。因田獵出巡，所過問民間疾苦。敬禮大臣，友愛兄弟。葬明德皇后于坤厚陵，諸妃皆祔，自磐寧宫發引，[4]趙王惟中以其母轜車先發，[5]令張黄蓋者前行，帝呼執蓋者不應，少府監張僅言欲奏其事，[6]帝止之。嘗作《重光座銘》，及刻左右銘于小玉碑，[7]并刻其碑陰，皆深有理致。最善射而不殫物，嘗奉詔拜陵，先獵，射一鹿獲之，即命罷獵，曰："足奉祀事，焉用多殺？"好生蓋其天性云。

[1]梁檀兒：其他事迹不詳。

[2]李福興：其他事迹不詳。

[3]本把：人名。其他事迹不詳。

[4]磐寧宫：大房山帝王陵的行宫。

[5]趙王惟中母：世宗元妃張氏。本書卷六四有傳。

[6]少府監：少府監長官。掌邦國百工營造之事。正四品。張僅言：本書卷一三三有傳。

[7]及刻左右銘於小玉碑：左右銘即是碑側之銘。蔡玘《左右銘》釋曰："書銘於左曰，辱生於多求，樂在於寡欲，恬退静重，無爵而貴，知止知足，不盈而富；書銘於右曰，貪貴亡身者欲奪生也，貪利殞命者財害己也，貪色喪軀者情蔽性也。"

贊曰：遼王杲取中京，宗翰、宗望皆從，景宣别領合扎猛安。[1]合扎猛安者，太祖之猛安也。宗翰請立熙宗，宗翰不敢違，[2]太宗不能拒，其義正，其理直矣。舊史稱睿宗寬恕好施惠，[3]熙宗不終，海陵隕斃，自時厥後，得大位者皆其子孫，有以夫。顯宗孝友惇睦，[4]在東宮二十五年，不聞有過。承意開導，四方陰受其賜。天不假之年，惜哉。

[1]景宣：謚號。即完顏繩果，漢名宗峻。本書本卷有紀。

[2]宗翰請立熙宗，宗翰不敢違：後一個“宗翰”，南監本、北監本、殿本、局本並作“宗望”。《金史詳校》卷二，“‘翰’當作‘輔’，‘望’元作‘翰’，是”。《金史校勘记》，“殿是”。據本書卷三《太宗紀》，宗望卒於天會五年（1127）六月，此必不是“宗望”。王彥潛《大金故尚書左丞相金源郡貞憲王完顏公神道碑》載，“太傅密令左右元帥與王來朝，相與協心，主建儲之議，援立閔宗”。太傅即宗幹，是熙宗的養父，立熙宗應是他的本意。宗翰與宗輔分別任左、右副元帥。本卷上文有宗輔“與宗翰俱朝京師，立熙宗爲諳版勃極烈”。本卷贊應是評介宗輔事迹，故第一個宗翰或“睿宗”之誤。

[3]睿宗：廟號。即完顏訛里朶，漢名宗輔。本書本卷有紀。

[4]顯宗：廟號。即完顏胡土瓦，漢名允恭。本書本卷有紀。

金史　卷二〇

志第一

天文[1]

日薄食煇珥雲氣　月五星凌犯及星變[2]

自伏羲仰觀俯察，黄帝迎日推策，重黎序天地，堯曆象日月星辰，舜齊七政，周武王訪箕子，陳洪範，協五紀，而觀天之道備矣。《易》曰："天垂象見吉凶，聖人象之。"故孔子因魯史作《春秋》，於日星風雨霜雹雷霆皆書變而不書常，所以明天道、驗人事也。秦漢而下，治日患少，陰陽愆違，天象錯迕，無代無之。金百有十九年，而日食四十二，星辰風雨霜雹雷霆之變不知其幾。金九主，莫賢於世宗，二十九年之間，猶日食者十有一，日珥虹貫者四五。然終金之世，慶雲環日者三，皆見於世宗之世。[3]

[1]天文：《金史》完成於元至正四年（1344），署名元中書右

丞總裁脱脱等撰。嚴敦杰、薄樹人先生均認爲《金史·天文志》和《律曆志》當與太常博士商企翁有關，因爲他曾在秘書監工作並與王士點合撰過《秘書監志》，對天文曆法也較爲瞭解。但據前人研究，脱脱等寫《金史》祇用了兩年時間。在此之前，已另有人撰過《金史》，其中的傳承關係尚不清楚。《金史·天文志》全都是記載天上的變異天象，其中尤以“日薄食煇珥雲氣”和“月五星凌犯及星變”爲主。它延續並豐富了中國古代的天象記録，由於它的觀測記録主要是在上京（今黑龍江省阿城市）和中都（今北京市）完成的，緯度較高，便於觀測北極光，故對北極光的觀測記録十分詳細。另外對日食的觀測記録也很重要，尤其對嘉定七年（1214）九月壬戌朔日全食，詳記這次日食發生在角宿，在開封地界，當時大星皆見。與此同時，對隕石雨也有豐富的記録。

[2]日月薄食煇珥雲氣：爲白天看到的異常天象，主要是在太陽周圍發生。　月五星凌犯及星變：主要是在夜間發生的天象，月、五星、客星、彗星、隕星爲主要對象。

[3]慶雲：《史記·天官書》曰：“若煙非煙，若雲非雲，郁郁紛紛，蕭索輪囷，是謂卿雲。卿雲，喜氣也。”慶雲即卿雲。

羲、和之後，漢有司馬，唐有袁、李，皆世掌天官，故其説詳。[1]且六合爲一，推步之術不見異同。金、宋角立，兩國置曆，法有差殊，而日官之選亦有精粗之異。今奉詔作《金史》，於志天文，各因其舊，特以《春秋》爲準云。

[1]漢有司馬，唐有袁、李，皆世掌天官：漢有司馬遷，隋有袁光，唐有李淳風，都是執掌天官的著名人物。此處説唐有袁、李，而袁光死於唐朝剛建立時，主要事迹在隋代，故此處在“唐”字之前當漏“隋”字，或爲泛説。

日薄食煇珥雲氣

太祖天輔三年夏四月丙子朔，日食。四年冬十月戊辰朔，日食。六年春二月庚寅朔，日食。七年秋八月辛巳朔，日食。

太宗天會七年三月己卯朔，日中有黑子。九月丙午朔，日食。十三年正月丙午朔，日食。[1]

[1]十三年正月丙午朔日食：據《宋史》卷二八《高宗紀五》載紹興五年（1135）春正月乙巳朔日食，《宋史·天文志》同。這説明金代與宋代朔日有一日之差。

熙宗天會十四年[1]十一月丙寅，日中有黑子，斜角交行。[2]天眷三年七月癸卯朔，日食。皇統三年十二月癸未朔，日食。四年六月辛巳朔，日食。五年六月乙亥朔，日食。八年四月戊子朔，日食。九年三月癸未朔，日食。

[1]熙宗天會十四年：金太宗在位衹有十二年，天會是其年號。熙宗於天會十三年（1136）繼位，不改元，至天會十五年纔改元天眷（1138—1140）。

[2]日中有黑子，斜角交行：據近代觀測，太陽表面爲灼熱氣體，黑子爲氣體中温度較低者（圖1）。太陽自身也在不停地沿赤道方向旋轉，因太陽自轉軸與地球自轉軸斜交，故金代觀測者觀測到黑子在太陽上斜角交行。

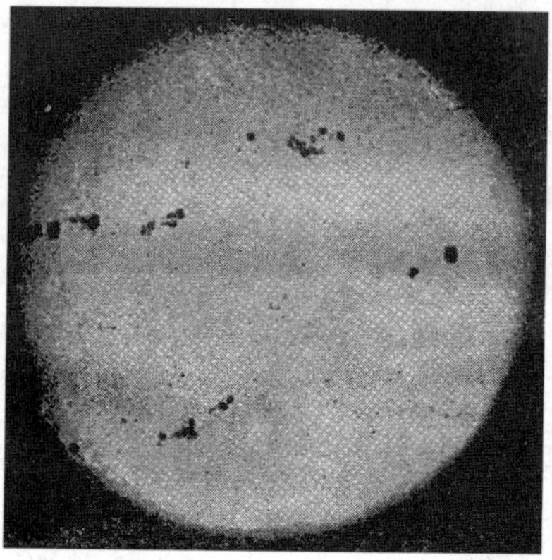

圖1　太陽望遠鏡中圓面上的太陽黑子群

海陵庶人天德二年正月甲辰，日有暈珥，白虹貫之。十一月丙戌，白虹貫日。[1]十二月乙卯，慶雲見，狀如鸞鳳，五彩。三年正月丁酉，白虹貫日。貞元二年五月癸丑朔，日食。三年四月丁丑朔，昏霧四塞，日無光，凡十有七日乃霽。五月丁未朔，日食。正隆三年三月辛酉朔，司天奏日食，候之不見。海陵勑，自今日食皆面奏，不須頒告中外。五年八月丙午朔，日食。庚午，日中有黑子，狀如人。六年二月甲辰朔，日有暈珥，戴背。十月丙午，慶雲見。[2]

[1]白虹貫日："日"，諸本作"之"，據殿本改。

[2]海陵庶人：完顏亮即帝位，先後用了三個年號：天德（1149—1153）、貞元（1153—1156）、正隆（1156—1161）。在位十二年。根據中國的傳統，皇帝死後都要依據他在位時的功過表現給以廟號，如高祖、高宗、太宗、世宗等，通常都是隱惡揚善，以彰顯先帝之德。但海陵庶人這個封號很滑稽，稱其爲庶人，即是平民

百姓。這是因爲完顔亮在位時幹了很多壞事，死後遭多次貶斥，故降封爲海陵王，再貶爲海陵庶人。　慶雲見：本志開頭即説“終金之世，慶雲環日者三，皆見於世宗之世”。但完顔亮在位期間，也有兩次慶雲見記録，後世星占家却不提這二次記録，可能是懷疑這兩次慶雲見記録的真實性。

世宗大定二年正月戊辰朔，日食，伐鼓用幣，命壽王京代拜行禮。爲制，凡遇日月虧食，禁酒、樂、屠宰一日。三年六月庚申朔，日食，上不視朝，命官代拜。有司不治務，過時乃罷。後爲常。四年六月甲寅朔，日食。七年四月戊辰朔，日食，上避正殿、減膳，伐鼓應天門内，百官各於本司庭立，明復乃止。[1]閏七月己卯午刻，慶雲環日。八月辛亥午刻，慶雲環日。九年八月甲申朔，有司奏日當食，以雨不見。爲近奉安太社，乃伐鼓于社，用幣于應天門内。十三年五月壬辰朔，日食。十四年十一月甲申朔，日食。十六年三月丙午朔，日食。十七年九月丁酉朔，日食。二十三年十月己未，慶雲見於日側。[2]十一月壬戌朔，日食。二十八年八月甲子朔，日食。二十九年正月乙卯巳初，日有暈，左右有珥，上有背氣兩重，其色青赤而厚。復有白虹貫之亘天，[3]其東有戟氣長四尺餘，五刻而散。丁巳巳初，日有兩珥，上有背氣兩重，其色青赤而淡。頃之，背氣於日上爲冠，已而俱散。二月辛酉朔，日食。甲子辰刻，日上有重暈兩珥，抱而復背，背而復抱，凡二三次。乙丑，日暈兩珥，有負氣承氣，而白虹亘天，左右有戟氣。

［1］“世宗大定二年正月戊辰朔”至“明復乃止”：與完顔亮在位時任意妄爲相對應，世宗皇帝則十分注重禮制。大定二年（1162）正月朔發生的日食，他就遵周制，以伐鼓用幣阻止日食的發生，並規定凡發生日食那天，禁止飲酒作樂、屠宰牲畜。又於大定三年六月朔日食那天，不視朝政，命百官代拜。有司衙門也不辦公，等日食結束後纔上班。自此以後這些都成爲金朝的定制。大定七年四月朔日食時，皇帝避正殿，減膳食，在應天門内伐鼓救日，各司官員也都站立於庭院，待日食復明以後纔開展正常工作。

［2］“閏七月己卯午刻慶雲環日”至“二十三年十月己未，慶雲見於日側”：由此可見金大定年間共觀測到三次日旁有慶雲，慶雲是祥和之兆，表明大定年間是金代難得的和平時期。

［3］白虹：是白色的雲氣穿過太陽的現象（圖2）。屬地球大氣現象，與太陽無關。

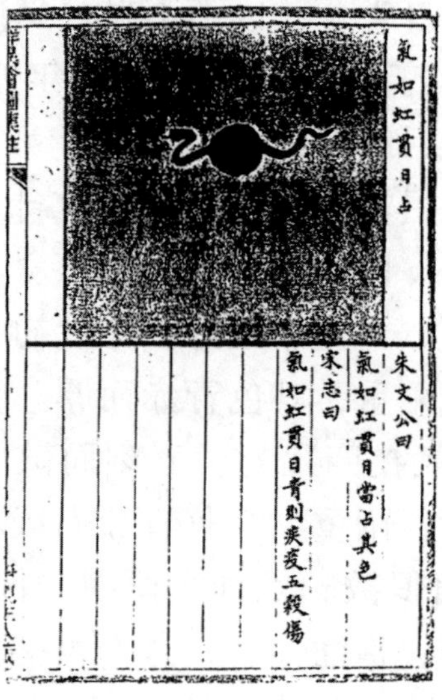

圖2　《天元玉曆詳異賦》中的氣如虹貫日圖

章宗明昌三年十二月丙辰，北方微有赤氣。四年九月癸未，日上有抱氣二，戴氣一，俱相連。左右有珥，其色鮮明。[1]六年三月丙戌朔，日食。承安三年正月己亥朔，日食，陰雲不見。五年十一月癸丑，日食。宋史作六月乙酉朔。泰和二年五月甲辰朔，日食。三年十月戊戌，日將没，色赤如赭。甲辰，申酉間，天色赤，夜將旦復然。四年三月丁卯，日昏無光。五年九月戊子戌時，西北方黑雲間，有赤氣如火，[2]次及西南、正南、東南方皆赤，中有白氣貫徹，乍隱乍見。既而爲雨，隨作風。至二更初，黑雲間赤氣復起於西北方，及正西、正東、東北，往來遊曳，内有白氣數道，時復出没。其赤氣又滿中天，約四更皆散。六年正月，北京申，龍山縣西見有雲結成車牛行帳之狀，[3]或如前後摧損之勢，晡時乃散。二月壬子朔，日食。七月癸巳，申刻，日上有背氣一，内赤外青，須臾散。九月乙酉，夜將曙，北方有赤白氣數道，歷王良下，徐行至北斗開陽、摇光之東而散。八年四月癸卯，巳刻，日暈二重，[4]内黄外赤，移時而散。

[1]“章宗明昌三年十二月丙辰”至“其色鮮明”：章宗在位期間，除繼續觀測到日食以外，還觀測到日面雲氣變化，如日珥(圖3)。《乙巳占》載十二種日傍雲氣占辭如下：“一曰冠氣，青赤色，立在日月之上，冠帶之象也。天子當立侯王，封建親戚，授之茅土，以爲藩屏；白則有表，赤則有兵。二曰戴氣，青赤色，横在日月之上，小而隆起，其分當有益土、進爵、批戴之象，亦爲福祐之象。黑則有病，青則多憂。三曰珥氣，青赤短小，在日月之傍，

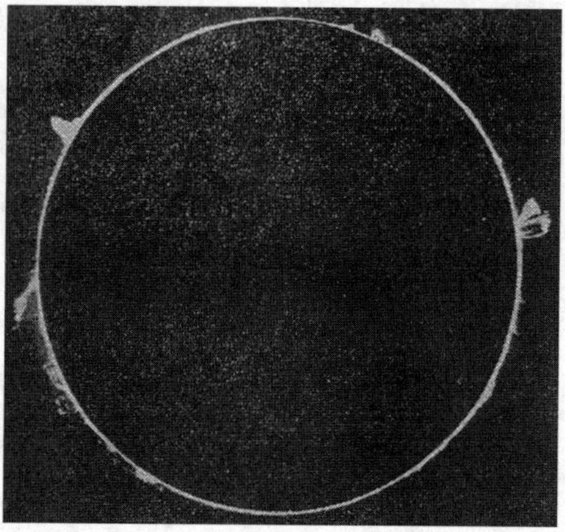

圖3　太陽望遠鏡中的太陽邊緣的日珥圖象

纓珥之象也。其色黄白，女主有喜。日朝有珥，國主有進幸之事。純白爲喪，間赤爲兵，間青爲疾，間黑爲水，間黄爲喜。他皆仿此。四曰抱氣，青赤而曲，向日抱，扶抱向就之象也。鄰國臣佐來降，亦有子孫之喜。五曰背氣，青赤而曲，向外爲背，背叛乖逆之象，其分有反城叛將。六曰玦氣，青赤曲向外，中有横枝似山字，玦傷之象。君臣不和，上下玦傷，兩軍相當，所臨者敗。有軍必戰。七曰直氣，青赤色，一丈餘，正立日月之傍，直立之象也。其分有自立者。八曰交氣，青赤色，狀如兩直相交，淫悖之象也。九曰提氣，日月四傍有赤雲曲向，提似珥而曲。不出其年兵起，王者死。赤爲亡地，有自立者。十曰纓紐承履，氣青色赤。在日下，上曲爲纓，下直立爲履；在日下兩邊，交曲而雙垂爲紐。皆喜氣也。十一曰暈氣，暈周而匝。中赤外青，軍營之象。對敵有暈，厚而顯明，久留者勝。十二曰負氣，青赤如小半暈狀，而在日上則爲負。負者得地，爲喜。”《天元玉曆詳異賦》中即有日珥示意圖，如圖4左圖即上有戴氣一，左右有珥，而右圖則爲日兩旁有抱氣二。

[2]赤氣如火：在夜半之前的戌時（二十二時左右），在天空

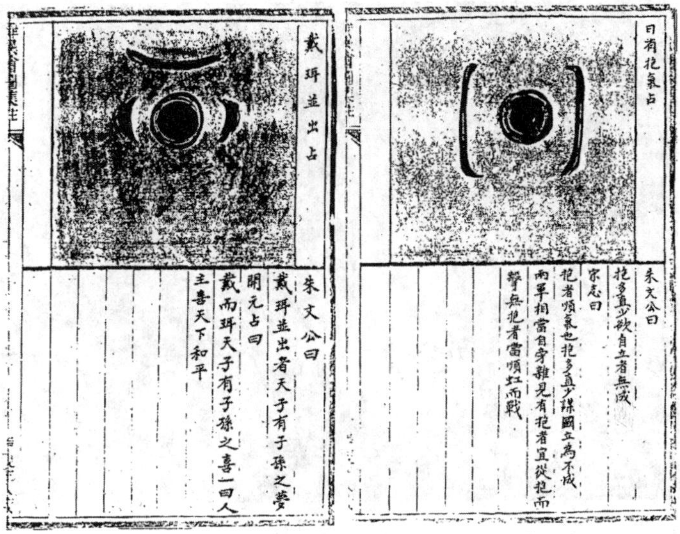

圖4 《天元玉曆詳異賦》中的戴氣雙珥和左右抱氣示意圖

的西北方，有赤氣像火一樣紅。如果在日落後或日出前，見到這種火焰狀的紅光，可解釋爲日光在高空的反照等。將近子夜，看到天空出現這樣的光亮，就不能用日光的餘輝來解釋了。本志在此前後，有多處“赤氣如火”之語。另有如“微有赤氣”“中有白氣”“北方有赤白氣”“北方有黑氣如堤，内有白氣三”等語，現代天文學的解釋是極光（圖5）。北極光，在有的書中稱爲天裂，或天開眼。《史記·天官書》所説“天開縣物”即是指此。《開元占經》引《天鏡》曰：“天裂見光，流血汪汪。天裂見人，兵起國亡。”京房《妖占》曰：“天分作亂之君，無道之臣，欲裂其土，國之主當之。”可知古代星占家認爲，北極光的出現，關係到國家分裂存亡、君主安危。據現代天文學研究，極光是發生在地球上空電離層的電磁光學現象，衹有在南北兩極高緯度地區纔能看到。極光的時長不同，顏色千變萬化，其形狀也動静無常（圖6）。下文中自“五年九月”至“約四更皆散”一段，薄樹人先生特别指出“這是

圖5　北極光

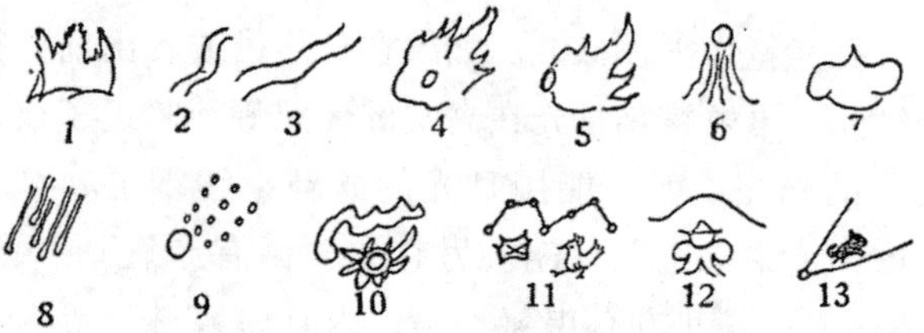

圖6　清人黄鼎所纂《管窺輯要》中的極光分類圖

（據《科學通報》1975年第10期）

1. 蚩尤旗　2. 枉矢　3. 長庚　4. 格澤　5. 含譽　6. 獄漢　7. 歸邪　8. 衆星並流　9. 大星如月，衆小星隨之　10. 濛星　11. 旬始　12. 天冲　13. 天狗

一幅極爲生動的極光活動圖”。

[3]申：申報。

[4]日暈：通常都是地球大氣中的水氣在太陽周圍形成的光圈，與太陽表面現象無關（圖7、8）。

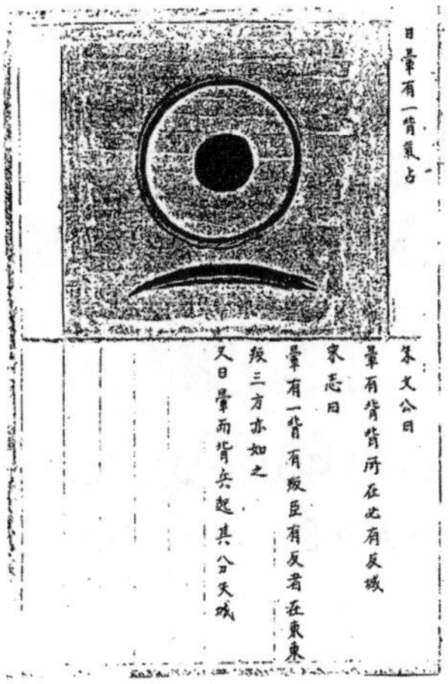

圖 7 《天元玉曆詳異賦》中的日暈有一背氣圖

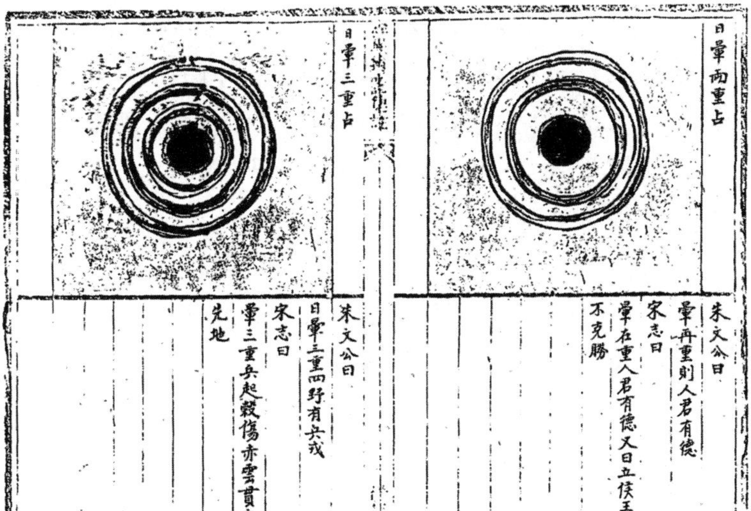

圖 8 《天元玉曆詳異賦》中的日暈兩重、三重圖

衛紹王大安元年四月壬申，北方有黑氣如大道，東西竟天，至五更散。十二月辛酉朔，日食。三年三月辛酉辰刻，北方有黑氣如堤，内有白氣三，似龍虎之狀。十月己卯，東北、西北每至初更如月將出之狀，明至夜半而滅，經月乃已。[1]

［1］“衛紹王大安元年四月壬申”至“經月乃已”：衛紹王在位五年，天象記録爲一次日食、三次北極光。三次極光記録，陳遵嬀《中國天文學史》極光表中均有引載。

宣宗貞祐元年十月丙午，夜有白氣三，衝紫微而不貫。十一月丙申，[1]白氣東西竟天，移時散。二年九月壬戌朔，日食，大星皆見。三年正月壬戌，日有左右珥，上有冠氣，移刻散。二月丁巳，日初出赤如血，將没復然。六月戊申，夜有黑氣，廣如大路，自東南至于西北，其長竟天。[2]四年二月甲申朔，日食。閏七月壬午朔，日食。

［1］十一月丙申：據中華點校本校勘記考證，諸本作“十二月”誤，丙申爲十一月晦，今據改。

［2］“白氣東西竟天”至“其長竟天”：金宣宗貞祐元年（1213）十月夜白氣、十一月白氣、三年六月夜黑氣，均爲星夜中所見雲氣，不爲奇異天象。

興定元年七月丙子朔，日食。二年七月庚午朔，日食。三年七月庚申，五色雲見。[1]十月乙丑，平凉府慶雲見，遣官驗實，以告太廟，詔國中。五年正月，山東行省蒙古綱奏慶雲見，[2]命圖以進。四月丙子，日正午，有黄暈四匝，其色鮮明。五月甲申朔，日食。六月戊寅，日將出，有氣如大道，經丑未，歷虚危，東西不見首尾，移時没。十二月己巳，北方有白氣，廣三尺餘，東西亘天。

[1]五色雲見：據此，金代“慶雲見”，不衹是世宗三次、海陵王二次。

[2]蒙古綱：本書卷一〇二有傳。

元光元年十一月丁未，東北有赤雲如火。二年五月辛未，日暈不匝而有背氣。九月庚子朔，日食。

哀宗正大二年正月甲申，[1]有黄黑祲。三年三月庚午，日前有氣微黄，自東北亘西南，其狀如虹，中有白物十餘，往來飛翔，又有光條見如二星，移時方滅。四年十一月乙未，日上有虹，背而向外者二，約長丈餘，兩旁俱有白虹貫之。是年六月丙辰，有白氣經天，或云太白入井。五年十二月庚子朔，日食。八年三月庚戌酉正，日忽白而失色，乍明乍暗，左右有氣似日而無光，與日相凌，而日光四出摇盪至没。

[1]哀宗正大二年正月甲申：據中華點校本校勘記考證，諸本作“二月甲寅”，據《哀宗紀》和《五行志》，均爲“二年春正月甲申”。今據改。

天興元年正月壬午朔，日有兩珥。三年正月己酉，日大赤無光，京、索之間雨血十餘里。[1]是日，蔡城陷，金亡。[2]

[1]京：即汴京，今河南省開封市。　索：河名。指今河南省滎陽市一帶。

[2]蔡城：治所在今河南省上蔡縣。

月五星凌犯及星變[1]

[1]月五星凌犯及星變：月亮和五星的凌犯記録和各類變星出没的現象。

太宗天會七年十一月甲寅，天旗明，河鼓直。十年閏四月丙申，熒惑入氐。八月辛亥，彗星出於文昌。十一年五月乙丑，月忽失行而南，頃之復故。七月己巳昏，有大星隕于東南，如散火。十二月丙戌，月食昴。

熙宗天會十三年十一月乙酉，月食，命有司用幣以救，[1]著爲令。十四年正月辛巳，太白晝見，凡四十餘日伏。壬辰，熒惑入月。三月丁酉夜，中星摇。九月癸未，有星大如缶，起西南，流于正西。十一月己巳，狼星摇。十五年正月戊辰，歲星犯積尸氣。

天眷二年三月辛巳朔，歲星留逆在太微。五月戊子，太白晝見。八月丁丑，太白晝見；九月辛巳，犯軒轅左星；乙巳，犯左執法；十一月戊寅，入氐。三年七月壬戌，月犯畢。十二月壬午，月掩東井東，轅南第一星。

[1]命有司用幣以救：古代常有救日活動，此處救月之舉，實爲少見。

皇統元年二月甲戌，月掩畢大星。二年十一月己酉，月犯軒轅大星。甲寅，月犯氐東北星。三年正月己丑，熒惑逆犯軒轅次北一星。[1]二月乙丑，月犯畢大星。[2]閏四月癸巳，月掩軒轅左角星。八月丙申，老人星見。[3]九月丁丑，月犯軒轅大星。四年八月癸未，熒惑入輿鬼。五年四月丙申，彗星見於西北，長丈餘，至五月壬戌始滅。六月甲辰，[4]熒惑犯左執法。六年九月戊寅，熒惑犯西垣上將。[5]己丑，月犯軒轅第二星。[6]七年正辛未，彗星出東方，長丈餘，凡十五日滅。丁亥，太白經天。七月己巳，太白經天。庚辰，熒惑犯房第二星。十一月壬戌，歲星逆犯井東扇第二星。[7]八年閏八月丙子，熒惑入太微垣。十月甲申，太白晝見；十一月壬辰，經天。十二月丙寅，太白晝見。九年二月癸亥，月掩軒轅第二星。七月甲辰，太白、辰星、歲星合于張。丁未，熒惑犯南斗第四星。八月壬子，又歷南斗第三星。

[1]軒轅大星：軒轅座十六星，加附座御女一星。軒轅十四星是軒轅座中唯一的一等星，故稱軒轅大星。由於軒轅座南部諸星近黄道，與月五星接觸較多，爲凌犯記録中常見情況。軒轅次北一星，即軒轅大星以北的第一星，即軒轅十三。

[2]畢大星：即畢宿大星。畢宿計八星。畢大星即畢宿五，爲一等紅巨星。

[3]老人星見：中國古代，有八月秋分黎明時在南郊觀看老人星的傳統。由於老人星是中國所見最南的星座，衹能在秋分前後幾天南方地平綫以上見到。若遇陰雨天，或空氣狀况不好，即使這幾天也不一定能見到。中國古代把看到老人星當成天下太平的預兆，故予以記載。

[4]六月甲辰：據中華點校本校勘記考證，諸本無“六月”。但五月無甲辰，今補正。

[5]西垣上將：太微垣分東西二垣，西垣又稱太微右垣，上將爲西垣最北星，亦稱太微右垣二。

[6]軒轅第二星：通常稱軒頭第二星，即軒轅十五。此處恐有脱字。

[7]井東扇第二星：井宿八星，分東西兩行各四顆，東行又稱東扇，東扇第二星即井宿六。

海陵天德元年十二月甲子，土犯東井東星。二年正月乙酉，月犯昴；壬辰，犯木；乙未，犯角；二月丙寅，犯心大星。九月乙亥，太白晝見，至明年正月辛卯後不見。[1]丁酉，月犯軒轅左角；[2]十月乙丑，犯太微上將；十二月癸丑，犯昴。三年二月丙辰，月食。十月丁亥，月犯軒轅左角。四年正月癸卯，太白經天。[3]二月乙亥，月掩鬼，犯鎮星。五月己亥，太白經天；丁巳，又經天。六月癸巳，太白犯井東第二星。八月辛未，太白犯軒轅大星。十一月甲辰，熒惑犯鈎鈐。[4]丙午，月犯井北第一星。[5]十二月乙卯朔，太白經天；丙子，月食；閏月己亥，太白經天。

[1]正月辛卯後不見：《永樂大典》卷七八五六引作“伏不見”，當以《大典》爲是。

[2]犯軒轅左角：月犯軒轅東南左角，即軒轅十六星。

[3]太白晝見、太白經天：太白與太陽最大夾角爲48度，太白距地平90度左右纔可説是經天。故此二者必須同時發生，纔能在中天看到。這時太陽已距東西地平30餘度。

[4]熒惑犯鈎鈐：鈎鈐二星，在房宿北星房宿四拐角處，爲房宿的附座。《乙巳占》曰：“土守鈎鈐，王者失天下。”又曰：“火犯房鈎鈐，王者憂，金同。火逆行至鈎鈐，王者憂。火逆行至鈎鈐，天子侍臣俱亡。”

[5]井北第一星：指井宿五。

貞元元年正月辛丑，[1]月犯井東第一星。四月戊寅，有星如杯，自氐入於天市，其光燭地。十二月乙卯，太白經天。庚午，月食。閏月乙酉，太白經天。[2]二年正月庚申，太白經天。是夜，月掩昴；二月辛丑，犯心前星，三月辛巳，食。[3]七月癸丑，太白晝見，凡三十有三日伏。八月戊戌，熒惑入井，凡十一日而出。十一月甲子，月食。三年八月乙酉，月犯牛；九月辛亥，犯建星；十一月戊午，掩井鉞星。

[1]貞元元年正月辛丑：中華點校本校勘記云，諸本“元年”作“二年”，據殿本改。

[2]“十二月乙卯，太白經天”至“太白經天”：中華點校本校勘記已指出天德四年（1152）下有“十二月乙卯朔，太白經天。丙子，月食。閏月己亥，太白經天”二十二字，與貞元元年

(1153）下“十二月乙卯朔，太白經天。庚午，月食。閏月乙酉，太白經天”二十二字重複，判天德四年之二十二字爲衍文。按，二處二十二字並不完全重複，其中月食干支和太白經天干支均不相同。但中華點校本的結論是正確的。據汪曰楨《長術輯要》，天德四年十二月爲辛酉朔，比本志所載乙卯多了五個干支，證明本志十二月乙卯朔確實爲貞元元年之記録。庚午月食爲十六日也相合。《長術輯要》此年閏十二月乙酉朔，正好朔日乙卯太白經天。故天德四年二十二字當删。

[3]三月辛巳食：中華點校本考證該月辛巳爲二十八日，不當月食，故食字後當缺星名。即爲月亮食星之天象。

正隆二年正月庚辰，太白晝見，凡六十七日伏。三年正月丁亥，有流星如杯，長二丈餘，其光燭地，出太微，没於梗河之北。二月乙卯，[1]熒惑入鬼。辛巳，月食。甲午，月掩歲星；[2]六月丁酉，犯氐。九月己未，太白經天，至明年正月二十一日不見。十二月戊申，月入氐。四年九月壬寅，月掩軒轅右角；[3]十一月壬辰，入畢，犯大星。十二月，太白晝見，凡七日。五年正月，海陵問司天提點馬貴中曰：“朕欲自將伐宋，天道如何?”貴中對曰：“去年十月甲戌，熒惑順入太微，至屏星，留退西出。占書熒惑常以十月入太微庭，受制出伺無道之國。又去年十二月，太白晝見經天，占爲兵喪，爲不臣，爲更主。又主有兵兵罷，無兵兵起。”[4]甲午，月食。二月丁卯太白晝見。四月甲戌，復見，凡百六十有九日乃伏。六年七月乙酉，月食。九月丙申，太白晝見。先是，海陵問司天馬貴中曰：“近日天道何如?”貴中曰：“前年八月二十九日太白入太微右掖門，九月二日至端門，九日至左掖門出，並歷左右執法。太微爲天子南宫，太白兵將之象，其占：兵入天子之庭。”海陵曰：“今將征伐，而兵將出入太微，正其事也。”貴中又言：“當端門而出，其占爲受制，歷左右執法爲受事，此當有出使者，或爲兵，或爲賊。”海陵曰：“兵興之際，小賊固不能無也。”是歲，海陵南伐，遇弑。[5]

[1]二月乙卯：中華點校本校勘記云，諸本作“己卯”，今據《宋史·天文志》改。

[2]辛巳月食：據中華點校本考證，是年二月無辛巳，三月辛巳爲二十一日，非爲月食之期，故食字下當缺星名。又三月下無甲午，故月掩星之甲午前當缺“四月”二字。

[3]軒轅右角：即軒轅十五。

[4]“五年正月”至“無兵兵起”：海陵王十分迷信星占，爲了準備伐宋，海陵王至少征求過兩次司天提點馬貴中有關異常天象的反映。馬貴中從熒惑和太白犯太微的天象給以分析。本志記載了正隆五年（1160）正月海陵王與馬貴中的對話。馬貴中説，正隆四年十月甲戌，熒惑進入太微垣，行至屏星停留，又逆行西退，出太微西垣。據星占書的説法，這是受制出伺無道之國。又説，正隆四年十二月見太白經天，占曰爲兵、爲喪、爲不臣、爲更主。這時宋金南北對峙，海陵王自然從對自己有利的方面考慮，認爲南宋朝廷即將發生變亂。

[5]“六年七月乙酉”至“海陵王南伐遇殺”：正隆六年（1161）七月，海陵王南伐的决心已下，臨發兵前他再次征求馬貴中的意見，但并未采納，由於海陵王任性妄爲，朝廷内外積怨甚多，最終遭遇殺身之禍。這是他没有自知之明的結果。

世宗大定元年十月丙午，熒惑入太微垣，在上將東。丁巳，月犯井西扇北第二星。二年正月癸巳，太白晝見。閏二月戊寅，月掩軒轅大星；三月戊申，掩太微東藩南第一星；八月乙酉，犯井西扇北第二星；九月庚戌，犯畢距星。十月戊辰，有大星如太白，起室壁間，没於羽林軍，尾跡長丈餘。三年正月庚子，太白晝見，凡百有十日乃伏。五月辛丑，月入氐。七月庚戌，太白晝見，百二十有七日乃伏。八月丁未，月犯井距星。丙寅，太白晝見，經天。十月庚辰，月犯太微垣西上將星。十一月庚寅，太白晝見，經天。歲星入氐，凡二十四日伏。壬子，月入氐。四年正月戊子，熒惑、歲星同居氐。己丑，熒惑出氐。二月壬午，歲星退入氐，凡二十九日。九月丙午，月犯軒轅大星北次星。十一月丙申，月食，既。十二月辛卯，太白晝見經天。癸卯，月掩房北第一星。五年正月癸亥，月掩軒轅大星北次星；八月丁酉，犯井東扇第一星。十一月癸丑，熒惑入氐，凡二十一日。六年二月丙申，月犯南斗東南第二星；三月己未，入氐。四月辛丑，太白晝見，八十有八日伏。六月辛巳，太白晝見；經天。[1]九月壬子，太白晝見，百有三日乃伏；丙辰，經天；十月壬辰，復晝見，經天。十一月辛亥，金入氐，凡七日。庚申，太白晝見，經天；十二月戊子，復見，經天。癸巳，月犯房北第二星。[2]七年十月乙巳，火入氐，凡四日。十一月壬申，太白晝見，九十有一日伏。丁丑，歲星晝見，二日。[3]八年正月癸未，月掩心大星；三月庚午，掩軒轅大星北一星。己丑，太白晝見，百五十有八日乃伏。五月丁卯，歲星晝見。八月甲午，太白犯軒轅大星。十月庚子，月掩熒惑；十一月庚午，犯昴。九年正月戊寅，月掩心後星；四月庚子，掩心前星；[4]八月癸卯，掩昴；十二月丙戌，犯土。丁酉，太白晝見，十有六日伏。十年正月丙寅，月掩軒轅大星；七月庚子，犯五車東南星。八月戊申朔，木星掩熒惑，在參畢間。十一年二月壬戌，熒惑犯井東扇北第一星。八月癸卯，太白晝見。十二年五月辛巳，月犯心後星；八月癸卯，犯心大星。辛亥，熒惑掩井東扇北第二星。九月丁亥，[5]太白晝見，在日前，九十有八日伏。十月己酉，熒惑掩鬼西北星。歲星晝見，在日後，四十有七日伏。十三年閏正月辛酉，太白晝見，四十有九日伏。二月己丑，熒惑犯鬼西北星；三月癸巳朔，入鬼；次日，犯積尸氣。六月辛未，月犯心前星。十月乙丑，歲星晝見於日後，五十有三日伏。十四年三月辛丑，太白歲星晝見，十有八日伏；丙辰，二星經天，凡二日。六月己未，太白晝見，三十有九日；八月己卯，晝見，又百三十二日乃伏。庚辰，熒惑犯積尸氣。十月丙寅，歲星晝見，六日。十五年十一月甲子，太白晝見，[6]八十有六日伏。十二月乙丑，月掩井西扇北第一星。十六年三月庚申，月食。五月甲寅，太白晝見，五十有四日伏。庚午，月掩太白；七月丁未，犯角宿距星；甲子，掩畢宿距星。八月丙子，太白犯軒轅大星。九月丁巳，月食。十月丁丑，熒惑入太微。十一月甲寅，月掩畢距星。[7]戊辰，熒惑犯太微上將。十二月己丑，月掩太微左執法。十七年春正月丙寅，熒惑犯太微西藩上相。九月庚戌，歲星、熒惑、太白聚於尾。十二月己巳，太白晝見，四十有四日伏。十八年七月庚辰，土星犯井東扇北第二星。九月己丑，熒惑犯左執法。十二月甲午，鎮星掩井西扇北第一星，凡十日。十九年正月甲戌，月食，既。三月甲戌，熒惑犯氐距星。四月丁巳，歲星晝見，凡七日。七月丙子，太白晝見，四十有五日伏；八月癸卯，犯軒轅御女。[8]辛亥，熒惑掩南斗杓第二星。[9]九月壬申，月掩畢大星。十一月辛未，熒惑掩歲星。十二月丁亥，月犯歲星。二十年二月己丑，月掩畢大星；三月丙辰，掩畢西第二星。[10]二十一年二月戊子，月犯鎮星。戊戌，太白晝見。三月甲子，太白晝見。四月壬申，熒惑掩斗魁第二星，[11]十有四日。六月甲戌，客星見于華蓋，凡百五十有六日滅。七月乙亥朔，熒惑順入斗魁中，五日。以下史闕。[12]

[1]六月辛巳太白晝見經天：據中華點校本校勘記，諸本“辛巳”在“晝見”之下，文理欠通。本書卷六《世宗紀上》載大定六年（1166）“六月辛巳太白晝見經天”，據改。

[2]房第二星：按文義，當指房宿二。但亦可能脱字，如房北第二星、房南第二星。

[3]太白晝見、歲星晝見：太白晝見，由於金星是除日月外最明亮的天體，其亮度可達負4.4等，白天經常可見，故古代的星占家常用太白晝見和太白經天來予以占卜。木星是行星中的第二亮星，其亮度與最亮的恒星天狼星相似，可達負1.6等以上，其亮度比金星小一些，且因它是外行星，在中天見到亦是常事，故古代天文學家並不注意白天能否見到它。但在《金史·天文志》中，却有

多處記載歲星晝見的記録。甘氏曰："歲星晝見，臣謀其主，國相有憂及死，有白衣會。"《晉陽秋》以東晉孝武太元十一年（386）六月甲午歲星晝見於胃的占辭爲"魯有兵，臣强"。故歲星晝見的占辭，當爲"臣强、臣謀其主"。

[4]心大星、心前星、心後星：心宿三星，中間爲心大星（大火星），爲天王星；上心前星，爲太子星；下心後星，爲庶子星。

[5]九月丁亥：據中華點校本校勘記，諸本缺"九月"二字。按本書卷七《世宗紀中》大定十二年九月"丁亥，太白晝見在日前"。據補。

[6]十五年十一月甲子太白晝見：據中華點校本校勘記，諸本無"十五年"三字。按本書卷七《世宗紀中》，大定十四年"十一月甲申朔"，是月無甲子，當爲"十五年十一月甲子太白晝見"，今補正。

[7]畢距星：二十八宿爲天體的坐標，以入宿度、去極度表示。各宿都有起算的標志星，稱爲距星。通常距星的標號爲一，故畢距星就是畢宿一。

[8]犯軒轅御女：軒轅星座中的御女星，爲軒轅星座中的附座，在軒轅大星的正南方。

[9]南斗杓第二星：南斗計六星，一、二、三爲杓，四、五、六爲魁，故杓第二星爲斗宿二。

[10]畢西南第二星：指畢宿二。

[11]斗魁第二星：指斗宿四。

[12]以下史闕：以下引用的史料缺漏。其實衹缺幾個月的記録。

二十二年五月甲申，太白晝見，六十有四日伏。七月戊子，歲星晝見，二日。八月戊辰，太白晝見，百二十有八日，其經天者六十四日。十一月辛未，熒惑行氐中。乙亥，太白入氐。辛巳夜，月食，既。癸未，熒惑太白皆出氐中。十二月戊戌，熒惑犯鉤鈐。二十三年五月己卯，月食，既。九月甲申，歲星晝見，五十有五日伏。十月辛酉，太白晝見，百四十有九日乃伏。十一月丁卯，歲星晝見，三十有三日伏。閏十一月庚申，歲星晝見，九十日伏。二十四年四月己未朔，太白晝見，百四十有五日乃伏。甲申，月掩太白。九月庚子，歲星犯軒轅大星，甲辰晝見，凡五十二日伏。十月壬申，太白、辰星同度。二十五年三月乙酉，太白與月相犯。九月丁亥，月在斗魁中，犯西第五星。[1]十一月庚辰朔，歲星晝見，在日後，凡七十四日。壬午，太白晝見，在日後，百十有一日乃伏。十二月己未，月犯熒惑。甲子，太白晝見經天。二十六年三月丙戌，熒惑入井。鎮星犯太微東藩上相。壬辰，月食。四月丁丑，熒惑犯鬼西南星。七月丙申，月掩心前星。八月乙亥朔，日月五星會于軫。[2]十二月乙未，月掩心前大星，[3]又犯於後星。二十七年五月壬子，月犯心太星。六月庚辰，太白晝見，百七十有三日乃伏。癸巳，月掩昴；七月丙午，犯房南第一星。[4]是日，太白晝見經天。十月己丑，太白入氐。十二月丁丑，月掩卯。二十八年正月己未，歲星留於房；[5]甲子，守房北第一星。[6]十一月丙申，鎮星入氐。庚子，太白晝見，在日前，四十有九日伏。十二月壬申，月掩昴。二十九年正月丁酉，土星留氐中，三十有七日逆行，後七十九日出氐。五月庚寅朔，太白晝見，在日後。六月丙辰，月犯太白，月北星南，同在柳宿。[7]十一月己未，熒惑守軒轅，至戊辰退行，其色稍怒。[8]十二月辛丑，月食，既。

[1]西第五星：指斗宿五。

[2]八月乙亥朔，日月五星會于軫：五星聚會被視爲罕見的吉利天象，即所謂有德者昌、無德者亡的預兆。如“五星聚於東井”，就曾被星占學家認爲是劉邦當興的吉兆。金世宗大定二十六年（1186）八月乙亥朔這次聚會，非但五星聚於一舍（聚於軫宿），而且太陽和月亮也同聚於軫宿，這是十分罕見的。但這一天象，由於與太陽聚於一舍，無法用肉眼觀看。《宋史·天文志九》也有記載：“淳熙十三年閏七月戊午，五星皆伏。八月乙亥，七曜俱聚於軫。”

[3]月掩心前大星：月亮掩蓋心宿大星。

[4]房南第一星：指房宿二。

[5]歲星留於房：歲星在房宿處停留。這是對房宿分野之地有利的天象。《開元占經》曰：“氐房心，宋之分野。”《史記·天官書》曰：“房、心，豫州。”又曰：“所居久，國有厚德。”

[6]守房北第一星：房北第一星即房宿四。守是守候之義。由於木星運動較慢，所過的星座也可稱爲守。

[7]月犯太白，月北星南，同在柳宿：在柳宿區域月與太白相犯，月在北，太白在南。

[8]其色稍怒：火星呈現紅色，有芒角，古人以爲發怒之象。

章宗明昌元年二月丁亥，太白晝見。六月丁酉，月食，既。十二月乙未，月食。二年六月壬辰，月食。十一月乙丑，金木二星見在日前，十三日方伏而順行，危宿在羽林軍上、壘壁陣下，[1]光芒明大。十二月戊子，木金相犯，有光芒。三年三月戊戌，熒惑順行犯太微西藩上將。四月丁巳，月食。己未，熒惑掩右執法，色怒而稍赤。四年正月丙子，月有暈，白虹貫其中。八月己亥，卯初三刻，歲星見，未正二刻，太白見，俱在午位。其夜歲星留胃十三度，守天廩。十月戊申，月食。[2]五年十月癸卯，月食。十一月癸丑，太白晝見，在日前，三十有三日伏。六年正月庚寅，太白晝見，在日前，百有二日乃伏。六月庚辰，復晝見，在日後，百六十七日，唯是日經天。[3]

［1］“十一月乙丑”至“在羽林軍上壘壁陣下”：十三日方伏而順行，危宿在羽林軍上，壘壁陣下。中華點校本校勘記云：“按危宿爲恒是，觀象時常在羽林軍壘壁陣之上，縱有天象變異，亦决不可能移動至壘壁陣下。”疑此處係接叙上文金木二星“十三日伏而順行”之後，至危宿南之羽林軍上。則“危宿在”當作“在危宿爲是”。按中華點校本句讀有誤，當作“十三日方伏而順行危宿，在羽林軍上，壘壁陣下”。危宿爲宿度方位，金木二星實在“羽林軍上，壘辟陣下”，不必改字。

［2］十月戊申月食：中華點校本校勘記云，諸本作“九月”，據本書卷九《章宗紀一》九月甲子朔，無戊申，十月甲午朔，戊申十五日合。今改正。

［3］“六月庚辰復晝見”至“唯是日經天”：在這一百六十七天裏太白伏在日後，衹是白天纔能看到它，即晝見經天。

承安元年四月，司天奏河津星象[1]事，上諭宰相曰：“天道不測，當預防之。”八月壬戌，月食。九月壬午，太白晝見，在日前，百有七日乃伏。二年二月丁巳，太白晝見，在日後，百九十有五日乃伏；己未，經天。是夜，月食，既。三年正月甲寅，月食。七月庚戌，月食。五年五月庚午，月食。六月庚戌，月掩太白。

[1]河津：指天津星。

泰和元年十一月辛酉，月食。二年五月己未，月食。三年三月癸未，月食。六月戊戌，太白晝見，在日後，百有十日乃伏。四年九月乙亥，月食。五年三月壬申，月食。閏八月己巳，月食。[1]六年五月甲申，太白晝見，在日前，七十有六日；庚戌，經天。六月辛未，歲星晝見，在日後；七月戊申，經天。八月癸卯，月暈圍太白、熒惑二星。辛亥，歲星辰見，至夜五更，與東井距星相去七寸內。[2]癸丑，夜半有流星如太白，其色赤，起於婁宿。己未卯正初刻，太白晝見，[3]在日前。其夜五更，熒惑與輿鬼、積尸氣相犯，在七寸內。庚申卯正初刻，太白晝見，在日後。其夜五更初，熒惑在輿鬼、積尸氣中。壬申，太白晝見，經天，在日後。十月丙午，歲星犯東井距星。十一月壬午，太白入氐。七年正月丙戌初更，月有暈圍歲、鎮二星，在參畢間。辛卯，月食。三月癸丑，月掩軒轅大星。七月戊子，月食。九月己卯初更，月在南斗魁中。旦，歲星在輿鬼中。八年正月丙戌，月食。七月戊戌朔，太白晝見，在日後。八月壬戌，太白、歲星光芒相及，同在張一度。十一月庚子未刻，有流星如太白者二，光芒如炬，幾一丈，起東北没東南。

[1]閏八月己巳月食：據中華點校本校勘記，諸本脱“閏”字，是年八月丙戌朔，無己巳，《章宗紀一》載“閏月乙卯朔”，己巳十五日合。今據改。

[2]“歲星辰見”至“與東井距星相去七寸内”：古時規定歲星及較暗的行星相距七寸以内爲犯，故有此記録。

[3]己未卯正初刻，太白晝見：八月己未日的卯正初刻時，看到太白晝見。這是少有的太白晝見時刻的記録，此時太陽已在較高的位置。

衛紹王大安元年正月辛丑，有飛星[1]如火，起天市垣，尾跡如赤龍之狀，移刻散。二月乙丑朔，太白晝見，經天。六月丁丑，月食。十月乙丑，月食熒惑。丙寅，歲星犯左執法。二年正月庚寅朔，[2]日中有流星出，[3]大如盆，其色碧，西行，漸如車輪，尾長數丈，没于濁中，至地復起，光散如火，移刻滅。二月，客星入紫微中，其光散如赤龍之狀。三年正月乙酉，熒惑入氐中，凡十有一日乃出。二月，熒惑犯房；閏月，犯鍵閉星；十月癸巳，犯壘壁陣。

[1]飛星：指流星或火流星。因隕石落入地球與大氣發生摩擦發熱燃燒而生光。没有燒盡，落在地面的則稱爲隕石。

[2]二年正月庚寅朔：據中華點校本校勘記，諸本作“庚戌朔”，但據《長術輯要》是年正月當爲“庚寅朔”，據改。

[3]日中有流星出：按文義，當指太陽附近有流星出現。下文還有“没於濁中”，故是白天，此處的“日中”不可能是“日星中”。

崇慶元年[1]春三月，日正午，日、月、太白皆相去咫尺。[2]

[1]崇慶元年：此事在本書卷一三《衛紹王紀》中載爲“至寧元年”，當有一誤。

[2]咫尺：此處表示日、月、太白相去不遠。

宣宗貞祐元年十一月丙子，熒惑入壘壁陣。二年二月庚戌，月食。八月丁未，月食。九月丁亥，太白晝見於軫。十一月庚辰，鎮星犯太微東垣上相。辛巳，熒惑犯房、鉤鈐。三年七月庚申，有流星如太白，其色青白，有尾出紫微垣北極之旁，[1]入貫索中。己卯，月入畢，[2]至戌夜[3]犯畢大星。八月辛丑，月食，既。十二月庚寅，太白晝見於危，八十有五日伏。四年正月乙卯夜，中天有流星大如日，[4]色赤長丈餘，墜於西南，其聲如雷。二月己亥，月食。四月丁酉，太白晝見於奎，百九十有六日乃伏。六月丙申，歲星晝見於奎，百有一日乃伏。閏七月乙未，月食；辛丑，犯畢。十一月丙戌，月暈歲星，歲在奎，月在壁；己丑，犯畢大星；十二月戊午，復犯畢大星。

[1]紫微垣北極之旁：指紫微垣中北極五星之旁。北極五星是紫微垣中的一個星座，上古時曾被當作北極星。

[2]己卯月入畢：本書卷一四《宣宗紀上》載貞祐三年(1215)七月“戊寅，月入畢宿中，戌夜犯畢大星”。戊寅與己卯

有一日之差。

[3]戊夜：指五更時。《初學記》引《漢舊儀》曰五夜："甲夜、乙夜、丙夜、丁夜、戊夜。"《晋書》卷五九《趙王倫傳》有"丙夜一籌"。可見五夜與五更是對應的。

[4]中天有流星大如日：中華點校本校勘記云，諸本"日"作"十"，據殿本改。

興定元年正月乙酉，月犯畢左股第二星。[1]四月戊辰，太白晝見於井，百六十有二日乃伏。八月戊申，歲星晝見於昴，六十有七日伏。九月癸巳，月犯東井西扇第二星。十月癸丑，夜有流星大如杯，尾長丈餘，自軒轅起貫太微，没於角宿之上。十一月癸未，月暈歲星、熒惑二星，木在胃，火在昴。丙戌，太白晝見。十二月戊午，月食。二年六月乙卯，月食。八月壬戌，有流星大如杯，尾長丈餘，其光燭地，起建星没尾中。一云自東北至西北而墜，其光如塔狀，先有聲如風，後若雷者三，牕紙皆震。十月庚申，月犯軒轅左角之少民星。[2]十二月壬子，月食，既。[3]三年五月庚戌，月食，既。壬子，太白晝見於參，三十有六日經天，又百八十四日乃伏。七月壬寅初昏，有星自西南來，其光燭地，狀如月而稍不圓，色青白，有小星千百環之，若迸火然，墜於東北，少頃有聲如鼓。八月丁卯，歲星犯輿鬼東南星。己巳，歲星晝見於柳，百有九日乃伏。十一月乙巳，月食。[4]癸丑，白虹二，夾月，尋復貫之。四年正月庚子，月犯東井。三月甲寅，歲星犯鬼、積尸氣。五月甲辰，月食；六月戊辰，犯鎮星。己巳，太白晝見於張，百八十有四日乃伏。十一月壬辰，歲星晝見于翼，六十有七日，夜又犯靈臺北第一星。[5]五年正月辛丑，太白晝見於牛，二百三十有二日乃伏。司天夾谷德玉等奏以爲臣强之象，請致祭以禳之。宣宗曰："斗、牛吴分，蓋宋境也。他國有災，吾禳之可乎。"[6]九月庚戌，歲星犯左執法。閏十二月戊子，熒惑犯軒轅。甲午，月犯熒惑。戊戌，鎮星晝見于軫。己亥，太白晝見於室。六年正月辛酉，月犯熒惑；壬戌，犯軒轅。三月壬子，月食太白。癸亥，月食。丙寅，歲星犯太微左執法。[7]七月乙亥，太白經天，與日争光。八月己卯，彗星出於亢宿、右攝提、周鼎之間，指大角。太史奏："除舊布新之象，宜改元修政以消天變。"於是，改是年爲元光元年。九月丁未，滅。壬申，月食歲星。

[1]畢左股第二星：指畢宿六。左股即東叉。

[2]十月庚申：本書卷一五《宣宗紀中》興定二年（1218）十月載"癸亥，月犯軒轅左角之少民星"。庚申先癸亥三日，本志"十月庚申"與"癸亥，月犯軒轅左角之少民星"間當有脱文。少民星：指軒轅十六星。

[3]十二月壬子月食既：中華點校本校勘記云，"二"諸本作"一"，本書卷一五《宣宗紀中》興定二年十二月己亥朔，壬子十五日月食合。《宋史·天文志》載嘉定十一年（1218）"十二月壬子，月食既"。據改。

[4]十一月乙巳月食：本書卷一五《宣宗紀中》記載是年十一月癸巳朔，乙巳十三日，非月食之期。又《宋史·天文志》載是月月食爲"丙午月食"，有一日之差。日與日之間以夜半爲界，可能月食發生在夜半之後，本志記爲前一日。

［5］靈台北第一星：靈台三星，在太微垣右上將旁，南北排列，北第一星爲靈台一星。

［6］“五年正月辛丑”至“吾禳之可乎”：興定五年正月發生了太白晝見於牛宿的異常天象，司天監官夾谷德玉奏報，這是朝中有强臣的迹象，勸皇帝祭祀禳灾。宣宗反問説：“斗牛的分野在吴，對應於南宋，我國禳災有意義么?”由於南北對峙，有兩個朝廷，當如何判斷應對的狀况，星占家自己都没有弄清，就盲目勸宣宗禳灾，宣宗提出的這個疑慮，最後没有解答，留待後人思考。

［7］癸亥，月食，丙寅，歲星犯太微左執法：據中華點校本校勘記，諸本“癸亥”前有“四月”二字。按推四月己卯朔，無癸亥、丙寅。又本書卷一六《宣宗紀下》載三月“丙寅歲星犯太微左執法”。《宋史・天文志》載“高宗九年三月癸亥月食，丙寅歲星入太微，犯右執法”。據此删去“四月”。

元光二年八月乙亥，熒惑入輿鬼，掩積尸氣；十月壬午，犯靈臺；十一月，又犯心大星。

哀宗正大元年正月丙午，月犯昴；三月癸丑，犯熒惑。是月，熒惑逆行犯左執法。四月癸酉，熒惑犯右執法。乙未，太白、辰星相犯。三年十一月丙辰，月掩熒惑。丁巳，熒惑犯歲星；庚申，犯壘壁陣。癸酉，五星並見於西南。[1]十二月，熒惑入月。四年正月壬戌，熒惑犯太白。六月丙辰，太白入井。七月丁亥，熒惑犯斗從西第二星。[2]五年五月乙酉，月掩心大星。七年十月己巳，月暈，至五更復有大連環貫之，絡北斗，内有戟氣。十二月庚寅，有星出天津下，大如鎮星而色不明，[3]初犯輦道，二日見於東北，在織女南；乙未，入天市垣，戊申方出；癸丑，歷房北，復東南行，入積薪，凡二十五日而滅。

[1]五星並見於西南：五大行星都出現於西南方向，但不一定聚於一宿，可以在90度的範圍之内。

[2]斗從西第二星：指斗宿二。

[3]有星出天津下：有一顆彗星首見於天津星下方。　鎮星：土星。

天興元年七月乙巳，太白、歲星、熒惑、太陰俱會於軫、翼，司天武亢極言天變，上惟歎息，竟亦不之罪也。八月甲戌，太白、歲星交。閏九月己酉，彗星見東方，色白，長丈餘，彎曲如象牙，出角、軫南行，至十二日長二丈，十六日月燭不見，[1]二十七日五更復出東南，約長四丈餘，至十月一日始滅，凡四十有八日。[2]司天奏其咎在北，哀宗曰："我亦北人，今日之事我當滅也，何乃不先不後適于此乎。"[3]

[1]月燭：月光照耀。

[2]約長四丈餘：彗星尾長達40餘度。

[3]何乃不先不後適于此乎：（這次彗星）爲什麽不先不後正當我被困於此的時候出現呢！"適于此乎"，諸本"于"作"丁"，當爲上漏刻一筆。

金史　卷二一

志第二

曆上[1]

步氣朔　步卦候　步日躔　步晷漏

昔者聖人因天道以授人時，釐百工以熙庶政，步推之法，其來尚矣。自漢太初迄于前宋，治曆者奚啻七十餘家，大概或百年或數十年，率一易焉。蓋日月五星盈縮進退，與夫天運，至不齊也，人方製器以求之，以俾其齊，積寡至多，不能無爽故爾。

[1]曆上：《金史·曆志》記載了金趙知微編修的《重修大明曆》。《重修大明曆》完成於金世宗大定二十一年（1181），次年頒行，元滅金後沿用，直到1281年《授時曆》頒行。《重修大明曆》是宋元之間一部重要的曆法，它在月亮運動、太陽視赤緯的計算精度上取得較高的成就。木星運動不均勻改正算法精度超過前代。在曆法數據方面，它的朔望月、近點月、交點月的測算值都相當精確。在步交會章中，使用幾何方法求日月食的食限，爲《授時曆》

繼承並發揚光大。特别是在漏刻算法中，它采用了三次差分算法，爲元代王詢、郭守敬《授時曆》中的三次差内插法的創立奠定了基礎〔參見陳美東《中國科學技術史·天文卷》，科學出版社2003年版，第495—496頁；王榮彬《中國古代曆法三次差内插法的造術原理》，《西北大學學報（自然科學版）》1994年第6期〕。

金有天下百餘年，曆惟一易。天會五年，司天楊級始造《大明曆》，十五年春正月朔，始頒行之。其法，以三億八千三百七十六萬八千六百五十七爲曆元，五千二百三十爲日法。然其所本，不能詳究，或曰因宋《紀元曆》而增損之也。[1]正隆戊寅三月辛酉朔，司天言日當食而不食。大定癸巳五月壬辰朔，日食，甲午十一月甲申朔，日食，加時皆先天。丁酉九月丁酉朔，食乃後天。[2]由是占候漸差，乃命司天監趙知微重修《大明曆》，二十一年曆成。時翰林應奉耶律履亦造《乙未曆》。二十一年十一月望，太陰虧食，遂命尚書省委禮部員外郎任忠傑與司天曆官驗所食時刻分秒，比校知微、履及見行曆之親踈，以知微曆爲親，遂用之。[3]明昌初，司天又改進新曆，禮部郎中張行簡言："請俟他日月食，覆校無差，然後用之。"事遂寢。是以終金之世，惟用知微曆，我朝初亦用之，後始改《授時曆》焉。今其書存乎太史，采而録之，以爲《曆志》。

[1]因宋《紀元曆》而增損之也：楊級《大明曆》已失傳。楊級很可能是天會五年（1127）金兵攻陷北宋京都開封時盡得其天文儀器、典籍與人才，將北宋姚舜輔的《紀元曆》略作修改獻給金太宗。

[2]正隆戊寅：正隆三年（1158）。　大定癸巳：大定十三年（1173）。　甲午：大定十四年。　丁酉：大定十七年。按楊級《大明曆》推算的這四次日食，第一次“言日當食，而不食”，第二、第三次“加時皆先天”，即推算的交食時刻早於日食實際發生的時刻，而第四次又“後天”，即所推算的交食時刻晚於實際發生時刻。

[3]“比校知微”至“遂用之”：這裏是説，當時利用了大定二十一年（1181）十一月月食天象的觀測數據來比驗趙知微《重修大明曆》、耶律履《乙未曆》和楊級《大明曆》的精度，結果趙知微《重修大明曆》勝出，“遂用之”。這證明即使在金朝這樣的少數民族政權，也建立了我國古代通過實測天象（主要是日月食或五星運動）檢驗曆法疏密的傳統方法。

步氣朔第一[1]

演紀：上元甲子距今大定庚子，八千八百六十三萬九千六百五十六年。[2]

日法：五千二百三十分。[3]

歲實：一百九十一萬二百二十四分。

通餘：二萬七千四百二十四分。

朔實：一十五萬四千四百四十五分。

通閏：五萬六千八百八十四分。[4]

[1]步氣朔第一：步，推算。古代稱推算曆法爲步曆。氣，即一年中的二十四節氣；朔，“日月合度謂之朔”，指太陽和月亮運行到經度相同的時刻。“步氣朔”就是假設日月等作勻速運動，推算平節氣和平朔、望等時刻。自《大衍曆》起，古人把一部曆法的全部步算歸結成七章，步氣朔通常爲第一章。

[2]演紀：“演紀術”的簡稱。唐代以來，“上元”一般都是運

用所謂的“演紀術”算法推算得到的。　上元：中國古代曆法概念。就《重修大明曆》而論，它的含義是，在上元這一天的日名爲甲子（所在年的年名也是甲子），夜半時刻正好日月合朔，且恰逢冬至時刻。不僅如此，這個時刻還是月過近地點的時刻，也是日、月同過黃白道交點的時刻、五星合日的時刻，等等。所以，以後計算每年的冬至及其他各節氣時刻、各月平朔的時刻、月亮過近地點時刻、日月交會時刻和五星行度等，都從上元的這個特定的時刻開始起算，這也是曆法計算中各種周期往往都從冬至開始的原因所在，且稱“冬至”這個起算點爲曆元。《重修大明曆》的上元到所求年相隔 $88639656=1477327\times60+36$ 年。自上元至“所求年天正冬至”，其日數也顯然爲回歸年日數的整數倍（88639656 倍）。

［3］日法：是回歸年和朔望月等數值的分母，也是“日”化成“分”的“分值”。《重修大明曆》把一日分成 5230 分。在古曆中，各種天文周期或關於時間的數據，在計算中常用“分”作單位入算，最後再換算成“日”。又，我國古曆習慣在曆法各部分推步之前先給出本部分所需的曆法常數，這些常數多用分數形式給出，且分子、分母分別給出。分母常被稱作“法”，其分子的數值就是以相應的分母爲“法”的“分值”。以下將用推算過程來揭示這些數據的意義：回歸年 $=\frac{\text{歲實}}{\text{日法}}=\frac{1910224}{5230}=360\frac{27424}{5230}=365\frac{1274}{5230}$（日）。其中，歲實 1910224，即以 5230 爲“法”的回歸年的“分值”；365 爲歲策，27424 即通餘，1274 爲（歲）餘。朔望月 $=\frac{\text{朔實}}{\text{日法}}=\frac{154445}{5230}=29\frac{2775}{5230}$（日），其中，朔實 154445，則是以 5230 爲“法”的朔望月的“分值”，29 即朔策，2775 爲（朔）餘。

［4］通閏：通閏 = 歲實 − 12 × 朔實，就是説“通閏”是回歸年比十二個朔望月多出的部分，這“多出的部分”即被用以積累成“閏月”。而：通閏/日法 $=56884/5230\approx10.8765$（日）$\approx\frac{7}{19}$個朔望

月。這就是約2.7年有一個閏月，十九年七閏的來歷。

歲策：三百六十五日，餘一千二百七十四分。

朔策：二十九日，餘二千七百七十五分。

氣策：一十五日，餘一千一百四十二分，六十秒。[1]

望策：一十四日，餘四千二分，四十五秒。

象策：七日，餘二千一分，[2]二十二秒半。

没限：四千八十七分，三十秒。

朔虚分：二千四百五十五分。[3]

旬周：三十一萬三千八百分。[4]

紀法：六十。

秒母：九十。[5]

[1]氣策：一個節氣的日數。1節氣 $=\frac{歲實}{24}=15\frac{通餘/24}{日法}=15\frac{1142\frac{16}{24}}{5230}=15\frac{1142\frac{60}{90}}{5230}$（日）。所以有氣策的“餘”爲1142分，及“六十秒”，同時，從這一推算過程還可以看出下文的“秒母九十”的來歷。

[2]象策：望策的一半。“象策七日餘二千一分”的“一分”，原作“二分”，據望策之數驗算當改。此據中華點校本改正。

[3]没限、朔虚分：分别爲古曆“没滅”算法中判斷所求氣或朔内有無“没”或“滅”點的依據。宋元時期規定，氣小餘大於“没限”者，則該氣内有“没”；朔小餘不滿“朔虚分”者，爲有“滅”之朔。所以，没限 $=$ 日法 $-\frac{通餘}{24}=5230-1142\frac{60}{90}=4087\frac{30}{90}$；

朔虚分＝日法－朔餘＝5230－2775＝2455（參見王榮彬《中國古代曆法推没滅術意義探秘》,《自然科學史研究》1995年第3期）。

［4］旬周：乃一個甲子周期的長度（60日，即“紀法六十”）的分值，其“法”爲5230，即旬周＝60×日法＝60×5230＝313800。换言之,“旬周”就是“紀法”的分值。

［5］秒母九十：是本章（步氣朔）所有曆法常數中所包含的“秒”的數值的分母（法),“秒母”或稱“秒法”。前注就給出了“氣策”的“秒母九十”的來歷，其他類推。

求天正冬至[1]

置上元甲子以來積年，歲實乘之，爲通積分。滿旬周去之，不盡以日法約之爲日，不盈爲餘，命甲子筭外，即所求天正冬至日大小餘[2]。

求次氣

置天正冬至大小餘，以氣策累加之，秒盈秒母從分，分滿日法從日，即得次氣日及餘秒。

求天正經朔[3]

以朔實去通積分，不盡爲閏餘，以減通積分爲朔積分。[4]滿旬周去之，不盡如日法而一爲日，不盈爲餘，即所求天正經朔大小餘也。

求弦望及次朔

置天正經朔大小餘，以象策累加之，即各得弦、望及次朔經日及餘秒也。

求没日[5]

置有没之恒氣小餘，如没限已上，爲有没之氣。[6]以秒母乘之，内其秒，用減四十七萬七千五百五十六，餘滿六千八百五十六而一，所得併恒氣大餘，命爲没日。

求滅日[7]

置有滅之朔小餘，經朔小餘不滿朔虚分者。六因之，如四百九十一而一，所得併經朔大餘，命爲滅日。

[1]天正冬至：春秋戰國時各國的曆法不盡相同，如曆法的正月即曆首的位置就有區别。爲便於比較，就把冬至所在的月稱爲子月，下一個月稱爲丑月，再下一個月就是寅月，以此類推。若某種曆法的曆日安排是把子月作爲一年開始月（正月），這種曆日制度被稱作“天正”，也叫“建子”；而以寅月爲正月的曆日制度叫“人正”，亦即“建寅”。在人正制度下，冬至總被排在十一月（即天正月）。漢代以後，曆法普遍采用人正制。古代曆法習慣於從冬至開始來推算本年的各項天文值，因此，稱上年十一月的這個冬至爲“天正冬至”。

[2]即所求天正冬至日大小餘：“天正冬至日大餘”即該天正冬至日的甲子序號，而“天正冬至日小餘”則爲不足整日的餘分。按照古曆的叙述習慣，常把分母（法）略而不書，直接把分子稱爲餘。“冬至日大小餘”，“大餘”的“法”就是“紀法六十”，“小餘”的“法”即日法5230。

[3]求天正經朔：計算所求年天正冬至所在月（十一月）朔日的甲子序號。因爲上元時刻也是合朔時刻，以朔實去通積分，不盡爲閏餘，則閏餘就是所求年冬至距所求年十一月合朔時刻的積分。從而，“通積分－閏餘”即爲十一月合朔時刻到上元的積分，稱爲朔積分。滿旬周去之，不滿旬周之剩餘值就是最近一個甲子夜半以來的積分，除以日法，所得整數部分即所求年十一月朔日甲子序數。

[4]通積分：原無“分”字，據中華點校本補。

[5]没日：一般而言相鄰兩氣交氣日的日序數相差十五日。而

一氣的長度是氣策 $15\frac{1142\frac{60}{90}}{5230}$（日），不足整日的餘數可以逐漸積累。如果某氣的小餘超過了 $5230-1142=4088$ 分（即“没限”），則下一氣的小餘就會超過 5230 分，就要往大餘上進一日，兩氣之間的日序數相差就是十六日，該氣就稱爲有没之氣。從《大業曆》開始，推没日發展成爲在“有没的節氣”内直接推算没日位置，規定没日在恒氣點後的 $\frac{\text{歲實}-360\times\text{恒氣小餘}}{\text{通餘}}$（日）處。《重修大明曆》在此分式的分子、分母同除以 4，從而得没日在恒氣後 $\frac{477556-90\times\text{恒氣小餘}}{6856}$（日）處（參見王榮彬《中國古代曆法推没滅術意義探秘》）。

［6］如没限已上，爲有没之氣：該句是判定所求氣是否有“没日”的依據，當爲夾注小字。中華點校本誤作大號字的正文。今按宋元以來求没日算法的慣例以及下文“求滅日”術的“滅日”依據校改。

［7］求滅日：《大衍曆》以後，滅的位置被規定爲“有滅之朔”經朔點後的 $\frac{30\times\text{經朔小餘}}{\text{朔虚分}}$（日）處，所以有：$\frac{30\times\text{經數小餘}}{2455}=\frac{6\times\text{經朔小餘}}{491}$的算式。

步卦候第二[1]

候策：五，餘三百八十，秒八十。

卦策：六，餘四百五十七，秒六。

貞策：三，餘二百二十八，秒四十六。[2]

秒母：九十。

辰法：二千六百一十五。

半辰法：一千三百七半。

刻法：三百一十三，秒八十。

辰刻：八，一百四分，秒六十。

半辰刻：四，五十二分，秒三十。[3]

秒母：一百。[4]

[1]步卦候第二："卦"指《易經》的六十四卦，"候"指把一回歸年等分爲七十二份的七十二候。卦候説是西漢時期解釋《易經》的一種學説，代表人物爲孟喜與京房。"步卦候"即推算六十四卦與七十二候搭配，以配合該時段吉凶的預測。曆法中的這個項目是爲配合古代民用曆書中的曆注編制所設。在中國古代曆法中，推算七十二候，起自北魏李興業的《正光曆》。

[2]候策：一回歸年分七十二候，"候策"即一候的長度。該長度 = 回歸年/72 = $5\frac{380\frac{80}{100}}{5230}$（日）。 卦策：《易經》有六十四卦，取坎、離、震、兑作爲四個起點配冬至、春分、夏至、秋分，每季節内安插十五卦，則一卦的長度 = 回歸年/60 = $6\frac{457\frac{6}{100}}{5230}$（日），即"卦策"。 貞策："卦策"的一半。

[3]辰法、刻法、辰刻：古代常把一日分十二時辰、一百刻。這裏，辰法 = 日法/2，即 6/12，故朔小餘换算成"刻法"之分時應乘以 6；"刻法" $=6\times$日法$/100=313\frac{80}{100}$；所以，1 辰刻 $=100/12=8\frac{1}{3}=8\frac{104.6}{313.8}$。

[4]秒母一百：此處的"秒母一百"是步卦候中，所有曆法常數中所包含"秒"的數值分母（法）。

求七十二候

置中氣大小餘，命之爲初候，以候策累加之，即次候及末候也。

求六十四卦

置中氣大小餘，命之爲公卦；以卦策累加之，得辟卦；又加之，得侯内卦。以貞策加之，得節氣之初，爲侯外卦；又以貞策加之，得大夫卦。又以卦策加之，爲卿卦。

求土王用事[1]

以貞策減四季中氣大小餘，即土王用事日也。

求發斂[2]

置小餘，以六因之，如辰法而一爲辰。如不盡，以刻法除之爲刻。命子正筭外，即得加時所在辰刻及分。如加半辰法，即命子刻初。

[1]求土王用事："1 回歸年/5" 即爲"五行用事"，其中，木、火、金、水"因四立命之"，將"五行用事"再分成四份，每份即爲一個"土王用事"，分配在四立的"五行用事"之後。故各季土王用事 = 四季中氣大小餘 - 貞策。

[2]求發斂：把不足整日的餘分值（古代稱作"加時"）换算成辰數和刻數。

二十四氣卦候

恒氣 月中節四正卦	初候	次候	末候	始卦	中卦	終卦
冬至 十一月中坎初六	蚯蚓結	麋角解	水泉動	公中孚	辟復	侯屯内

小寒 十二月節坎九二	雁北鄉	鵲始巢	野鷄始雊	侯屯外	大夫謙	卿睽
大寒 十二月中坎六三	鷄始乳	鷙鳥厲疾	水澤腹堅	公升	辟臨	侯小過内
立春 正月節坎六四	東風解凍	蟄虫始振	魚上冰	侯小過外	大夫蒙	卿益
雨水 正月中坎九五	獺祭魚	鴻雁來	草木萌動	公漸	辟泰	侯需内
驚蟄 二月節坎上六	桃始華	倉庚鳴	鷹化爲鳩	侯需外	大夫隨	卿晋
春分 二月中震初九	玄鳥至	雷乃發聲	始電	公解	辟大壯	侯豫内
清明 三月節震六二	桐始華	田鼠化爲鴽	虹始見	侯豫外	大夫訟	卿蠱
穀雨 三月中震六三	萍始生	鳴鳩拂其羽	戴勝降于桑	公革	辟夬	侯旅内
立夏 四月節震九四	螻蟈鳴	蚯蚓出	王瓜生	侯旅外	大夫師	卿比
小滿 四月中震六五	苦菜秀	靡草死	小暑至	公小畜	辟乾	侯大有内
芒種 五月節震上六	螳螂生	鵙始鳴	反舌無聲	侯大有外	大夫家人	卿井
夏至 五月中離初九	鹿角解	蜩始鳴	半夏生	公咸	辟姤	侯鼎内
小暑 六月節離六二	温風至	蟋蟀居壁	鷹乃學習	侯鼎外	大夫豐	卿渙
大暑 六月中離九三	腐草化爲螢	土潤溽暑	大雨時行	公履	辟遯	侯恒内
立秋 七月節離九四	涼風至	白露降	寒蟬鳴	侯恒外	大夫節	卿同人
處暑 七月中離六五	鷹乃祭鳥	天地始肅	禾乃登	公損	辟否	侯巽内

白露 八月節離上九	鴻雁來	玄鳥歸	群鳥養羞	侯巽外	大夫萃	卿大畜
秋分 八月中兑初九	雷乃收聲	蟄虫坯户	水始涸	公賁	辟觀	侯歸妹内
寒露 九月節兑九二	鴻雁來賓	雀入大水化爲蛤	鞠有黄華	侯歸妹外	大夫無妄	卿明夷
霜降 九月中兑六三	豺乃祭獸	草木黄落	蟄蟲咸俯	公困	辟剥	侯艮内
立冬 十月節兑九四	水始冰	地始凍	野鷄入水化爲蜃	侯艮外	大夫既濟	卿噬嗑
小雪 十月中兑九五	虹藏不見	天氣上升地氣下降	閉塞而成冬	公大過	辟坤	侯未濟内
大雪 十一月節兑上六	鶡鳥不鳴	虎始交	荔挺出	侯未濟外	大夫蹇	卿頤

步日躔第三[1]

周天分：一百九十一萬二百九十三分，五百三十秒。

歲差：六十九，五百三十秒。秒母一萬。

周天度：三百六十五度，二十五分，六十八秒。[2]

象限：九十一，三十一分，九秒。[3]

[1]步日躔：主要是推算太陽的運動。“躔”，揚雄《方言》云：“日運爲躔。”一行《大衍曆議》云：“日行曰躔。”

[2]周天分：周天是指天球上的赤道或黄道，把它們化成“分”就稱爲“周天分”。　歲差：春分點一年中的退行量。所以，周天分 − 歲差 = $191093\frac{530}{10000} - 69\frac{530}{10000}$ = 1910224 = 回歸年。　周天度：指太陽運行連續兩次經過同一顆恒星方向所經過的弧長。周

$$天度=周天分/日法=\frac{191093\frac{530}{10000}}{5230}=365\frac{1343\frac{530}{10000}}{5230}=365度25分$$

68 秒。

[3]象限：指回歸年值的四分之一，從而有：365.2436/4 = 91.3109。 三十一分：各本誤作“三十分”，《紀元曆》《庚午元曆》和本曆的回歸年值皆相同，傳本《紀元曆》和《庚午元曆》此處的“象限”都作“三十一分”。

二十四氣日積度及盈縮[1]

恒氣	日積度 分 秒	損益率	初末率	日差	盈縮積
冬至	空	益 七千五十九	初四百九十八 八十 六十五 末四百二十八 八十八 一十一	四 九十一 七十九	盈 空
小寒	一十五 九十二 四十三	益 五千九百二十	初四百二十五 八十九 七十二 末三百五十二 一十 四十一	五 一十八 九十九	盈 七千五十九
大寒	三十一 七十三 四十八	益 四千七百一十八	初三百四十八 八十四 八十 末二百七十一 一十八 七十四	五 四十六 一十九	盈 一萬二千九百七十九
立春	四十七 四十二 五十一	益 三千四百五十三	初二百六十七 六十二 八十六 末一百八十六 一十六 一十六	五 七十二 九十六	盈 一萬七千六百九十七
雨水	六十二 九十八 八十九	益 二千一百二十六	初一百八十二 二十七 三十八 末九十七 一十二 三十二	五 九十八 八十七	盈 二萬一千一百五十
驚蟄	七十八 四十二 空	益 七百三十九	初九十一 一十三 四十六 末五 九十八 四十	五 九十八 八十七	盈 二萬三千二百七十六
春分	九十三 七十一 二十四	損 七百三十九	初五 九十八 四十 末九十一 一十三 四十六	五 九十八 八十七	盈 二萬四千一十五
清明	一百八 八十五 六十九	損 二千一百二十六	初九十八 九十六 五十 末一百八十 四十三 二十	五 七十二 九十六	盈 二萬三千二百七十六
穀雨	一百二十三 八十六 二十八	損 三千四百五十三	初一百八十八 六 四十八 末二百六十五 七十二 五十四	五 四十六 一十九	盈 二萬一千一百五十
立夏	一百三十八 七十三 六十	損 四千七百一十八	初二百七十三 一十一 九十七 末三百四十六 九十一 五十七	五 一十八 九十九	盈 一萬七千六百九十七
小滿	一百五十三 四十八 二十七	損 五千九百二十	初三百五十四 三 七十九 末四百二十三 九十六 三十四	四 九十一 七十九	盈 一萬二千九百七十九
芒種	一百六十八 一十 九十二	損 七千五十九	初四百二十八 八十八 一十一 末四百九十八 八十 六十五	四 九十一 七十九	盈 七千五十九
夏至	一百八十二 六十二 一十八	益 七千五十九	初四百九十八 八十 六十五 末四百二十八 八十八 一十一	四 九十一 七十九	縮 空

恒氣	日積度 分　秒	損益率	初末率	日差	盈縮積
小暑	一百九十七 一十三　四十三	益 五千九百二十	初四百二十五　八十九　七十二 末三百五十二　一十　四十一	五 一十八　九十九	縮 七千五十九
大暑	二百一十一 七十六　八	益 四千七百二十八	初三百四十八　八十四　八十 末二百七十一　一十八　七十四	五 四十六　一十九	縮 一萬二千九百七十九
立秋	二百二十六 五十　七十五	益 三千四百五十三	初二百六十七　六十二　八十六 末一百八十六　一十六　一十六	五 七十二　九十六	縮 一萬七千六百九十七
處暑	二百四十一 三十八　七	益 二千一百二十六	初一百八十二　二十七　三十八 末九十七　一十二　三十二	五 九十八　八十七	縮 二萬一千一百五十
白露	二百五十六 三十八　六十六	益 七百三十九	初九十一　一十三　四十六 末五　九十八　四十	五 九十八　八十七	縮 二萬三千二百七十六
秋分	二百七十一 五十三　十二	損 七百三十九	初五　九十八　四十 末九十一　一十三　四十六	五 九十八　八十七	縮 二萬四千一十五
寒露	二百八十六 八十二　三十五	損 二千一百二十六	初九十八　九十六　五十 末一百八十　四十三　二十	五 七十二　九十六	縮 二萬三千二百七十六
霜降	三百二 二十五　四十六	損 三千四百五十三	初一百八十八　六　四十八 末二百六十五　七十二　五十四	五 四十六　一十九	縮 二萬一千一百五十
立冬	三百一十七 八十一　八十四	損 四千七百一十八	初二百七十三　一十一　九十一 末三百四十六　九十一　五十七	五 一十八　九十九	縮 一萬七千六百九十七
小雪	三百三十三 五十　八十七	損 五千九百二十	初三百五十四　三　七十九 末四百二十三　九十六　三十四	四 九十一　七十九	縮 一萬二千九百七十九
大雪	三百四十九 三十一　九十二	損 七千五十九	初四百二十八　八十八　一十一 末四百九十八　八十　六十五	四 九十一　七十九	縮 七千五十九

［1］二十四氣日積度及盈縮：原本表共有十五處數字有訛誤，由於本表格内的數字有明顯規律，中華點校本已對它們進行了校正，這裏據中華點校本徑改。另有四處中華點校本没有校正，這裏據陳美東的校算結果改正（參見陳美東《古曆新探》，遼寧教育出版社 1995 版，第 319 – 320 頁）。此表的結構是，第一欄“恒氣”是各節氣的名稱；第二欄“日積度”是各節氣由平氣修正爲定氣後的值；“損益率”就是修正的數量，益爲正值，損爲負值；“盈縮積”則爲損益率和；而“日差”是太陽運動不均勻引起平氣定氣之别的每日變化量。《皇極曆》以來的算法都是把太陽不均勻運動堪稱勻加速的，這日差就是加速度；“初末率”是爲太陽修正算法在各節氣開始之日和最後一日的相當於運動“速度”的數值。

二十四氣日積度及盈縮[1]

恒氣	中積 經分 約分[2]	損益率	初末率	日差	朓朒積
冬至	空	益 二百七十六	初一十九　四十八　六十四 末一十六　七十八　五十二	一十九 空	朒 空
小寒	十五日 一千一百四十二　六十 二十一　八十四	益 二百三十二	初一十六　六十八　七十四 末一十三　八十　一十九	二十 二十九	朒 二百七十六
大寒	三十 二千二百八十五　三十 四十三　六十九	益 一百八十五	初一十三　六十九　一十三 末十　六十二　一十四	二十一 五十九	朒 五百八
立春	四十五 三千四百二十八 六十五　五十四	益 一百三十五	初十　四十六　七十 末七　二十七　四十五	二十二 四十五	朒 六百九十三
雨水	六十 四千五百七十　六十 八十七　三十九	益 八十三	初七　一十一　一十四 末三　七十九　六十三	二十三 三十二	朒 八百二十八
驚蟄	七十六 四百八十三　三十 九　二十四	益 二十九	初三　五十六　三十一 末空　二十四　八十	二十三 三十二	朒 九百一十一
春分	九十一 一千六百二十六 三十一　九	損 二十九	初空　二十四　八十 末三　五十六　三十一	二十三 三十二	朒 九百四十
清明	一百六 二千七百六十八　六十 五十二　九十三	損 八十三	初三　八十五　七十六 末七　五　一	二十二 四十五	朒 九百一十一
穀雨	一百二十一 三千九百一十一　三十 七十四　七十八	損 一百三十五	初七　三十三　五十九 末一十一　四十　五十六	二十一 五十九	朒 八百二十八
立夏	一百三十六 五千五十四 九十六　六十三	損 一百八十五	初十　七十一　三十六 末一十三　五十九　九十一	二十 二十九	朒 六百九十三
小滿	一百五十二 九百六十六　六十 一十八　四十八	損 二百三十二	初一十三　八十九　四十 末一十六　五十九　五十二	一十九 空	朒 五百八
芒種	一百六十七 二千一百九　三十 四十　三十三	損 二百七十六	初十六　七十八　五十二 末一十九　四十八　六十四	一十九 空	朒 二百七十六
夏至	一百八十二 三千二百五十二 六十二　一十八	益 二百七十六	初十九　四十八　六十四 末一十六　七十八　五十二	一十九 空	朓 空

恒氣	中積 經分 約分[2]	損益率	初末率	日差	朓朒積
小暑	一百九十七 四千三百九十四　六十八 十四　二	益 二百三十二	初一十六　六十八　七十四 末一十三　八十　一十九	二十 二十九	朓 二百七十六
大暑	二百一十三 三百七　三十 五　八十七	益 一百八十五	初十三　六十九　一十三 末十　六十二　一十四	二十一 五十九	朓 五百八
立秋	二百二十八 一千四百五十二 十七　七十二	益 一百三十五	初十　四十六　七十 末七　二十七　四十五	二十二 四十五	朓 六百九十三
處暑	二百四十三 二千五百九十二　六十 四十九　五十七	益 八十三	初七　一十一　一十四 末三　七十九　六十三	二十三 三十二	朓 八百二十八
白露	二百五十八 三千七百三十五　三十 七十一　四十二	益 二十九	初三　五十六　三十一 末空　二十四　八十	二十三 三十二	朓 九百一十一
秋分	二百七十三 四千八百七十八 九十三　二十七	損 二十九	初空　二十四　八十 末三　五十六　三十一	二十三 三十二	朓 九百四十
寒露	二百八十九 七百九十　六十 一十五　一十二	損 八十三	初三　八十五　七十六 末七　五　一	二十二 四十五	朓 九百一十一
霜降	三百四 一千九百三十三　三十 三十六　九十六	損 一百三十五	初七　三十三　五十九 末十　四十　五十六	二十一 五十九	朓 八百二十八
立冬	三百一十九 三千七十六 五十八　八十一	損 一百八十五	初十　七十一　三十六 末一十三　五十九　九十一	二十 二十九	朓 六百九十三
小雪	三百三十四 四千三百一十八　六十 八十六　十六	損 二百三十二	初十三　八十九　四十 末十六　五十九　五十二	一十九 空	朓 五百八
大雪	三百五十 一百三十一　三十 二　五十一	損 二百七十六	初十六　七十八　五十二 末一十九　四十八　六十四	一十九 空	朓 二百七十六

[1]二十四氣中積及朓朒：原本表中有二十處數字有誤，亦據中華點校本改正。又，本表四處數字是根據陳美東的校算改正。本表“二十四氣中積及朓朒”和前表“二十四氣日積度及盈縮”是描述太陽運動改正的數表，習慣被稱作“日纏表”。在其他曆法中同類的數表皆爲一個表，自《皇極曆》創立太陽運動不均勻改正算

法以來一直如此。《重修大明曆》則一表分而爲二。本表是爲了計算太陽不均勻運動而引起的合朔時刻的變化，即對平朔的改正。所以，本表的“損益率” $=\frac{\text{前表損益率}\times\text{日法}}{\text{月平行}\times 1000}$。表各欄之間的關係與前表類似。

[2]經分、約分：經分、約分是“中積”的不足整日數部分的兩種不同表示法。“經分”是以日法 5230 爲分母的分子，“約分”則是將經分化爲百進小數後的值。如小寒下的“經分 1142、60”，“約分 21、84”，有：約分（0. 2184）＝經分（1142. 60）÷5230。

求每日盈縮、朓朒[1]

各置其氣損益率，求盈縮用盈縮之損益，求朓朒用朓朒之損益。六因，如象限而一，爲氣中率。與後氣中率相減，爲合差。半合差，加減其氣中率，爲初末泛率。至後：加初，減末。分後：減初，加末。又置合差，六因，如象限而一，爲日差，半之，加減初末泛率，爲初末定率。至後：減初，加末。分後：加初，減末。以日差累加減其氣初末定率，爲每日損益分。至後減，分後加。各以每日損益分加減氣下盈縮、朓朒，爲每日盈縮、朓朒。二分前一氣無後率相減爲合差者，皆用前氣合差。

[1]求每日盈縮、朓朒：盈縮，指太陽平行與實行的差，相當於現代的“中心差”。朓朒是太陽不均勻運動對平朔的改正值。該算法是劉焯創立太陽不均勻運動改正的二次插值算法。其中氣中率、合差、初末泛率、日差、初末定率的含義和之前各曆法該算法的對應名詞含義一致（參見王榮彬《劉焯〈皇極曆〉插值法的構建原理》，《自然科學史研究》1994 年第 4 期）。

求經朔、弦、望入氣

置天正閏餘，[1]以日法除爲日，不滿爲餘，如氣策已下，以減氣策，爲入大雪氣。[2]已上去之，餘亦減氣策，爲入小雪氣。即得天正經朔入氣日及餘也。以象策累加之，滿氣策去之，即得弦、望入次氣日及餘。因加，後朔入氣日及餘也。

求每日損益、盈縮、朓朒[3]

以日差益加減損加減其氣初損益率，[4]爲每日損益率。馴積損益其氣盈縮、朓朒積，[5]爲每日盈縮、朓朒積。

[1]天正閏餘：原無“閏”字，據中華點校本改。

[2]大雪氣：原“氣”後有“策”字，中華點校本删之，從。

[3]求每日損益、盈縮、朓朒：似當作“求每日損益率及盈縮、朓朒積”。

[4]以日差益加減損加減其氣初損益率：似當作“以日差益加損減其氣初損益率”。

[5]馴積：逐日累積（每日損益率）的意思。作爲古算的運算術語，“馴積”又常作“遞推求和”之義。

求經朔、弦、望入氣朓朒定數

各以所入恒氣小餘，以乘其日損益率，如日法而一，以所得損益其下朓朒積爲定數。

赤道宿度

斗二十五度　牛七度少　女十一度少　虚九度少　秒六十八

危十五度半　室十七度　壁八度太[1]

右北方七宿九十四度[2]　秒六十八[3]

奎十六度半　婁十二度　胃十五度　昴十一度少　畢十七度少　觜半度　參十度半

右西方七宿八十三度

井三十三度少　鬼二度半　柳十三度太　星六度太　張十七度少　翼十八度太　軫十七度

右南方七宿一百九度少

角十二度　亢九度少　氐一十六度　房五度太　心六度少　尾十九度少　箕十度半

右東方七宿七十九度

[1]少：0.25。　半：0.5。　太：0.75。

[2]右：古書竪排自右向左，此“右”即“前”或“以上”之義，下同。

[3]秒六十八：下文“黄道宿度”對應此處的“秒六十八”是爲小字夾注。

求冬至赤道日度

置通積分，以周天分去之，餘日法而一爲度，不滿退除爲分秒。以百爲母。命起赤道虚宿七度外去之，至不滿宿，即所求年天正冬至加時日躔赤道度及分秒。[1]

[1]“求冬至赤道日度”至“即所求年天正冬至加時日躔赤道度及分秒”：因爲上元時刻爲冬至所在，在“虚宿七度”。“通積分”就是上元到所求年冬至的積分值，所以從通積分中除去周天整倍數，餘數就是所求年冬至到“虚宿七度”的距離。

求春分、夏至、秋分赤道日度

置天正冬至加時赤道日度，累加象限，滿赤道宿次去之，即各得春分、夏至、秋分加時日在宿度及分秒。

求四正赤道宿積度

置四正赤道宿全度，以四正赤道日度及分減之，餘爲距後度。以赤道宿度累加之，各得四正後赤道宿積度及分。[1]

[1]各得四正後赤道宿積度及分：四正，即二分二至。本術是要將赤道宿度换算成距“四正”的度數值。我國古代曆法中日、月等天體的運動計算，一般都是以四正爲節點分成四個象限來設計的，所以接下來就有“求赤道宿積度入初末限”，就是把每個象限再分成“初”“末”兩段。

求赤道宿積度入初末限

視四正後赤道宿積度及分，在四十五度六十五分秒五十四半以下爲入初限，[1]已上者用減象限，餘爲入末限。

求二十八宿黄道度[2]

以四正後赤道宿入初末限度及分，減一百一度，餘以初末限度及分乘之，進位，滿百爲分，分滿百爲度。至後以減、分後以加赤道宿積度，爲其宿黄道積度。以前宿黄道積度減之，其四正之宿，先加象限，然後前宿減之。爲其宿黄道度及分。其分就近約爲太、半、少。

黄道宿度

斗二十三度　牛七度　女十一度　虚九度少　秒六十八　危

十六度　室十八度少　壁九度半

[1]在四十五度六十五分秒五十四半以下爲入初限：其中，45.65545＝91.3109÷2，這説明《重修大明曆》此處在赤道的初末限劃分采用的是等分法。設“四正後赤道宿積度及分”爲 α，

$$取\ x=\begin{cases}\alpha & (0\leqslant\alpha<45.65545)\\ 91.3109-\alpha & (45.65545<\alpha\leqslant 91.3109)\end{cases}。$$

這種初末限 x 的截取方法，是爲計算“二十八宿黄道度”的相減相乘法算式的自變量而作，目的是獲得滿足要求的相應值域範圍作爲曆法改正值。

[2]求二十八宿黄道度：黄赤道差公式。即由赤道度（x）求黄道度（y）的算法（$|y-x|=\frac{(101-x)\ x}{1000}$）。這就是由唐代曹士蔿在《符天曆》中創立的相減相乘算法，本術這種計算黄赤道差的相減相乘法是由宋代的《崇天曆》根據唐代《大衍曆》數據導出的解析算式，《崇天曆》之後即成爲通用模式（參見曲安京《中國曆法與數學》，科學出版社 2005 年版，第 267－270 頁）。

右北方七宿九十四度六十八秒[1]

奎十七度太　婁十二度太　胃十五度半　昴十一度　畢十六度半　觜半度　參九度太

右西方七宿八十三度太一百七十七、七十五、六十八

井三十度半　鬼二十度半　柳十三度少　星六度太　張十七度太　翼二十度　軫十八度半

右南方七宿一百九度少　二百八十七、六十八[2]

角十二度太　亢九度太　氐十六度少　房五度太　心六度

尾十八度少　箕九度半

右東方七宿七十八度少　三百六十五、二十五、六十八[3]

[1]六十八秒：當作“秒六十八”。

[2]六十八：原無此三字，據中華點校本補。

[3]三百六十五、二十五、六十八：是《重修大明曆》的周天度數，是以上北、西、南、東四方二十八宿黄道宿度的總和。同理，上面“一百七十七、七十五、六十八”和“二百八十七、六十八”兩處夾注小字分别爲“北方加西方”十四宿和“北方加西方加南方”二十一宿的黄道宿度之和。

前黄道宿度，依今曆歲差所在筭定。[1]如上考往古，下驗將來，當據歲差，每移一度，依術推變當時宿度，然後可步七曜，[2]知其所在。

[1]前黄道宿度，依今曆歲差所在筭定：中國古代曆法裏的赤道值是在實測基礎上給定的，而黄道值則是由赤道值推算的，這由我國古代的天文儀器是赤道裝置所决定。以下求冬至時刻和各節氣時刻黄道度的算法，皆是由赤道度推算黄道度。

[2]七曜：原無“七”字，據中華點校本改。

求天正冬至加時黄道日度

以冬至加時赤道日度及分秒，减一百一度，餘以冬至赤道日度及分秒乘之，進位，滿百爲分，分滿百爲度。命曰黄赤道差。用减冬至加時赤道日度及分秒，即所求年天正冬至加時黄道日度及分秒。

求二十四氣加時黄道日度

置所求年冬至日躔黄赤道差，以次年黄赤道差减之，餘以所求氣數乘之，二十四而一，所得以加其氣中積及約分，又以其氣初日盈縮數盈加縮減之，用加冬至加時黄道日度，依宿次去之，即各得其氣加時黄道日躔宿度及分秒。如其年冬至加時赤道宿度空，[1]分、秒在歲差已下者，即加前宿全度，然後求黄赤道差，餘依術筭。

求二十四氣每日晨前夜半黄道日度[2]

副置其氣小餘，以其氣初日損益率乘之，盈縮之損益。[3]萬約之爲分，應益者盈加縮減，應損者盈減縮加其副，日法除之爲度，不滿退除爲分秒，以減其氣加時黄道日度，即各得其氣初日晨前夜半黄道日度。每日加一度，以百約每日損益率，盈縮之損益。應益者盈加縮減，應損者盈減縮加，爲每日晨前夜半黄道日度及分秒。

[1]赤道宿度：原作"赤道加宿度"，疑衍"加"字，據中華點校本改。

[2]求二十四氣每日晨前夜半黄道日度：在求出各節氣交氣時刻（加時）黄道度之值的基礎上，求各節氣點所在日的夜半時刻（即該日的起點）黄道度。下術則是由夜半推算午中時刻的黄道度。

[3]盈縮之損益：是考慮太陽運行不均匀而改正。由於我國古代的周天度就是圓周值，所以考慮了不均匀運動改正後的運行距離，就是在圓周上的角度增量，二者是統一的。

求每日午中黄道日度

置一萬分，以所入氣日盈縮損益率，應益者盈加縮減，應損者盈減縮加，皆加減損益率，餘半之，滿百爲分，不滿爲秒，以加其日晨前夜半黄道日度，即其日午中日躔黄道宿度及分秒。

求每日午中黄道積度

以二至加時黄道日度，距至所求日午中黄道日度，爲入二至後黄道積度及分秒。[1]

求每日午中黄道入初末限[2]

視二至後黄道積度，在四十三度一十二分秒八十七已下爲初限，已上，用減象限，餘爲入末限。其積度滿象限去之，爲二分後黄道積度，在四十八度一十八分秒二十二已下爲初限，已上，用減象限，餘爲入末限。

[1]爲入二至後黄道積度及分秒：原無“及”字，從中華點校本補。

[2]求每日午中黄道入初末限：本術黄道的初末限劃分則爲：二至後初限 43.1287 度，末限 48.1822 度；二分後初限 48.1822 度，末限 43.1287 度。其中，43.1287 度 + 48.1822 度 = 91.3109 度 = 1 象限。黄道象限的劃分就是由黄赤道差算法推導而得：據前注算式 $|y-x| = \frac{(101-x)x}{1000}$，在二至點前後，$y = x - \frac{(101-x)x}{1000}$，從而有

$$45.65545 - \frac{(101-45.65545)\times 45.65545}{1000} = 43.1287$$

二分前後，$y = x + \frac{(101-x)x}{1000}$，有

$$45.65545 + \frac{(101-45.65545)\times 45.65545}{1000} = 48.1822。$$

求每日午中赤道日度[1]

以所求日午中黄道積度，入至後初限、分後末限，度及分秒，進三位，加二十萬二千五十少，開平方除

之，所得減去四百四十九半，餘在初限者，直以二至赤道日度加而命之。在末限者，以減象限，餘以二分赤道日度加而命之。即每日午中赤道日度。以所求日午中黄道積度，入至後末限、分後初限，度及分秒，進三位，用減三十萬三千五十少，開平方除之，所得，以減五百五十半，其在初限者，以所減之餘，直以二分赤道日度加而命之。在末限者，以減象限，餘以二至赤道日度加而命之。即每日午中赤道日度。

[1]求每日午中赤道日度：由黄道度反求赤道度，術文給出的計算公式也正是前面所説黄赤差算式的反函數式。如入至後初限、分後末限有：$x=-449.5+\sqrt{202050.25+1000y}$，它就是由算式 $y=x-\frac{(101-x)\ x}{1000}$ 求解 x 而得；入至後末限、分後初限有：$x=550.5-\sqrt{303050.25-1000y}$，這又是由算式 $y=x+\frac{(101-x)\ x}{1000}$ 推導而來。該算法由宋代姚舜輔《紀元曆》首創。

太陽黄道十二次入宫宿度[1]

雨水，危十三度三十九分五十秒外，入衛分，陬訾之次，辰在亥。

春分，奎二度三十五分八十五秒外，入魯分，降婁之次，辰在戌。

穀雨，胃四度二十四分三十三秒外，入趙分，大梁之次，辰在酉。

小滿，畢七度九十六分六秒外，入晋分，實沈之次，辰在申。

夏至，井九度四十七分一十秒外，入秦分，鶉首之次，辰在未。

大暑，柳四度九十五分一十六秒外，[2] 入周分，鶉火之次，辰在午。

處暑，張十五度五十六分三十五秒外，入楚分，鶉尾之次，辰在巳。

秋分，軫十度四十四分五秒外，入鄭分，壽星之次，辰在辰。

霜降，氐一度七十七分七十七秒外，入宋分，大火之次，辰在卯。

小雪，尾三度九十七分九十二秒外，入燕分，析木之次，辰在寅。

冬至，斗四度三十六分六十六秒外，[3] 入吴越分，星紀之次，辰在丑。

大寒，女二度九十一分九十一秒外，入齊分，玄枵之次，辰在子。

求入宫時刻

各置入宫宿度及分秒，以其日晨前夜半日度减之，相近一度之間者求之。餘以日法乘其分，其秒從於下，亦通乘之，爲實；以其日太陽行分爲法，實如法而一，所得，依發斂加時求之，即得其日太陽入宫時刻及分秒。

[1] 黄道十二次：又稱“十二星次”。是將黄道十二等分的黄道天區，與西方的十二宫類似。十二星次與二十八宿、十二辰有着對應關係（見下表），但由於歲差的存在，星次邊界發生移動，不同時代的文獻所記有差别。星占家又把天上的二十八宿與人間的十

二州對應起來，叫作分野。如《周禮·春官·保章氏》鄭注載十二次之分曰：“星紀，吴越也；玄枵，齊也；娵訾，衛也；降婁，魯也；大梁，趙也；實沈，晋也；鶉首，秦也；鶉火，周也；鶉尾，楚也；壽星，鄭也；大火，宋也；析木，燕也。”《淮南子·天文訓》稱：“星部地名，角亢鄭，氐房心宋，尾箕燕，斗牽牛越，須女吴，虚危齊，營室東壁衛，奎婁魯，胃昴畢魏，觜觽參趙，東井輿鬼秦，柳七星張周，翼軫楚。”

十二次、二十八宿、十二辰對應表

十二次	星紀	玄枵	娵訾	降婁	大梁	實沈	鶉首	鶉火	鶉尾	壽星	大火	析木
二十八宿	斗牛	女虚危	室壁	奎婁	胃昴畢	觜參	井鬼	柳星張	翼軫	角亢	氐房心	尾箕
十二辰	丑	子	亥	戌	酉	申	未	午	己	辰	卯	寅

[2]一十六秒：原作“二十六秒”，據中華點校本改正。

[3]六十六秒：原作“六十二秒”，據中華點校本改正。

步晷漏第四[1]

中限：一百八十二日，六十二分，一十八秒。

冬至初限，夏至末限：六十二日，二十分。

夏至初限，冬至末限：一百二十日，四十二分。[2]

冬至地中晷影常數：一丈二尺八寸三分。

夏至地中晷影常數：一尺五寸六分。

周法：一千四百二十八。[3]

内外法：一萬八百九十六。[4]

[1]步晷漏：晷，測量太陽影子的工具。一般取一個與大地垂直的八尺長的竿子，又叫“表”。這裏“晷”是晷影的簡稱，可以反映太陽視運動的信息。漏，指漏刻。是中國古代最重要的計時儀器之一，以水漏爲主。步晷漏，就是關於晷影和時間方面的計算。

［2］“中限”“冬至初限，夏至末限”“夏至初限，冬至末限”：其中“中限”182 日 62 分 18 秒，即回歸年值的一半。由於黄赤交角的原因，北半球的太陽視高度在夏至時最高，冬至時最低。晷影＝表高×太陽視高度的正切。因此，晷影值是對太陽視高度的測度。《重修大明曆》測算晷影時也將回歸年分爲四個象限：“冬至初限，夏至末限”（又稱冬至前後限）和“夏至初限，冬至末限”（又稱夏至前後限）。如圖所示：

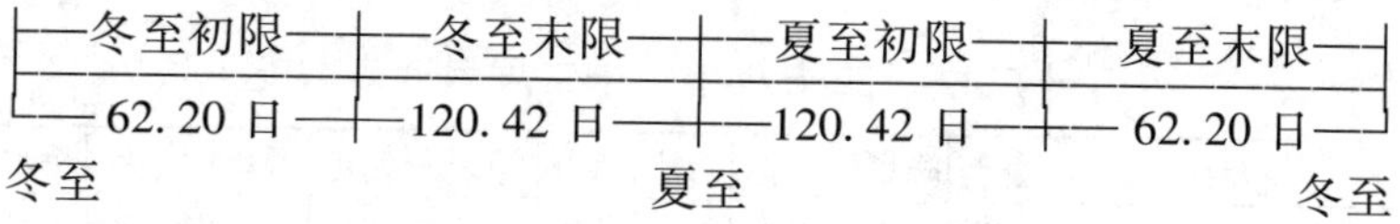

［3］周法一千四百二十八：周法 1428，是爲以下“求距中度”特設的法數。

［4］内外法一萬八百九十六：内外法 10896，是爲下面“求黄道内外度”算法設立的法數。

半法：二千六百一十五。

日法四分之三：三千九百二十二半。

日法四分之一：一千三百七半。[1]

昏明分：一百三十分，七十五秒。

昏明刻：二刻，一百五十六分，九十秒。[2]

刻法：三百一十三分，八十秒。

秒母：一百。

［1］“半法”至“一千三百七半”：日法爲 5230，這裏分别給出日法的半法 2615，四分之三日法 3922. 5 和四分之一日法 1307. 5，都是以下計算需要用到的分母值。

［2］“昏明分”“昏明刻”：昏明刻 2 刻 156 分 90 秒，是指日出和日落前後日夜分界的時段。相當於現代的蒙影，是大氣散射陽光

的效應。古代一般取爲2.5刻。156.90÷313.80=0.5刻。“昏明分”130分75秒，即將“昏明刻”化爲分值：130.75分=2.5刻×52.3。古代常規定：1日=100刻。《重修大明曆》日法爲5230，所以刻法當爲52.3。下文取的“刻法”313.8（=52.3×6），衹是爲了分數計算實際需要而擴大了6倍。

求午中入氣中積

置所求日大餘及半法，以所入之氣大小餘減之，爲其日午中入氣。以加其氣中積，爲其日午中中積。小餘以日法除爲約分。

求二至後午中入初末限

置午中中積及分，如中限已下，爲冬至後。已上，去中限，爲夏至後。其二至後，如在初限已下，爲初限。已上，覆減中限，餘爲入末限也。

求午中晷影定數[1]

視冬至後初限、夏至後末限，百通日，内分，自相乘，副置之。以一千四百五十除之，所得加五萬三百八半，[2]折半限分併之；除其副爲分。分滿十爲寸，寸滿十爲尺，用減冬至地中晷影常數，爲所求晷影定數。視夏至後初限、冬至後末限，百通日，内分，自相乘爲上位。下置入限分，以二百二十五乘，[3]百約之，加一十九萬八千七十五爲法。夏至前後半限以上者，減去半限，列於上位。下位置半限。各百通日，内分，先相減，後相乘。以七千七百除之，所得以加其法。反除上位，爲分。分滿十爲寸，寸滿十爲尺，用加夏至地中晷影常數，爲所求晷影定數。

[1]求午中晷影定數：本術給出的是一組求每日中午時刻晷影

值（y）的算式，其算法沿用《紀元曆》的晷影算法。記“二至後午中入初末限”爲 x。對於冬至前後限，x≤62.20（日）時，

$$y = 12.83 - \frac{200x^2}{100617 + 100x + \frac{10000x^2}{725}}$$

對夏至前後限，x≤120.42（日）時，

$$y = 1.56 + \frac{x^2}{2.25x + 1980.75 + \Delta}$$

其中，當 x≤60.21（日）時，修正項 Δ=0；當 60.21<x≤120.42（日）時，$\Delta = \frac{(120.42 - x)(x - 60.21)}{77}$。這是一個獨特而又高効的算法，其精度較其以前的算法有大幅的提高（參見陳美東《皇佑、崇寧晷長計算法之研究》，《自然科學史研究》1989 年第 1 期）。

[2]加五萬三百八半：各本作“加五萬三百八十”。中華點校本根據《紀元曆》數值校算，應爲“五萬三百八半”，今據改。

[3]二百二十五：原作“二百五十”，據中華點校本改。

求四方所在晷影

各於其處測冬夏二至晷影，乃相減之，餘爲其處二至晷差。[1]亦以地中二至晷數相減，爲地中二至晷差。其所求日在冬至後初限、夏至後末限者，如在半限已下，倍之；半限已上，覆減半限，餘亦倍之，併入限日，三因折半，以日爲分，十爲寸，[2]以減地中二至晷差爲法。置地中冬至晷影常數，以所求日地中晷影定數減之，餘以其處二至晷差乘之爲實。實如法而一，所得，以減其處冬至晷數，即得其處其日晷影定數。所求日在夏至後初限、冬至後末限者，如在半限以下，倍

之；半限以上，覆減半限，餘亦倍之，併入限日，三因四除，以日爲分，十爲寸，以加地中二至晷差爲法。置所求日地中晷影定數，以地中夏至晷影常數減之，餘以其處二至晷差乘之爲實。實如法而一，所得，以加其處夏至晷數，即得其處其日晷影定數。

[1]乃相減之，餘爲其處二至晷差：中華點校本句讀爲“乃相減之餘，爲其處二至晷差”，非。

[2]十爲寸：按文義當爲“分滿十爲寸”，下同。

二十四氣陟降及日出分

恒氣	增損差	加減差	陟降率	初末率	日出分
冬至	增 初九 二十六 末七 九十六	減十	陟一十 四十	初空 五 五十 末一 二十六 四	一千五百六十七 九十二
小寒	增 初七 八十九 末六 五十九	減十	陟二十八 七十三	初一 三十六 末二 三十七 三十六	一千五百五十七 五十二
大寒	增 初六 五十二 末五 二十二	減十	陟四十三 五十六	初二 四十三 末三 二十五 一十八	一千五百二十八 七十九
立春	增 初五 一十八 末三 八十八	減十	陟五十五 一十九	初三 二十九 末三 九十二 四十二	一千四百八十五 二十三
雨水	增 初三 八十二 末二 五十二	減十	陟六十三 九十	初三 九十五 五十 末四 三十九 八十八	一千四百三十 四
驚蟄	增 初二 四十八 末一 三十八	減十	陟六十九 一十八	初四 四十四 末四 六十七 一十六	一千三百六十六 一十四
春分	損 初一 三十六 末二 四十	加八	陟六十四 六十九	初四 三十七 末四 一十 六十八	一千二百九十六 九十六
清明	損 初二 五十 末三 五十四	加八	陟五十九 九	初四 八 五十 末三 六十六 二十二	一千二百三十二 二十七
穀雨	損 初三 六十五 末四 六十九	加八	陟五十 八十四	初三 六十二 末三 三 六十二	一千一百七十三 一十八
立夏	損 初四 八十 末五 八十四	加八	陟三十九 八十六	初二 九十八 五十 末二 二十四 二	一千一百二十二 三十四

恒氣	增損差	加減差	陟降率	初末率	日出分
小滿	損　初五　九十八 末七　二	加八	陟二十六 六	初一　一十六 末一　二十五	一千八十二 四十八
芒種	損　初七一十九 末八二十三	加八	陟九 三十五	初一　一十五 末空　七　六	一千五十六 四十二
夏至	增　初八　三十七 末七　三十三	減八	降九 三十五	初空　四　五十 末一　一十四　四十	一千四十七 七
小暑	增　初七　二十 末六　一十六	減八	降二十六 六	初一　二十三 末二　一十六　五十二	一千五十六 四十二
大暑	增　初六　空 末四　九十六	減八	降三十九 八十六	初二　二十二　五十 末二　九十九　二十二	一千八十二 四十八
立秋	增　初四　八十 末三　七十六	減八	降五十 八十四	初三　三 末三　六十二　九十二	一千一百二十三 三十四
處暑	增　初三　六十 末二　五十六	減八	降五十九 九	初三　六十五　五十 末四　八　六十二	一千一百七十三 一十八
白露	增　初二　四十 末一　三十六	減八	降六十四 六十九	初四　一十　五十 末四　三十六　八十二	一千二百三十二 二十七
秋分	損　初一　六十 末二　六十	加十	降六十九 一十八	初四　六十八 末四　四十四　九十	一千二百九十六 九十六
寒露	損　初二　六十二 末三　九十二	加十	降六十三 九十	初四　四十二 末三　九十六　二十二	一千三百六十六 一十四
霜降	損　初三　九十八 末五　二十八	加十	降五十五 一十九	初三　九十四 末三　二十九　一十八	一千四百三十 四
立冬	損　初五　三十二 末六　六十二	加十	降四十三 五十六	初三　二十七 末二　四十三　四十二	一千四百八十五 二十三
小雪	損　初六　六十六 末七　九十六	加十	降二十八 七十三	初二　三十九　五十 末一　三十七　一十六	一千五百二十八 七十九
大雪	損　初八　二 末九　三十二	加十	降一十 四十	初一　二十八　五十 末空　七　一十二	一千五百五十七 五十二

二分前後陟降率[1]

春分前三日太陽入赤道内，秋分後三日太陽出赤道外，故其陟降與他日不倫，今各別立數而用之。

驚蟄，十二日，陟四六十七，一十六此爲末率，[2]於此用畢。其減差亦止於此。十三日，陟四四十一，六。十四日，陟四三十六，九十。十五日，陟四一。[3]

秋分，初日，降四三十八。一日，降四三十九。二日，降四五十七。三日降四六十八。此爲初率，始用之。[4]其加差亦始於此。

[1]二分前後陟降率：由於視差的影響，使得視赤緯“春分前三日太陽入赤道内（南），秋分後三日太陽出赤道外（北）”，所以，這六天的陟降率有特殊的測算值。

[2]一十六：原作“一十四”，從中華點校本改。

[3]陟四：原作“陟一”，從中華點校本改。

[4]始用之：原作“如用之”，從中華點校本改。

求每日日出入、晨、昏、半晝分[1]

各以陟降初率，陟減降加其氣初日日出分，爲一日下日出分。以增損差，仍加減加減差。增損陟降率，馴積而加減之，即爲每日日出分。覆減日法，餘爲日入分。以日出分減日入分而半之，爲半晝分。以昏明分減日出分爲晨分，加日入分爲昏分。

[1]求每日日出入晨昏半晝分：本術包含求每日日出分、日入分、半晝分和晨分、昏分等項。以冬至氣爲例，每日日出分的算法過程如下：記加減差爲 Δ_3，增損差爲 Δ_2，陟降率爲 Δ_1，每日日出分爲 $f(x_i)$，$i=1$、2……15。由於加減差是每日相等的，在“二十四氣陟降及日出分”表中，冬至氣的“加減差”是“減十”，即 $\Delta_{3,i-1}=\Delta_{3,i}=-0.0010$。依本術，每日日出分與陟降率之間有：$f(x_i)=f(x_{i-1})+\Delta_{1,i-1}$；陟降率與增損差之間有：$\Delta_{1,i}=\Delta_{1,i-1}+$

$\Delta_{2,i-1}$；每日增損差則由其前一日增損差“仍加減加減差”而得，即 $\Delta_{2,i}=\Delta_{2,i-1}+\Delta_{3,i-1}$。具體計算結果見下表：

《重修大明曆》冬至氣每日日出分

日序	日出分	陟降率	增損差	加減差
初	1576.9200			
1	1567.8650	-0.0550		
2	1576.7174	-0.1476	0.0926	
3	1567.4782	-0.2392	0.0916	-0.0010
4	1567.1484	-0.3298	0.0906	-0.0010
5	1566.7290	-0.4194	0.0896	-0.0010
6	1566.2210	-0.5080	0.0886	-0.0010
7	1565.6254	-0.5956	0.0876	-0.0010
8	1564.9432	-0.6822	0.0866	-0.0010
9	1564.1754	-0.7678	0.0856	-0.0010
10	1563.3230	-0.8524	0.0846	-0.0010
11	1562.3870	-0.9360	0.0836	-0.0010
12	1561.3684	-1.0186	0.0826	-0.0010
13	1560.2682	-1.1002	0.0816	-0.0010
14	1559.0874	-1.1808	0.0806	-0.0010
15	1557.8270	-1.2604	0.0796	-0.0010

這就是所謂的三次差分算法。由於“日出分”係指夜半到日出時的刻距，日出到日入的間距爲晝分，折半即爲半晝分。又，晨分 = 日出分 - 昏明分，昏分 = 日入分 - 昏明分。

求日出入辰刻

置日出入分，以六因之，滿辰法而一，爲辰數，不盡，刻法除之爲刻數，不滿爲分，命子正算外，[1]即得所求。

[1]命子正算外：古代的十二辰制和現代的小時制對應關係爲：子時＝23—1時，丑時＝1—3時，寅時＝3—5時，卯時＝5—7時，辰時＝7—9時，巳時＝9—11時，午時＝11—13時，未時＝13—15時，申時＝15—17時，酉時＝17—19時，戌時＝19—21時，亥時＝21—23時。宋代以後把每個時辰平分成初、正兩個部分，即子初＝23—24時，子正＝0—1時。“小時”之稱也由此而來，即把子時的正中定爲夜半，子正開始之時即爲一天的起點。所以，計算一日内的時分要“命子正算外”。

求晝夜刻[1]

置日出分，十二乘之，刻法而一，爲刻，不滿爲分，即爲夜刻。覆減百刻，餘爲晝刻。

[1]求晝夜刻：因“刻法”＝52.3×6，故將日分值化爲刻分值需乘以6，下文“十二乘之”是將半夜漏化爲了夜漏。值得注意，本術求出的夜漏還應減去昏明5刻（即日出前和日入後的昏明刻各2.5刻）纔是通常意義的夜漏。

求更點率[1]

置晨分，四因，退位爲更率。二因更率，退位爲點率。

[1]更點率：1夜＝5更，1更＝5點（又叫籌），所以，夜分＝昏分＋晨分＝2晨分，1更＝夜分/5＝2晨分/5＝4晨分/10。1點＝更率/5＝2更率/10。

求更點所在辰刻

置更點率，以所求更點數因之，又六因，内加昏明分，滿辰法而一，爲辰數。不盡，滿刻法除之爲刻數，不滿爲分，命其辰刻筭外，即得所求。

求四方所在漏刻

各於所在下水漏，以定其處冬至或夏至夜刻，乃與五十刻相減，餘爲至差刻。置所求日黄道去赤道内外度及分，以至差刻乘之，進一位，如二百三十九而一，[1]爲刻，不盡以刻法乘之，退除爲分，内減外加五十刻，即所求日夜刻，以減百刻，餘爲晝刻。其日出入辰刻及更點差率筭等，並依術求之。

[1]如：原作“加”，從中華點校本改。

求黄道内外度[1]

置日出分，如日法四分之一已上，去之，餘爲外分。如日法四分之一已下，[2]覆減之，餘爲内分。置内外分，千乘之，如内外法而一，爲度，不滿退除爲分，即爲黄道去赤道内外度。内減外加象限，即得黄道去極度。

[1]黄道内外度：即太陽視赤緯，有的曆法稱爲“黄道去極度”。二者關係爲：黄道去極度 =90° - 太陽視赤緯。古代對太陽視運動的認識爲：太陽每日自東向西環形一周，在秋分經由冬至到春分的半年内，黄道在赤道外，由春分經夏至到秋分的半年内，太陽在赤道内。又，太陽視赤緯的高度和晝夜長短的變化是相關聯的。若日出分大於日法的四分之一，那麼，對應的太陽由夜半行至日出時已經運行了一個象限以上。所以，若日出分 > 日法/4（日出分 - 日法/4）的餘數即爲“黄道在赤道外”的分值。

[2]日法四分之一：原作“出分四分之一”，從中華點校本改。

求距中度及更差度

置半法，以晨分減之，餘爲距中分，百乘之，如周法而一，爲距中度。用減一百八十三度一十二分八十四秒，餘四因退位，爲每更差度。

求昏明五更中星[1]

置距中度，以其日午中赤道日度加而命之，即昏中星所格宿次，因爲初更中星。以更差度累加之，命赤道宿次去之，即得逐更及明中星。

[1]求昏明五更中星：中星，指中天的星星。昏明五更中星，即昏、明、五更時刻中天之星的赤經度數。但中星並不實指某個具體的星體，僅爲假設的一個星體，即中星實際上就是子午綫的度數。由於，距中度 + 午中赤道日度 = 昏中星度，即初更的中星度，乃將更差度遞次加入到初更中星度，得每更的中星赤道經度，滿各“赤道宿次”去之，得逐更宿次。

金史　卷二二

志第三

曆下

步月離　步交會　步五星　渾象

步月離第五[1]

轉終分：一十四萬四千一百一十，秒六千六十六。[2]

［1］步月離：月離，即月亮運行之義，與“日躔”相對。本章講述的是月亮運動不均匀改正算法，實質上包括了現代認識上導致月亮運動不均匀的各種因素的綜合影響。

［2］轉終分：即現代天文學中近點月數值的分值。“轉終分”除以“日法”就是“轉終日”，即近點月以日爲單位的數值：$\frac{144110\frac{6066}{10000}}{5230}=27\frac{2900\frac{6066}{10000}}{5230}=27.55461$（日）。月亮繞地球運行的軌道是個橢圓，地球在橢圓的一個焦點上。月亮在軌道上最接近地

球的那個點叫近地點，月亮走到近地點時運動速度最快。和近地點相對的那個點叫遠地點，月亮走到遠地點時運動速度最慢。同時，近地點和遠地點也是不停地向着月球前進的方向運動。《續漢書·律曆志》引賈逵論曆曰："率，一月移故所疾處三度。九歲九道一復。"就是指他發現了月亮每過一次近地點都較上一次移動了大約三度的現象。如果近地點是固定不動的話，那麼月亮兩次過近地點的時間間隔就是恒星月。由於近地點在向前進，所以月亮需要比一個恒星月更長的時間纔能再回到近地點。月亮連續兩次過近地點的時間間隔，現在叫近點月。古代曆法中近點月的名稱不盡相同，如劉洪稱之爲月行遲疾，把近地點前進的數值稱爲過周分。到一行《大衍曆》以後，常把近點月叫作"轉終"或"轉周"。

轉終日：二十七日，餘二千九百，秒六千六十六。

轉中日：一十三日，餘四千六十五，秒三千三十三。[1]

朔差日：一，餘五千一百四，秒三千九百三十四。

象策：七日，餘二千一分，二十二秒半。

秒母：一萬。

上弦：九十一度，三十一分，四十二秒。

望：一百八十二度，六十二分，八十四秒。

下弦：二百七十三度，九十四分，二十六秒。

月平行度：十三度，三十六分，八十七秒半。[2]

分、秒母：一百。

七日：初數，四千六百四十八。末數，五百八十二。

十四日：初數，四千六十五。末數，一千一百六十五。

二十一日：初數，三千四百八十三。末數，一千七百四十七。

二十八日：初數，二千九百一。末數，二千三百二十九。[3]

[1] 轉中日：即“轉終日”的一半，$\dfrac{27\dfrac{2900\frac{6066}{10000}}{5230}}{2}=13\dfrac{4065\frac{3033}{10000}}{5230}$（日）。朔差日＝朔策－轉終日＝$29\dfrac{2775}{5230}-27\dfrac{2900\frac{6066}{10000}}{5230}=1\dfrac{5104\frac{3934}{10000}}{5230}$（日）。

[2] 月平行度：月亮運行的每日平均速度。《重修大明曆》月平行度的計算方法爲：月平行度＝$\dfrac{周天度}{朔望月}+1=\dfrac{365.2568}{29.5306}+1=$ 13.36875（度/日）。有了月平行度即可推算出恒星月的值：恒星月＝周天度/月平行度＝365.2568/13.36875＝27.321687（日），現代測定值是27.321661（日）。

[3] “七日”“十四日”“二十一日”“二十八日”：這四日的初、末數，是爲了後面插值算法中出現“前後無同率”而設立的，是從《皇極曆》創立二次插值法計算月離時就傳下來的規定。其中初、末數滿足這樣的規律：初數＋末數＝日法。

求經朔、弦、望入轉

置天正朔積分，以轉終分及秒去之，不盡，如日法而一，爲日，不滿爲餘秒，即天正十一月經朔入轉日及餘秒。以象策累加之，去命如前，即得弦、望經日加時入轉日及餘秒。徑求次朔入轉，以朔差加之。

轉定分及積度朓朒率[1]

一日	一千四百六十八	初度	疾初	益五百一十二	朓初
二日	一千四百五十七	一十四度 六十八	疾一度 三十一	益四百七十[2]	朓五百一十二[3]
三日	一千四百四十二	二十九度 二十五	疾二度 五十一	益四百一十一	朓九百八十二
四日	一千四百二十二	四十三度 六十七	疾三度 五十六	益三百三十二	朓一千三百九十三
五日	一千三百九十九	五十七度 八十九	疾四度 四十一	益二百四十三	朓一千七百二十五
六日	一千三百七十三	七十一度 八十八	疾五度 三	益一百四十一	朓一千九百六十八
七日	一千三百四十七	八十五度 六十一	疾五度 三十九	初益四十三 末損四	朓二千一百九
八日	一千三百二十一	九十九度 八	疾五度 四十九	損六十三	朓二千一百四十八
九日	一千二百九十五	一百一十二度 二十九	疾五度 三十三	損一百六十四	朓二千八十五
十日	一千二百七十一	一百二十五度 二十四	疾四度 九十一	損二百五十八	朓一千九百二十一
十一日	一千二百四十七	一百三十七度 九十五	疾四度 二十五	損三百五十二	朓一千六百六十三
十二日	一千二百二十八	一百五十度 四十二	疾三度 三十五	損四百二十七	朓一千三百一十一
十三日	一千二百一十四	一百六十二度 七十	疾二度 二十六	損四百八十一	朓八百八十四
十四日	一千二百四	一百七十四度 八十四	疾一度 三	初益四百〇三 末損一百一十七	朓四百三
十五日	一千二百八	一百八十六度 八十八	遲空 三十	益五百〇五	朒一百一十七
十六日	一千二百一十九	一百九十八度 九十六	遲一度 五十九	益四百六十二	朒六百二十二

十七日	一千二百三十六	二百一十一度 十五	遲二度 七十七	益三百九十五	朒一千八十四
十八日	一千二百五十八	二百二十三度 五十一	遲三度 七十八	益三百〇九	朒一千四百七十九
十九日	一千二百八十一	二百三十六度 九	遲四度 五十七	益二百一十九	朒一千七百八十八
二十日	一千三百七	二百四十八度 九十	遲五度 十三	益一百一十七	朒二千〇七
二十一日	一千三百三十三	二百六十一度 九十七	遲五度 四十三	初益二十七 末損一十一	朒二千一百二十四
二十二日	一千三百五十九	二百七十五度 三十	遲五度 四十七	損八十六	朒二千一百四十
二十三日	一千三百八十四	二百八十八度 八十九	遲五度 二十五	損一百八十四	朒二千五十四
二十四日	一千四百八	三百二度 七十三	遲四度 七十八	損二百七十八	朒一千八百七十
二十五日	一千四百三十一	三百一十六度 八十一	遲四度 七	損三百六十八	朒一千五百九十二
二十六日	一千四百四十九	三百三十一度 十二	遲三度 十二	損四百三十八	朒一千二百二十四
二十七日	一千四百六十三	三百四十五度 六十一	遲二度 一	損四百九十三	朒七百八十六
二十八日	一千四百七十二	三百六十度 二十四	遲空 七十五	損二百九十三	朒二百九十三

[1]轉定分及積度朓朒率：此數表爲“月離表”，是關於月亮運動不均匀性改正的數值表，首見於東漢劉洪的《乾象曆》。按古曆數表的格式習慣，本表缺少表頭，即該表各欄目的標題。依下面的“求朔、弦、望入轉朓朒定數”之術文，不難給出本表的標題依次當爲“轉日、轉定分、轉積度、遲疾度、損益率、朓朒積”。它們的含義分别爲：轉日，一個近點月内的日序；轉定分，月亮的每日實行分；轉積度，轉定分化爲度值後的累積數；遲疾度，轉積度减去相應時段上的月亮平行度的差；損益率 =（轉定分 − 月平行分）× 日法/月平行分；朓朒積，損益率的累積值。

［2］益四百七十：各本誤作“益四百六十九”。根據本表的數據結構可以得出：朓朒積 = 遲疾度 × 日法/月平行度。所以當有：“疾初”對應“朓初”，“疾一度三十一”對應“朓五百一十二”，“疾二度五十一”對應“朓九百八十二”，982 - 512 = 470。又，按“損益率 = （轉定分 - 月平行分） × 日法/月平行分”，（1457 - 1336. 875） ×5230/1336. 875 = 669. 942 ≈470。

［3］朓五百一十二：各本誤作“朓五百一十三”，根據損益率和朓朒積之關係，此“二日”的朓朒積之數當與“一日”的損益率相同，而“一日”的損益率當爲：131 × 5230/1336. 875 ≈ 512。中華點校本則將“一日”的“益五百一十二”據“二日”的“朓五百一十三”誤改。

求朔、弦、望入轉朓朒定數

置入轉小餘，以其日算外損益率乘之，[1]如日法而一，所得，以損益朓朒積爲定數。其四七日下餘，如初數已下，初率乘之，初數而一，以損益朓朒積爲定數。如初數已上，初數減之，餘乘末率，末數而一，用減初率，餘加朓朒爲定數。其十四日下，餘如初數已上者，初數減之，餘乘末率，末數而一，便爲朓朒定數。

［1］其日算外損益率：假設要計算入轉 3. 18 日的朓朒定數，其中的 0. 18 爲“入轉小餘”，則取“轉日”欄“第四日”對應的損益率乘之，這“第四日”的損益率即爲“其日算外損益率”。“入轉小餘 × 其日算外損益率/日法”是在用比例內插法，計算不足整日部分“餘分”時段的月亮改正。

求朔、弦、望定日

置經朔、弦、望小餘，朓減朒加入氣、入轉朓朒定數，[1]滿與不足，進退大餘，命甲子筭外，各得定朔、弦、望日辰及餘。定朔前干名與後干名同者，其月大；不同者，其月小。[2]月内無中氣者爲閏。視定朔小餘：秋分後，在日法四分之三以上者，進一日。春分後，定朔日出分與春分日出分相減之餘，三約之，用減四分之三，定朔小餘及此數以上者，亦進一日。或有交，虧初在日入前者，不進之。

[1]朓減朒加入氣、入轉朓朒定數：朓，快速。朒，與“朓”相對。計算日月運動不均匀性改正時，實際運行快於或慢於平均速度産生的改正值分别稱爲“朓”或“朒”。“朓朒”數即改正值。所謂“入氣、入轉朓朒定數”分别指太陽改正和月亮改正。其中，入氣朓朒即爲太陽改正，入轉朓朒即爲月亮改正。本術旨在將平朔用太陽和月亮兩項改正而推求定朔。

[2]月大：十天干與十二地支相配成六十甲子。干名相同的甲子序號必相差十的整倍數，所以“定朔前干名與後干名同者”其月有三十日，故爲大月。同理，前後干名不同者，本月當爲二十九日，爲小月。

定弦、望小餘在日出分已下者，退一日。望或有交，虧初在日出前者，小餘雖在日出後，亦退之。如十七日望者，又視定朔小餘在四分之三以下之數，春分後用減定之數。與定望小餘在日出分已上之數相較之；朔少望多者，望不退，而朔猶進之。望少朔多者，朔不進，而望猶退之。日月之行，有盈有縮，遲疾加減之數，或有四大三小；若隨常理，當察其時早晚，隨所近而進退之，使不過三大二小。

求定朔、弦、望中積

置定朔、弦、望大小餘與經朔、弦、望大小餘相減之，餘以加減經朔、弦、望入氣日餘，經朔、弦、望少即加之，多即減之。即爲定朔、弦、望入氣。以加其氣中積，即爲定朔、弦、望中積。其餘以日法退除爲分秒。

求定朔、弦、望加時日度

置定朔、弦、望約餘，以所入氣日損益率乘，盈縮損益。萬約之，以損益其下盈縮積，乃盈加縮減定朔弦望中積；又以冬至加時日躔黄道宿度加之，[1]依宿次去之，即得定朔、弦、望加時日所在度及分秒。又置定朔、弦、望約餘，副置之。以乘其日盈縮之損益率，萬約之，應益者盈加縮減，應損者盈減縮加其副，滿百爲分，分滿百爲度，以加其日夜半日度，命之，各得其日加時日躔黄道宿次。[2]若先於曆注定每日夜半日度，即爲妙也。[3]

［1］黄道宿度加之：原無“加之”二字，據中華點校本補。

［2］各得其日加時日躔黄道宿次：本術推算定朔、弦、望“加時”和“夜半”兩時刻的太陽所在黄道宿度。“加時”是指定朔、弦、望等的時刻；“其日夜半”是所求定朔、弦、望等時刻所在日的起算點。上文“步日躔”章中已經給出求經太陽改正後的太陽在黄道上躔次的方法，這裏的定朔、弦、望等的躔次則是經過了太陽和月亮兩種改正後的相關時刻太陽在黄道上的躔次。因爲朔、望等時刻是太陽和月亮位於相同經度或經度相差 180 度等情形的時刻，必須同時考慮太陽改正和月亮改正。

［3］即爲妙也：原作“即爲秒也”，此據中華點校本改。

求定朔、弦、望加時月度

凡合朔加時，日月同度，其定朔加時黄道日度，即爲定朔加時黄道月度。弦、望各以弦、望度加，定弦、望加時黄道月度，依宿次去之，即得定朔、弦、望加時黄道月度及分秒。[1]

[1]弦望各以弦、望度加，定弦、望加時黄道月度，依宿次去之：中華點校本作“弦、望各以弦、望度加定弦、望加時黄道日度，依宿次去之”，不妥。本術的算理是：由於日、月在定朔時刻同黄經，所以可取定朔時刻太陽在黄道上的“日度”爲月亮在黄道上的“月度”，再求定弦、定望時刻的月度。其方法是以弦和望和朔相距的度數加到定朔時的黄道月度各以弦、望度加，即可得“定弦、望加時黄道月度”，再將所得的“定弦、望加時黄道月度”，“依宿次去之”而换算成古代常用的“入宿度”形式的數據。下文“求定朔、弦、望加時月所在度”之術，算理和本術相同，對應的術文爲“各以弦、望度及分秒加，其所當弦、望加時月臐黄道宿度，滿宿次去之，命如前，各得定朔、弦、望加時月所在黄道宿度及分秒”。可見，不能把此處的“月度”改爲“日度”。

求夜半、午中入轉

置經朔入轉，以經朔小餘減之，爲經朔夜半入轉。又經朔小餘與半法相減之餘，以加減經朔加時入轉，[1]經朔少，如半法加之；多，如半法減之。爲經朔午中入轉。若定朔大餘有進退者，亦加減轉日。[2]否則因經爲定，每月累加一日，滿終日及餘秒去命如前，各得每日夜半、午中入轉。求夜半，因定朔夜半入轉累加之。求午中，因定朔午中入轉累加之。求加時入轉者，如求加時入氣術。

求加時及夜半月度

置其日入轉筭外轉定分，以定朔、弦、望小餘乘之，如日法而一，爲加時轉分。分滿百爲度。減定朔、弦、望加時月度，爲夜半月度。以所得轉定分累加之，即得每日夜半月度。或朔至弦、望，或至後朔，皆可累加之。然近則差少，遠則差多。置所求前後夜半相距月度爲行度，計其相距入轉積度，與行度相減，餘以相距日數除爲日差，行度多以日差加每日轉定分，行度少以日差減每日轉定分，然後用之可中。或欲速求，用此數，欲究其故，宜用後術。

求晨昏月度

置其日晨分，乘其日筭外轉定分，日法而一，爲晨轉分。用減轉定分，餘爲昏轉分。又以朔、弦、望定小餘、乘轉定分，日法而一，爲加時分。以減晨、昏轉分，爲前；不足，覆減之，爲後。乃前加後減加時月度，即晨昏月所在宿度及分秒。

求朔、弦、望晨昏定程[3]

各以其朔昏定月，減上弦昏定月，餘爲朔後昏定程。以上弦昏定月，減望昏定月，餘爲上弦後昏定程。以望晨定月，減下弦晨定月，餘爲望後晨定程。以下弦晨定月，減後朔晨定月，餘爲下弦後晨定程。

[1]加時入轉：原作“加時入”，從中華點校本改。

[2]加減轉日：原作“加減轉入”，“入”據中華點校本改爲“日”。

[3]求朔、弦、望晨昏定程：“晨昏定程”即以晨或昏爲起止點，相距七整天時間的月亮的實行距離。“朔、弦、望晨昏定程”則指從朔日、上下弦或望日等的晨或昏爲起點，七整天時間段上的月亮實行距離。

求每日轉定度[1]

累計每程相距日下轉積度，與晨昏定程相減，餘以相距日數除之，爲日差，定程多加之，定程少減之。以加減每日轉定分，爲轉定度。因朔、弦、望晨昏月，每日累加之，滿宿次去之，爲每日晨昏月度及分秒。凡注曆：朔日以後注昏月，望後一日注晨月。古曆有九道月度，[2]其數雖繁，亦難削去，具其術如後。

[1]求每日轉定度：本術中“相距日下轉積度”與“晨昏定程”的差，當爲“相距日”時段上的遲疾量（月行不均勻改正），除以“相距日數”爲每日的平均“遲疾”量，叫“日差”。以日差改正每日轉定分，所得爲每日的月亮實際運行度。再分别以“朔、弦、望晨昏月”的位置爲起點，把月亮每日實行度累加到起點位置上，得到每日晨昏時刻的月亮位置。

[2]古曆有九道月度：古九道術，産生、流行於兩漢，其含義從清代以來有不同的解釋。或與日行盈縮有關（參見陳久金《九道術解》，《自然科學史研究》1982年第2期）。《重修大明曆》作者認爲九道術是月行遲疾之術。

求平交日辰[1]

置交終日及餘秒，以其月經朔加時入交泛日及餘秒減之，爲平交入其月經朔加時後日筭及餘秒。以加其月經朔大小餘，其大餘命甲子筭外，即平交日辰及餘秒。求次交者，以交終日及餘秒加之，大餘滿紀法去之，命如前，即次平交日辰及餘秒。

[1]求平交日辰：本術由已知的平朔干支而推算所求平交點的

干支序號。如下圖所示，平朔點在平交點之後的距離爲“入交泛日”，用交點月值減去入交泛日即可得交點在平朔之後的距離。由平朔的干支向後數出這個“距離”即得所求平交點的干支。

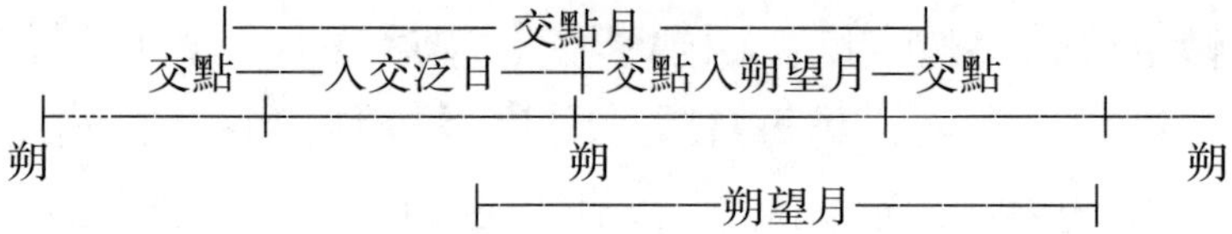

求平交入轉朓朒定數

置平交小餘，加其日夜半入轉餘，以乘其日損益率，日法而一，所得，以損益其下朓朒積，爲定數。

求正交日辰[1]

置平交小餘，以平交入轉朓朒定數，朓減朒加之，滿與不足，進退日辰，即正交日辰及餘秒。與定朔日辰相距，即所在月日。

[1]求正交日辰：此處“正交”乃“平交”經過月行遲疾改正後的數值。下文“求經朔加時中積”和“求正交加時黄道月度”分别是求改正後的平朔日躔和正交時刻的月亮在黄道上的位置。又，月行遲疾歷一周中白道與黄道有兩個交點，一個爲“正交”點（降交點），一個爲“交中”點（升交點）。

求經朔加時中積

各以其月經朔加時入氣日及餘，加其氣中積及餘，其日命爲度，其餘以日法退除爲分秒，即其經朔加時中積度及分秒。

求正交加時黄道月度

置平交入經朔加時後日筭及餘秒，以日法通日，内餘，進二位，如三萬九千一百二十一分而一爲度，[1]不滿退除爲分秒，以加其月經朔加時中積，然後以冬至加時黄道日度加而命之，[2]即得其月正交加時月離黄道宿度及分秒。如求次交者，以交終度及分秒加而命之，[3]即得所求。

[1]如三萬九千一百二十一分而一爲度："而一"爲中華點校本據文義及《紀元曆》相關術文補，不補文義亦通。

[2]然後：原作"然"，無"後"字，此據中華點校本改。

[3]交終度：原作"受終度"，此據中華點校本改。

求黄道宿積度

置正交時黄道宿全度，以正交加時月離黄道宿度及分秒減之，餘爲距後度及分秒，以黄道宿度累加之，即各得正交後黄道宿積度及分秒。

求黄道宿積度入初末限[1]

置黄道宿積度及分秒，滿交象度及分秒去之，如在半交象已下，爲初限；已上者，以減交象度及分秒，餘爲入末限。入交積度、交象度並在交會術中。

[1]求黄道宿積度入初末限：設"黄道宿積度及分秒"爲 α（α 即爲前術所求得的"正交後黄道宿積度及分秒"），取：

$$x=\begin{cases}\alpha\ (0\leqslant\alpha<182.6284)，此時\ x\ 爲初限\\ 365.2568-\alpha\ (182.6284\leqslant\alpha<365.2568)，此時\ x\ 爲末限\end{cases}$$

這樣截取 x，也是爲以下計算"月道與黄道泛差"的相減相乘法算式限定自變量的定義域。

求月行九道宿度[1]

凡月行所交：冬入陰曆，夏入陽曆，月行青道。冬至、夏至後，青道半交在春分之宿，當黄道東。立冬、立夏後，[2]青道半交在立春之宿，當黄道東南。至所衝之宿亦如之。冬入陽曆，夏入陰曆，月行白道。冬至、夏至後，白道半交在秋分之宿，當黄道西。立冬、立夏後，白道半交在立秋之宿，當黄道西北。至所衝之宿亦如之。春入陽曆，秋入陰曆，月行朱道。春分、秋分後，朱道半交在夏至之宿，當黄道南。立春、立秋後，朱道半交在立夏之宿，當黄道西南。至所衝之宿亦如之。春入陰曆，秋入陽曆，月行黑道。春分、秋分後，黑道半交在冬至之宿，當黄道北。立春立秋後，黑道半交在立冬之宿，當黄道東北。至所衝之宿亦如之。四序離爲八節，至陰陽之所交，皆與黄道相會，故月行有九道。

[1]求月行九道宿度：本術中所謂的“入陽曆”，是指月亮從黄道裏（南）進入黄道外（北）。“入陰曆”指月亮由黄道外入黄道裏。八條月道與黄道相交的九道術，如下圖所示。

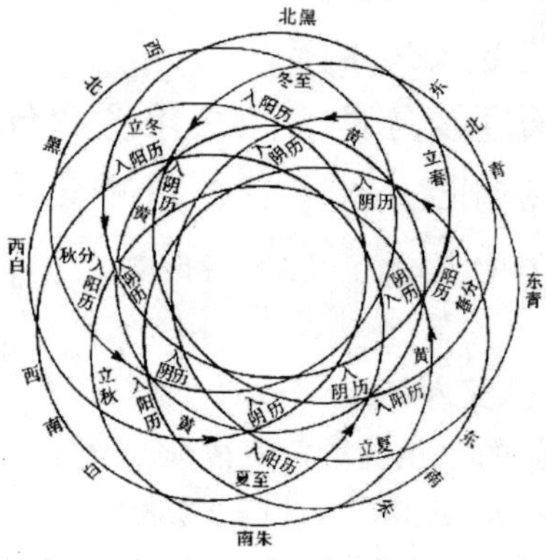

[2]立冬：原無此二字，據中華點校本補。

各以所入初末限度及分秒，減一百一度，餘以所入初末限度及分乘之，半而退位爲分，分滿百爲度，命爲月道與黄道泛差。凡日以赤道内爲陰，外爲陽；月以黄道内爲陰，外爲陽。故月行正交，入夏至後宿度内爲同名，入冬至後宿度内爲異名。其在同名者，置月行與黄道泛差，九因八約之，爲定差。半交後，正交前，以差減；正交後，半交前，以差加。此加減出入六度，正，如黄赤道相交同名之差，若較之漸異，則隨交所在，遷變不同也。仍以正交度距秋分度數，乘定差，如象限而一，所得爲月道與赤道定差。前加者爲減，減者爲加。其在異名者，置月行與黄道泛差，七因八約之，[1]爲定差。半交後，正交前，以差加；正交後，半交前，以差減。此加減出入六度，異，如黄道赤道相交異名之差，較之漸同，則隨交所遷變不常。仍以正交度距春分度數，乘定差，如象限而一，所得爲月道與赤道定差。前加者爲減，減者爲加。[2]各加減黄道宿積度，爲九道宿積度。以前宿九道積度減之，爲其宿九道度及分。其分就近約爲太、半、少。論春、夏、秋、冬，以四時日所在宿度爲正。

[1]七因八約之：原無“之”，從中華點校本補。

[2]月行正交，入夏至後宿度内爲同名，入冬至後宿度内爲異名：“同名”和“異名”兩種情形，分别給出“黄白道差”和“赤白道差”算式：設 x 爲“正交後黄道宿積度入初末限”，β 爲正交度距秋分度數，β′爲正交度距春分度數；$y' = \frac{(101 - x)\ x}{2000}$爲“月道與黄道泛差”；取 y 爲“黄白道差”，Y 爲“赤白道差”。“同名”時有：

$$y = x \pm \frac{9(101-x)x}{16000}\text{（初加末減）}$$

$$Y = x \mp \frac{9(101-x)x}{16000} \cdot \frac{\beta}{91.3142}\text{（初減末加）。}$$

“異名”時則有：$y = x \pm \frac{7(101-x)x}{16000}$（初加末減）

$$Y = x \mp \frac{7(101-x)x}{16000} \cdot \frac{\beta'}{91.3142}\text{（初減末加）。}$$

求正交加時月離九道宿度[1]

以正交加時黄道日度及分，減一百一度，餘以正交度及分乘之，半而退位爲分，分滿百爲度，命爲月道與黄道泛差。其在同名者，置月行與黄道泛差。九因八約之，爲定差，以加；仍以正交度距秋分度數，乘定差，如象限而一，所得爲月道與赤道定差，以減。其在異名者，置月行與黄道泛差，七因八約之，爲定差，以減；仍以正交度距春分度數，乘定差，如象限而一，所得爲月道與赤道定差，以加。置正交加時黄道月度及分，以二差加減之，即爲正交加時月離九道宿度及分。

[1]求正交加時月離九道宿度：本術算式和前術相同，僅代入算式的自變量不同，前術自變量爲正交後黄道宿積度入初末限，本術則是正交時刻黄道度。

求定朔、弦、望加時月所在度

置定朔加時日躔黄道宿次，凡合朔加時，月行潛在日下，與太陽同度，是爲加時月離宿次。各以弦、望度及分秒加，其所當弦、望加時月躔黄道宿度，滿宿次去之,[1]命如前，各得定朔、弦、望加時月所在黄道宿度及分秒。

[1]“以弦望度及分秒加”至“滿宿次去之”：中華點校本讀作“以弦、望度及分秒，加其所當弦、望加時月躔黄道宿度，滿宿次去之”，大乖文意。

求定朔弦望加時九道月度

各以定朔、弦、望加時月離黄道宿度及分秒，加前宿正交後黄道積度,[1]爲定朔、弦、望加時正交後黄道積度。如前求九道積度，以前宿九道積度減之，餘爲定朔、弦、望加時九道月離宿度及分秒。其合朔加時，若非正交，則日在黄道，月在九道，所入宿度，雖多少不同，考其兩極，若應繩準。故云：月行潛在日下，與太陽同度，即爲加時九道月度。其求晨昏夜半月度，並依前術。

步交會第六[2]

交終分：一十四萬二千三百一十九，秒九千三百六十八。[3]

交終日：二十七日，餘一千一百九分，秒九千三百六十八。

交中日：十三，餘三千一百六十九，秒九千六百八十四。

交朔日：二，餘一千六百六十五，秒六百三十二。[4]

交望日：十四，餘四千二，秒五千。[5]

秒母：一萬。

[1]加：原作“如”，據中華點校本改。

[2]步交會：交會，指日月相會（日月運行到同黄經或黄經相差180°）。本章專爲計算日月食而設。在古代，常把計算交食的精度作爲判斷該曆法優劣的標準。宋曆以來，“步交會”章主要有四個方面的内容：其一，判斷是否有交食（入食限）；其二，由氣差、刻差修正食限；其三，求食分；其四，由時差修正食甚時刻與全部見食時間。另外，如交食的初虧方位等内容也在考慮範圍。

[3]交終分：即交點月值的分值，“交終分/日法”即爲交點月值（“交終日” $=142319.9368/5230=27\frac{1109.9368}{5230}=27.2122$ 日）。交中日，交終日的一半（亦即半個交點月）。交中，是另一個交點，即升交點。

[4]交朔日：交朔日（$2\frac{1665.0632}{5230}=2.3184$ 日）是朔望月和交點月的差，即 $29.5306-2.3184=27.2122$。

[5]交望日：當朔和交點重合時的“望”的位置（$14\frac{4002.5}{5230}=14.7653$ 日）。實際上就是朔望月值的一半。

交終：三百六十三度，[1]七十九分，三十六秒。[2]

交中：一百八十一度，八十九分，六十八秒。

交象：九十度，九十四分，八十四秒。

半交象：四十五度，四十七分，四十二秒。

日蝕既前限：二千四百。定法：二百四十八。[3]

日蝕既後限：三千一百。定法：三百二十。

月蝕限：五千一百。

月蝕既限：一千七百。定法：三百四十。

分、秒母：一百。

[1]三百六十三度：原作“二百六十三度”，此據中華點校本改。

[2]交終：是交點月值與月平行的乘積，即 27.212225 × 13.36875＝363.7936 度。“交中”是“交終”的一半，“交象”是“交終”的四分之一，即一個象限。“半交象”是象限的一半。

[3]蝕限：又作“食限”。日食發生在朔，月食發生在望，但并不是每次朔（望）都發生日（月）食。因爲白道和黄道有約 6 度的交角，衹有日月在交點附近纔可能相互遮蔽而發生交食，如果日月離開交點太遠則不可能相互遮蔽，因而不能發生交食。如當日月的影體相切的位置即爲有無可能發生交食的界限，是爲食限。如下圖所示。

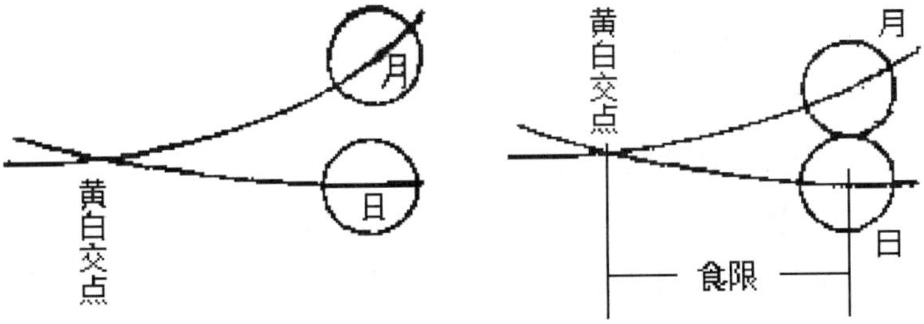

求朔、望入交

置天正朔積分，以交終分去之，不盡，如日法而一，爲日，不滿爲餘，即天正十一月經朔加時入交泛日及餘秒。交朔加之，得次朔。交望加之，得次望。再加交望，亦得次朔。各爲朔、望入交泛日及餘秒。

求定朔、每日夜半入交[1]

各置入交泛日及餘秒，減去經朔、望小餘，即爲定朔、望夜半入交泛日及餘秒。若定朔、望有進退者，亦進退交日，否則因經爲定。大月加二日，小月加一日，餘皆加四千一百二十秒六百三十二，即次朔夜半入交。[2]累加一日，滿交終日及餘秒去之，即每日夜半入交泛日及餘秒。

[1]求定朔、每日夜半入交：從本術計算内容看，術名似當爲“求定朔、望及每日夜半入交”。

[2]大月加二日，小月加一日，餘皆加四千一百二十秒六百三十二：因曆譜中的“月”不能按朔望月值29.5306日來排，而是按大月30日、小月29日來排的。因 $30-27\frac{1109.9368}{5239}=2\frac{4120.0632}{5239}$ 日，$29-27\frac{1109.9368}{5239}=1\frac{4120.0632}{5239}$ 日，所以“大月加二日，小月加一日，餘皆加四千一百二十秒六百三十二”。

求定朔望加時入交

置經朔、望加時入交泛日及餘秒，以入氣、入轉朓朒定數，朓減朒加之，[1]即定朔望加時入交泛日及餘秒。

求定朔望加時入交積度及陰陽曆

置定朔、望加時入交泛日，以日法通之，内餘，進二位，如三萬九千一百二十一而一爲度，不滿退除爲分秒，即定朔、望加時月行入交積度。以定朔、望加時入轉遲疾度，遲減疾加之，即月行之入交定積度。如交中度已下，入陽曆積度；已上，去之，餘爲入陰曆積度。[2]每日夜半，準此求之。[3]

[1]以入氣、入轉朓朒定數，朓減朒加之：即分别進行日躔、

月離改正。

[2]入陰陽曆積度：類似計算月行遲疾時的“初末限”。“如交中度以下，入陽曆積度；以上，去之，餘爲入陰曆積度”，即設“入交定積度”爲α，取“入陰陽曆積度”值爲x，則：

$$x=\begin{cases}\alpha\ (0\leqslant\alpha<181.8968)\text{，此時 x 爲入陽曆。}\\ \alpha-181.8968\ (181.6968\leqslant\alpha<363.7936)\text{，此時 x 爲入陰曆。}\end{cases}$$

[3]準此求之：原無“之”字，從中華點校本補。

求月去黄道度[1]

視月入陰陽曆積度及分，如交象已下，爲少象；已上，覆減交中，餘爲老象。置所入老少象度於上，列交象度於下，相減相乘，倍而退位爲分，滿百爲度，用減所入老少象度及分，餘又與交中度相減相乘，八因之，以百一十除爲分，分滿百爲度，即得月去黄道度。

[1]求月去黄道度：月亮極黄緯。《重修大明曆》的月亮極黄緯算法承襲了《紀元曆》。設x爲“陰陽曆積度”（α）入少象，即 $x=\alpha\leqslant 90.9484$；而當 $\alpha>90.9484$ 時，入老象，必須取 $x=181.8968-\alpha$。記p爲月亮極黄緯，y爲中間變量，依本術有：

$$p=\frac{8\ (181.8968-y)\ y}{110\times 100}=\frac{181.8968-y)\ y}{1375}$$

$$y=x-\frac{2\ (90.9484-x)\ x}{1000}=x-\frac{(90.9484-x)\ x}{500}$$

其中 $1375=\frac{\text{象限}^2}{\text{黄白道交角}}=\frac{90.9484^2}{6.015}$。有學者認爲，月亮極黄緯的算式和太陽視赤緯算法依據的推導原理類似（參見曲安京《中國曆法與數學》，科學出版社2005年版，第319－322頁）。

求朔、望加時入交常日及定日

置朔望入交泛日，以入氣朓朒定數，朓減朒加之，爲入交常日。

又置入轉朓朒定數，進一位，一百二十七而一，所得朓減朒加入交常日，爲入交定日及餘秒。

求入交陰陽曆前後分

視入交定日，如交中已下，爲陽曆；已上，去之，爲陰曆。如一日上下，以日法通日爲分。爲交後分。十三日上下，覆減交中，爲交前分。

求日月蝕甚定餘[1]

置朔、望入氣、入轉朓朒定數，同名相從，異名相消，以一千三百三十七乘之，定朔、望加時入轉筭外轉定分除之，所得，以朓減朒加經朔、望小餘，爲泛餘。

日蝕：視泛餘如半法已下，爲中前分；半法已上，去半法，爲中後分。置中前後分，與半法相減相乘，倍之，萬約爲分，曰時差。中前，以時差減泛餘爲定餘，覆減半法，餘爲午前分。中後，以時差加泛爲定餘，減去半法，爲午後分。

月食：視泛餘在日入後、夜半前者，如日法四分之三已下，減去半法，爲酉前分；四分之三已上，覆減日法，餘爲酉後分，又視泛餘在夜半後、日出前者，如日法四分之一已下，爲卯前分，四分之一已上，覆減半法，餘爲卯後分。其卯酉前後分，自相乘。四因，退位，萬約爲分，以加泛餘，爲定餘。

各置定餘，以發斂加時法求之，即得日月所蝕之辰刻。

[1]日月蝕甚定餘：指日食和月食的食甚時刻。食甚，即日、月面虧損最多的瞬間。在《皇極曆》以前，天文學家們即以定朔時刻爲食甚時刻。但這祇是當定朔時刻正好發生在交點位置時的特例，一般情況下這兩個時刻之間有差別。如下圖之（1）所示，當定朔時刻和交點有段距離時，S、M（日、月面的中心）爲日、月同黄經位置，而食甚時應爲月亮在M′的位置，MM′這段時間就是定朔時刻到食甚時刻的改正值，它包含在本術的“泛餘”算式中。依術文：

$$\text{泛餘} = \text{經朔小餘} \pm \frac{(\text{朔入氣朓朒} \pm \text{朔入轉朓朒}) \times 1337}{\text{轉定分”}_{\text{定朔加時入轉算外}}}\text{。}$$

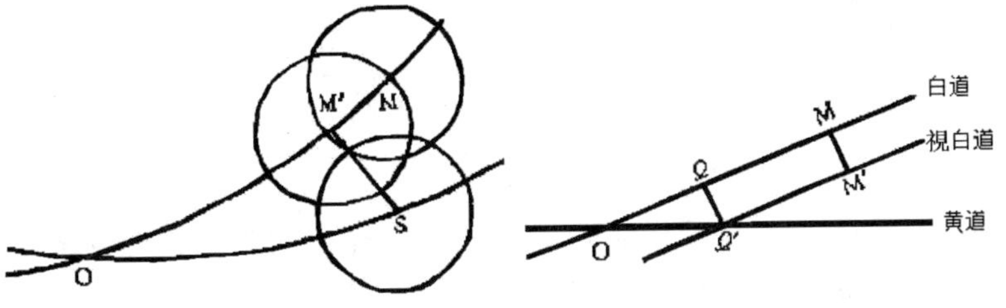

（1）　　　　（2）

在交食計算中，還有一個重要的影響要素是視差。以上由經朔加改正而得定朔的計算，所得出的太陽、月亮的位置還是所謂的真位置，即是從地心看太陽、月亮在天球上的投影。而實際上人是在地面上進行觀測，看到的是太陽、月亮的視位置。真位置與視位置之間的差就是視差（周日視差）。周日視差總是使天體的位置降低，離觀測者越近的天體的周日視差越大。如太陽的視差平均爲 8″80，而月亮的視差平均爲 57′30″。故古代考慮視差影響交食的計算主要考察月亮的視差。當月亮在黄道北時，視差使月亮更靠近黄道，使得朔（望）時刻不入食限時，也可能發生交食，並使食分增加。而月亮在黃道南時，視差使月亮更遠離黃道，使得已入食限的情況也可能不發生交食，或使食分減小。同時，如圖之（2）所示，視差會使得交點發生改變，從而也使食甚時刻發生變化。該變化量即由本術接下來的“時差”給出。時差改正分日、月食不同情形。由於古代先民的活動範圍所限，日食僅能觀測當地白天發生的情形、月食僅能觀測夜晚發生的情形，所以日食時差分午前、午後，月食時差則分酉前後和卯前後兩種情形。設經過圖之（1）的MM′改正後的食甚時刻泛餘爲α，取

$$x=\begin{cases}\alpha & (0\leqslant\alpha<2615)\\ \alpha-2615 & (2615\leqslant\alpha<5230)\end{cases}$$

稱x爲“中前後分”（這是在使用相減相乘算法截取自變量的方法）。有：

$$日食時差=\frac{2(2615-x)x}{10000}=\frac{(2615-x)x}{5000}分。$$

日食定餘（食甚時刻）又分：中前定餘＝α－日食時差；中後定餘＝α＋日食時差。取，午前分＝2615－定餘；午後分＝定餘－2615。若設y爲酉前後分或卯前後分，則有：

$$月食時差=\frac{4y^2}{100000}=\frac{y^2}{25000}分。$$

則月食定餘（食甚時刻）＝α＋月食時差。

求日月食甚日行積度[1]

置定朔、望食甚大小餘，與經朔、望大小餘相減之，餘以加減經朔、望入氣日小餘，經朔、望日少加多減。即爲食甚入氣。以加其氣中積，爲食甚中積。又置食甚入氣小餘，以所入氣日損益率盈縮之損益乘之，[2]日法而一，以損益其日盈縮積；盈加縮減食甚中積，即爲食甚

日行積度及分。

[1]日月食甚日行積度：即食甚時刻到冬至點的距離。這個距離值經截取後作爲求氣差和刻差算式的自變量。

[2]損益率：原作“積益率”，據中華點校本改。　盈縮之損益：原作“盈縮之損益之”，據中華點校本改。

求氣差[1]

置日食甚日行積度及分，滿中限去之，餘在象限已下，爲初限；已上，覆減中限，爲末限，皆自相乘，進二位，如四百七十八而一，所得，用減一千七百四十四，餘爲氣差恒數。以午前後分乘之，半晝分除之，所得，以減恒數爲定數。不及減，覆減之，爲定數。應加者減之，減者加之。春分後，陽曆減，陰曆加；秋分後，陽曆加，陰曆減。春分前、秋分後各二日二千一百分爲定氣，於此加減之。

[1]求氣差：由於時差的存在，黄、白道都會發生位移。對於日食而言，關鍵是月亮視位置離視交點位置的距離是否在食限之内。由於視差總是使天體下移，所以，當白道在黄道北時，視差使食限增大；當白道在黄道南時，視差會使食限減小。如圖之（2），$0\Omega \approx 0\Omega'$就是視差影響食限的改正值，它由“氣差”和“刻差”給定。設日食甚日行積度入初末限，$0 \leqslant x \leqslant 91.3109$，$\alpha$ 爲日食甚日行積度“滿中限去之”的餘數，$0 \leqslant \alpha \leqslant 182.6218$，則有：

$$氣差恒數 = 1744 - \frac{100x^2}{478}，刻差恒數 = \frac{100\ (182.6218 - \alpha)\ \alpha}{478}$$

$$氣差定數 = 氣差恒數 - \frac{氣差恒數 \times 午前後分}{半晝分}$$

$$= 氣差恒數 \times \frac{半晝分 - 午前後分}{半晝分}$$

$$刻差定數=\begin{cases}刻差恒數\times\dfrac{午前後分}{1307.5}（當午前後分<1307.5時）\\ 刻差恒數\times\dfrac{2615-午前後分}{1307.5}（當午前後分>1307.5時）\end{cases}$$

求刻差

置日食甚日行積度及分，滿中限去之，餘與中限相減相乘，進二位，如四百七十八而一，所得，爲刻差恒數。以午前後分乘之，日法四分之一除之，所得爲定數。若在恒數已上者，倍恒數，以所得之數減之爲定數，依其加減。冬至後，午前陽加陰減，午後陽減陰加。夏至後，午前陽減陰加，午後陽加陰減。

求日食去交前後定分

氣刻二差定數，同名相從，異名相消，爲食差。依其加減去交前後分，爲去交前後定分。[1]視其前後定分，如在陽曆，即不食；如在陰曆，即有食之。如交前陰曆不及減，反減之，反減食差。爲交後陽曆；交後陰曆不及減，反減之，爲交前陽曆；即不食，交前陽曆不及減，[2]反減之，爲交後陰曆；交後陽曆，不及減，反減之，爲交前陰曆；[3]即日有食之。

[1]去交前後定分：食差 = 氣差定數 ± 刻差定數，日食“去交前後定分”即食差改正後的視月亮距視交點的距離。據之即可判斷是否有交食發生。

[2]交前陽曆不及減：原於“交”前衍“亦入”二字，從中華點校本删。

[3]陰曆：原作“陽曆”，此據中華點校本改。

求日食分[1]

視去交前後定分，如二千四百已下，爲既前分，以二百四十八除爲大分。二千四百已上，覆減五千五百，不足減者不食。爲既後分，以三百二十除爲大分。不盡，退除爲秒，即得日食之分秒。

[1]求日食分：按，前所得日食去交前後定分 <2400，月在陽曆。反之則月在陰曆。月在陽曆時：日食食分 = 日食去交前後定分/248；月在陰曆時：日食食分 =（5500 − 日食去交前後定分）/320。食分是交食發生深淺的標志，日食食分最大爲 10 分，即全食。

求月食分

視去交前後分，不用氣刻差者。[1]一千七百已下者，食既。已上，覆減五千一百，不足減者不食。餘以三百四十除爲大分，不盡，退除爲秒，即爲月食之分秒也。去交分在既限已下，覆減既限，亦以三百四十除，爲既內之大分。

[1]不用氣刻差者：與日食相比，視差對月食的影響情况大不相同。因爲月食是月亮進入地球影錐之中的効果，與視差無關，所以，考慮定望時刻月亮的黄道位置是否落在食限之内，無需加上食差（即氣差、刻差之和）改正。

求日食定用分[1]

置日食之大分，與三十分相減相乘，又以二千四百五十乘之，如定朔入轉筭外轉定分而一，[2]所得，爲定用分。減定餘，爲初虧分。加定餘，爲復圓分。各以發斂加時法求之，即得日食三限辰刻。

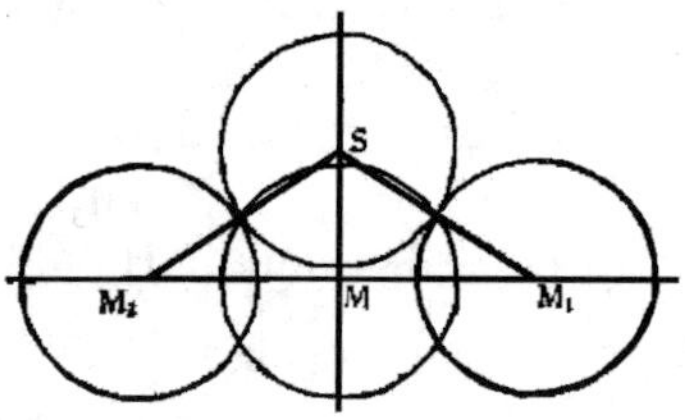

（1）日食三限

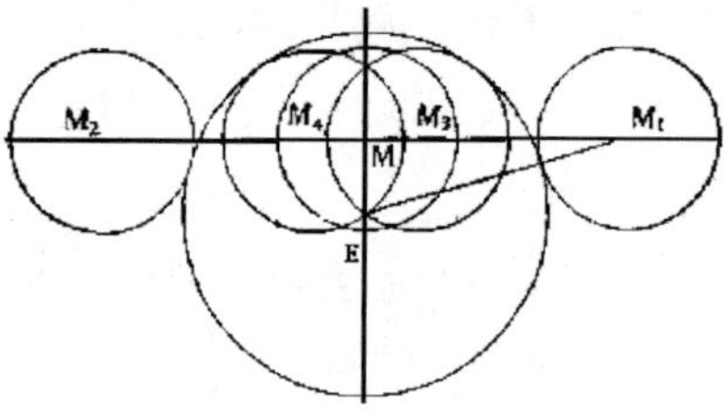

（2）月食五限

[1]求日食定用分："日食三限"指初虧、食甚、復原三個時刻，月偏食也相同。如圖（1）所示，S 爲日心，M 爲月心，則 M_1、M、M_2 分别爲初虧、食甚、復原時刻，MM_1 即爲"日食定用分"。

[2]轉定分而一：原無"轉"字，從中華點校本補。

求月食定用分

置月食之大分，與三十五分相減相乘，又以二千一百乘之，如定望入轉筭外轉定分而一，[1]所得，爲定用分。加減定餘，爲初虧、復圓分。各如發斂加時法求之，即得月食三限辰刻。

月食既者，以既内大分與十五相減相乘，又以四千二百乘之，如定望入轉算外轉定分而一，所得，爲既内分。用減定用分，爲既外分。置月食定餘減定用分，爲初虧。因加既外分，爲食既。又加既内分，爲食甚。即定餘分也。再加既内分，爲生光。復加既外分，爲復圓。各以發斂加時法求之，既得月食五限辰刻。[2]

[1]定望：原作“定朔”，下段文亦如此。此據中華點校本改。

[2]月食五限辰刻：對於月食，偏食情況下衹有三限，而月全食有五限。如前注圖（2）所示，M_1、M_3、M、M_4、M_2 分别爲初虧、食既、食甚、生光、復原，其中 MM_1 爲“定用分”，MM_3 爲“既内分”，M_3M_1 爲既外分。

求月食入更點

置食甚所入日晨分，倍之，五約爲更法。又五約更法，爲點法。[1]乃置月食初末諸分，昏分已上減昏分，晨分以下加晨分。如不滿更法爲初更。不滿點法爲一點。依法以次求之，既各得更點數。

[1]點法：原無“法”字，從中華點校本補。

求日食所起

食在既前，初起西南，甚於正南，復於東南；食在既後，初起西北，甚於正北，復於東北。其食八分已上，皆起正西，復於正東。此據正午地而論之。

求月食所起

月在陽曆：初起東北，甚於正北，復於西北。月在陰曆：初起東南，甚於正南，復於西南。其食八分已上，皆起正東，復於正西。此亦據正午地而論之。

求日月出入帶食所見分數

各以食甚小餘，與日出入分相減，餘爲帶食差，以乘所食之分，滿定用分而一，月食既者，以既内分減帶食差，餘乘所食分，如既外分而一。不及減者，爲帶食既出入。以減所食分，即日月出入帶食所見之分。其食甚在晝，晨爲漸進，昏爲已退。食甚在夜，晨爲已退，昏爲漸進。

求日月食甚宿次

置日月食甚日行積度，望即更加半周天。以天正冬至加時黄道日度，加而命之，依黄道宿次去之，即各得日月食甚宿度及分。

步五星第七[1]

木星

周率：[2]二百八萬六千一百四十二，五十四秒。

曆率：二千二百六十五萬五百七。

曆度法：六萬二千一十四。[3]

周日：三百九十八日，八十八分。

曆度：三百六十五度，二十四分，八十二秒。

曆中：[4]一百八十二度，六十二分，四十一秒。

曆策：[5]一十五度，二十一分，八十七秒。

伏見：一十三度。

[1]步五星：推算任意給定時刻五星（木、土、火、金、水）視運動的位置，即推算任意給定時刻的行星地心真黄經。早期傳統曆法僅推算行星的平黄經，南北朝時期張子信發現行星公轉與太陽視運動不均勾現象之後，隋代劉焯《皇極曆》到唐代一行《大衍曆》逐步完善並確立了行星中心差的修正算法型。邊岡《崇玄曆》之後，又進一步加入了太陽視運動中心差的修正，到宋代基本定

型。其算法的思路是：首先，假設行星與地球繞日勻速運動，推算行星視運功的地心平黃經；其次，由平黃經進行修正，以獲得所求時刻行星的地心真黃經。正因爲行星改正算法經歷了由劉焯到邊岡的發展歷程，宋代以來的平黃經到真黃經的修正算法也分成了兩個步驟，即先把地球公轉當作勻速的，行星作“真”運動改正，然後再將行星與地球都作“真”運動，進行二次改正。另在中國傳統曆法中，五星位置的計算不考慮緯度。中國古代也没有黄極的概念，其“黄經”是由過天體的赤經圈與黄道的交點到春分點的距離來定義的。日本學者藪内清首先揭示了這個規律，並稱之爲“極黄經”。由於行星軌道與黄道面的夾角很小，行星視位置的極黄經與黄經的差别是很小的，其誤差是可以忽略不計的。

[2]周率：行星的會合周期值的分值，據之可得木星的“會合周期” =周率/日法 =2086142.54/5230 =398.88 日（即“周日”）。

[3]“曆率”“曆度法”：作爲一對參數給出行星周天度值，即有“曆度” =曆率/曆度法 =22650507/62014 =365.2482 度。

[4]曆中：曆度值的一半。365.2482/2 =182.6241（度）。

[5]曆策：曆策 =曆度/24 =365.2482/24 =15.2187（度）。

段目[1]	段日[2]	平度[3]	限度[4]	初行率[5]
合　伏	一十六日八十六分	三度八十六	二度九十三	二十三
晨順疾	二十八日	六度一十一	四度六十四	二十二
晨次疾	二十八日	五度五十一	四度一十九	二十一
晨順遲	二十八日	四度三十一	三度二十八	一十八
晨末遲	二十八日	一度九十一	一度四十五	一十二
晨　留	二十四日			
晨　退	四十六日五十八	四度八十八　一十八	空三十二　二十八	
夕　退	四十六日五十八	四度八十八　一十八	空三十二　二十八	一十八

段目[1]	段日[2]	平度[3]	限度[4]	初行率[5]
夕　留	二十四日			
夕末遲	二十八日	一度九十一	一度四十五	
夕順遲	二十八日	四度三十一	三度二十八	一十二
夕次疾	二十八日	五度五十一	四度一十九	一十八
夕順疾	二十八日	六度一十一	四度六十四	二十一
夕　伏	一十六日八十六	三度八十六	二度九十三	二十二

［1］段目：該表爲“木星會合周期表”。行星視運動是由行星繞太陽的公轉和地球繞太陽的公轉兩個運動疊加而成的。從地球上觀看行星，就會出現以“伏、順行、留、逆行、留、順行、伏”爲周期的天象，天文學上將這個周期稱爲行星的會合周期。如下圖所示，行星與太陽的會合時刻是會合周期的起點，當行星運行在“合”的附近，因與太陽的地心黄經差比較小，行星掩蔽在太陽的光輝之下，有一段時間看不到，曆法中稱行星在這段時間的視運動狀態爲“伏”。在外行星與太陽會合之後，由於它們的公轉速度比地球的速度小，合之後即會落在太陽的西邊。當它們與太陽的角距離足够大時（比如15°左右），某日早晨行星會突然出現在東方，被稱爲“晨始見”。之後，每天日出之前我們都可以看到行星在天空中由東向西順行。但是順行的速度逐漸變慢，直到某日似乎在天空中停滯，天文學上稱這個時刻爲“留”。之後，行星開始由西向東逆行，速度漸快，至最快的地方，稱爲“冲”，此時地球正好介於行星與太陽之間。從“合”到“冲”，是外行星的半個會合周期。從“冲”再到下次“合”的情況，與之對稱。從“始見”到“冲”，每日日出之前都可以在東方的天空中看到行星，因此，這個時段被稱爲“晨見”；從“冲”到“始伏”，每日日落之後都可以在西邊天空看到行星，這個時段被稱爲“夕見”。由於行星的視運

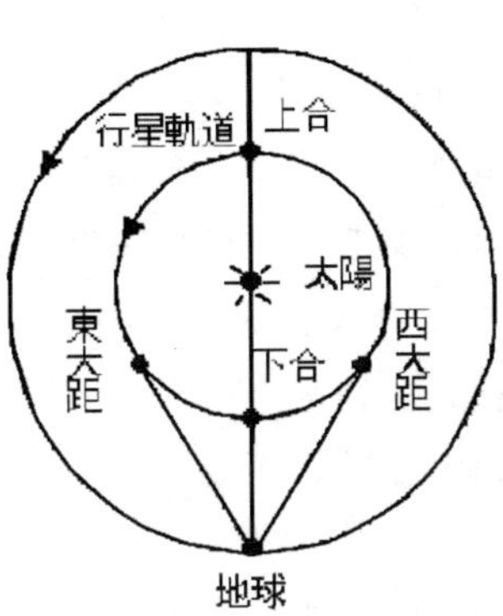

（1）内行星軌道運動

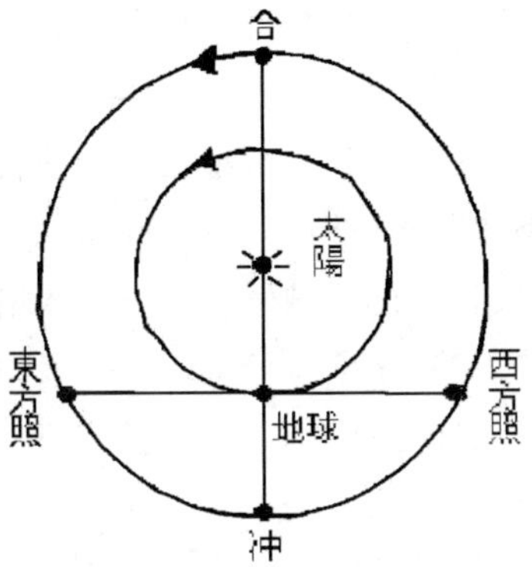

（2）外行星軌道運動

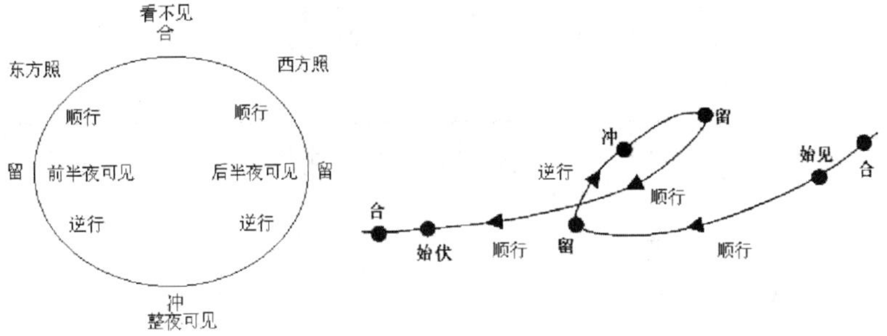

外行星視運動

動存在這種有時順行、有時逆行、有時伏行的複雜性，很難構造統一的函數來推算，中國古代的天文學家選擇分段解决的方案。在一個會合周期内，選擇一些特别的時刻作爲（如“合、始見、留”等）節點，並計算出行星在這些節點之間的視位移的時間與距離，以及經過這些節點時的視運動速度。由這些數據，構成一張天文表，我們稱之爲行星視運動的“會合周期表”。這個表必須能够很好地刻畫行星在一個會合周期内的變化規律。以木星（外行星）爲例，由於外行星會合周期都比較長，且大部分時段行星都在“順行”，通常要在順行時段插入一些節點，如木星的“順疾、次疾、順遲、末遲”等，從而構成本表“段目”欄的各行。

[2]段日：行星在各“段目”運行的時間。段日欄各行數值的總和即爲“周日”（398.88日）。從平合時刻起算，到所求時段的“段日”的累積值，稱爲“入平合日”。

[3]平度：行星在各時段内的視位移量。從平合時刻起算，到所求時段的“平度”的代數和稱爲“入平合度”，表示平合時刻到所求時刻行星視位移的距離。

[4]限度：計算行星各時段初始時刻盈縮差的自變量時需要的重要參數。而行星的盈縮差，即是行星地心平黄經與真黄經的改正值。

[5]初行率：各段初始時刻行星視運動的速度。

策數[1]	損益率	盈積度	損益率	縮積度
一	益一百五十九	初	益一百五十九	初
二	益一百四十二	一度五十九	益一百四十二	一度五十九
三	益一百二十	三度一	益一百二十	三度一
四	益九十三	四度二十一	益九十三	四度二十一
五	益六十一	五度一十四	益六十一	五度一十四
六	益二十四	五度七十五	益二十四	五度七十五
七	損二十四	五度九十九	損二十四	五度九十九
八	損六十一	五度七十五	損六十一	五度七十五
九	損九十三	五度一十四	損九十三	五度一十四

策數	損益率	盈積度	損益率	縮積度
十	損一百二十	四度二十一	損一百二十	四度二十一
十一	損一百四十二	三度一	損一百四十二	三度一
十二	損一百五十九	一度五十九	損一百五十九	一度五十九

［1］策數：該表是專門計算行星盈縮差的數表。把行星的周天曆度（木星曆度爲365.2482度）平分爲二十四份，每份15.2187度，其中“在盈”十二份（段），“在縮”十二份。“策數”即這盈曆、縮曆各段的序號。另外，盈曆和縮曆各段改正值，即“盈積度”和“縮積度”值是對稱的。

火星

周率：四百七萬九千四十一，秒九十七。

曆率：三百五十九萬二千七百五十八，秒三十二。

曆度法：九千八百三十六半。

周日：七百七十九日，九十三分，一十六秒。

曆度：三百六十五度，二十四分，七十六秒。

曆中：一百八十二度，六十二分，三十八秒。

曆策：一十五度，二十一分，八十六秒。

伏見：一十九度。

段目	段日	平度	限度	初行率
合　伏	六十七日	四十八度	四十五度四十八	七十二
晨順疾	六十三日	四十四度六十	四十二度二十六	七十一

段目	段日	平度	限度	初行率
晨次疾	五十八日	四十度九	三十七度九十九	七十
晨中疾	五十二日	三十四度六	三十二度三十二	六十八
晨末疾	四十五日	二十六度三十二	二十四度九十九	六十三
晨順遲	三十七日	一十六度六十八	一十五度八十	五十四
晨末遲	二十八日	五度七十五	五度四十五	三十七
晨　留	一十一日			
晨　退	二十八日九十六五十八	八度一十五六十	三度五四十	
夕　退	二十八日九十六五十八	八度一十五六十	三度五四十	四十一
夕　留	一十一日			
夕末遲	二十八日	五度七十五	五度四十五	
夕順遲	三十七日	一十六度六十八	一十五度八十	三十七
夕末疾	四十五日	二十六度三十二	二十四度九十九	五十四
夕中疾	五十二日	三十四度六	三十二度三十二	六十三
夕次疾	五十八日	四十度九	三十七度九十九	六十八
夕順疾	六十三日	四十四度六十	四十二度二十六	七十
夕　伏	六十七日	四十八度	四十五度四十八	七十一

策數	損益率	盈積度	損益率	縮積度
一	益一千一百六十	初	益四百五十八	初
二	益八百	一十一度六十	益四百五十三	四度五十八
三	益四百六十	一十九度六十	益四百三十三	九度一十一

策數	損益率	盈積度	損益率	縮積度
四	益一百五十二	二十四度二十四	益三百九十六	一十三度四十四
五	損五十七	二十五度七十六	益三百四十一	一十七度四十
六	損一百七十二	二十五度一十九	益二百六十六	二十度八十一
七	損二百六十六	二十三度四十七	益一百七十二	二十三度四十七
八	損三百四十一	二十度八十一	益五十七	二十五度一十九
九	損三百九十六	十七度四十	損一百五十二	二十五度七十六
十	損四百三十三	十三度四十四	損四百六十四	二十四度二十四
十一	損四百五十三	九度一十一	損八百	十九度六十
十二	損四百五十八	四度五十八	損一千一百六十	一十度六十

土星

周率：一百九十七萬七千四百一十二，秒四十六。

曆率：五千六百二十二萬三千二百一十九。

曆度法：一十五萬三千九百二十八。

周日：三百七十八日，九分，三秒。

曆度：三百六十五度，二十五分，六十六秒。

曆中：一百八十二度，六十二分，八十三秒。

曆策：一十五度，二十一分，九十秒。

伏見：一十七度。

段目	段日	平度	限度	初行率
合　伏	十九日四十八	二度四十八	一度五十六	一十三

段目	段日	平度	限度	初行率
晨順疾	二十七日五十	三度二十二	二度二	一十二
晨次疾	二十七日五十	二度六十四	一度六十五	一十一
晨　遲	二十七日五十	一度四十八	空度九十一	八
晨　留	三十六日			
晨　退	五十一日六五十一半	三度三十九六十六半	空度二十八三十三半	
夕　退	五十一日六五十一半	三度三十九六十六半	空度二十八三十三半	九七十五
夕　留	三十六日			
夕　遲	二十七日五十	一度四十八	空度九十一	
夕次疾	二十七日五十	二度六十四	一度六十五	八
夕順疾	二十七日五十	三度二十二	二度二	一十一
夕　伏	一十九日四十八	二度四十八	一度五十六	一十二

策數	損益率	盈積度	損益率	縮積度
一	益二百一十三	初	益一百六十三	初
二	益一百九十七	二度一十三	益一百四十九	一度六十三
三	益一百六十八	四度一十	益一百二十八	三度一十二
四	益一百二十八	五度七十八	益一百	四度四十
五	益八十一	七度六	益六十五	五度四十
六	益三十三	七度八十七	益二十三	六度五
七	損三十三	八度二十	損二十三	六度二十八
八	損八十一	七度八十七	損六十五	六度五

策數	損益率	盈積度	損益率	縮積度
九	損一百二十八	七度六	損一百	五度四十
十	損一百六十八	五度七十八	損一百二十八	四度四十
十一	損一百九十七	四度一十	損一百四十九	三度一十二
十二	損二百一十三	二度一十三	損一百六十三	一度六十三

金星[1]

周率：三百五萬三千八百四，秒二十三。

曆率：一百九十一萬二百四十一，秒一十一。

曆度法：五千二百三十。

周日：五百八十三日，九十分，一十四秒。

合日：二百九十一日，九十五分，七秒。

曆度：三百六十五度，二十四分，六十八秒。

曆中：一百八十二度，六十二分，三十四秒。

曆策：一十五度，二十一分，八十六秒。

伏見：一十度半。

[1]金星：金、水二星是地內行星，其視運動的動態和火、木、土星等地外行星有所不同。如圖所示，內行星一個會合周期中有上合與下合兩次“合”，從上合到下一次上合是一個會合周期。其中，上合指內行星和地球分別在太陽兩側的位置；下合則爲行星介於太陽和地球之間的位置。所以，這裏所給的內行星的常數除“周日”(583.9014日)外，另有“合日”(291.9507日)，是上合到下合的時距。

內行星一個會合周期的動態如圖所示：規定會合周期的起點爲

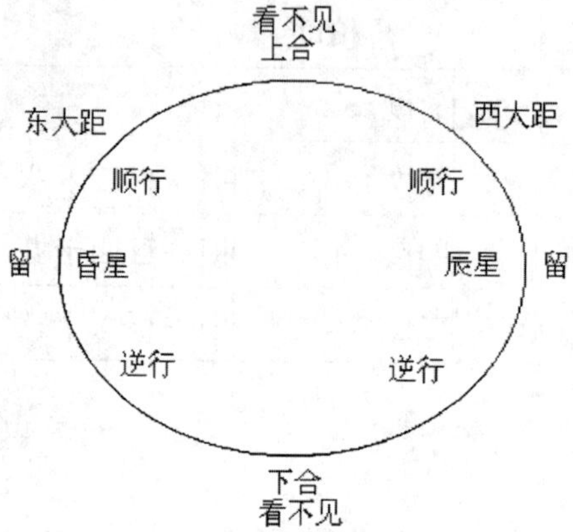

内行星視運動

上合，由於内行星繞日運行的速度比地球快，上合後内行星運動到太陽的東邊，成爲昏星。當角距離達到足够大時，某日開始在黄昏看到（夕始見）。之後行星與太陽的角距離逐漸增大，由於内行星軌道比地球軌道小，它們與太陽的角距離總在一定範圍内，這個角距離達到最大時的位置叫作東大距。其後就是留、逆行、下合。從上合到下合是内行星的半個會合周期，另一半下合到上合的運行與之對稱。在内行星下合附近，先是夕伏，合之後晨見，而上合附近，則是先晨伏，上合之後夕見。由於金星的會合周期比較長，且大部分時間是順行的，所以在順行階段增加了“順、次疾、中疾、順遲、末遲”等節點；而水星的會合周期較短，所以順行階段僅分爲“順疾、順遲”兩段。

段目	段日	平度	限度	初行率
合　伏	三十九日二十五	四十九度七十五	四十七度七十六	一百二十七
夕順疾	四十七日七十五	六十度一十六五十	五十七度七十六	一百二十六

段目	段日	平度	限度	初行率
夕次疾	四十七日七十五	五十九度三十九	五十七度一	一百二十五
夕中疾	四十七日七十五	五十七度空	五十四度七十二	一百二十三
夕末疾	三十九日二十五	四十二度二十九	四十度六十	一百一十五
夕順遲	二十九日二十五	二十四度七十二	二十三度七十三	一百
夕末遲	一十八日二十五	六度九十三五十	六度六十六	六十九
夕　留	七日			
夕　退	九日七十七	三度七十九九十三	一度六十九七	
夕退伏	六日	四度五十	二度二	六十八
合退伏	六日	四度五十	二度二	八十二
晨　退	九日七十七	三度七十九九十三	一度六十九七	六十八
晨　留	七日			
晨末遲	一十八日二十五	六度九十三五十	六度六十六	
晨順遲	二十九日二十五	二十四度七十二	二十三度七十三	六十九
晨末疾	三十九日二十五	四十二度二十九	四十度六十	一百
晨中疾	四十七日七十五	五十七度空	五十四度七十二	一百一十五
晨次疾	四十七日七十五	五十九度三十九	五十七度一	一百二十三
晨順疾	四十七日七十五	六十度一十六五十	五十七度七十六	一百二十五
晨　伏	三十九日二十五	四十九度七十五	四十七度七十六	一百二十六

策數	損益率	盈積度	損益率	縮積度
一	益五十二	初	益五十二	初

策數	損益率	盈積度	損益率	縮積度
二	益四十八	空度五十二	益四十八	空度五十二
三	益四十一半	一度空	益四十一半	一度空
四	益三十二半	一度四十一半	益三十二半	一度四十一半
五	益二十一	一度七十四	益二十一	一度七十四
六	益七	一度九十五	益七	一度九十五
七	損七	二度二	損七	二度二
八	損二十一	一度九十五	損二十一	一度九十五
九	損三十二半	一度七十四	損三十二半	一度七十四
十	損四十一半	一度四十一半	損四十一半	一度四十一半
十一	損四十八	一度空	損四十八	一度空
十二	損五十二	空度五十二	損五十二	空度五十二

水星

周率：六十萬六千三十一，秒八十四。

曆率：一百九十一萬二百四十二，秒三十五。

曆度法：五千二百三十。

周日：一百一十五日，八十七分，六十秒。

合日：五十七日，九十三分，八十秒。

曆度：三百六十五度，二十四分，七十一秒。

曆中：一百八十二度，六十二分，三十五秒半。

曆策：一十五度，二十一分，八十六秒。

晨伏夕見：一十四度。

夕伏晨見：一十九度。

段目	段日	平度	限度	初行率
合　伏	一十五日	二十九度	二十四度三十六	二百五
夕順疾	一十五日	二十三度七十五	一十九度九十五	一百八十一
夕順遲	一十五日	一十三度二十五	一十一度一十三	一百三十五
夕　留	二日			
夕退伏	一十日九十三八十	八度六二十	二度四十九八十	
合退伏	一十日九十三八十	八度六二十	二度四十九八十	一百八
晨　留	二日			
晨順遲	一十五日	一十三度二十五	一十一度一十三	
晨順疾	一十五日	二十三度七十五	一十九度九十五	一百三十五
晨　伏	一十五日	二十九度	二十四度三十六	一百八十一

策數	損益率	盈積度	損益率	縮積度
一	益五十七	初	益五十七	初
二	益五十三	空度五十七	益五十三	空度五十七
三	益四十五	一度一十	益四十五	一度一十
四	益三十五	一度五十五	益三十五	一度五十五
五	益二十二	一度九十	益二十二	一度九十
六	益八	二度一十二	益八	二度一十二
七	損八	二度二十	損八	二度二十
八	損二十二	二度一十二	損二十二	二度一十二
九	損三十五	一度九十	損三十五	一度九十

策數	損益率	盈積度	損益率	縮積度
十	損四十五	一度五十五	損四十五	一度五十五
十一	損五十三	一度一十	損五十三	一度一十
十二	損五十七	空度五十七	損五十七	空度五十七

求五星天正冬至後平合及諸段中積、中星[1]

置通積分，各以其星周率去之。不盡，爲前合分。覆減周率，餘爲後合分。如日法而一，不滿退除爲分秒，即其星天正冬至後平合中積、中星。命爲日，曰中積。命爲度，曰中星。以段日累加中積，即爲諸段中積。以平度累加中星，[2]經退減之，即爲諸段中星。

[1]平合及諸段中積中星："平合中積"指平合的時間，"平合中星"指平合時的行星位置，即地心平黄經。"通積分"是上元時刻到所求年天正冬至時刻的累積分值。中國古代假設上元時刻，五星會聚並與日月會合在冬至點（地球的近日點），所以滿周率去之，所剩不足周率的餘分，就是所求年天正冬至前的平合點的位置（前合分），以周率減之即爲冬至後的平合點（後合分）。後合分换算成日數即爲平合的時間，换算成度數即平合時的地心平黄經。"諸段中積中星"則指各"段日"初始時刻的時間和行星位置。

[2]星：原作"積"，從中華點校本改。

求五星平合及諸段入曆[1]

置前通積分，各加其星後合分，以曆率去之，不盡，各以其星曆度法除爲度，不滿退爲分秒，即爲其星平合入曆度及分秒。以諸段限度累加之，即得諸段入曆。

［1］五星平合及諸段入曆：指行星平合以及各段日初始時刻的"入曆"。而"入曆"則是行星從盈縮曆起點（行星的近日點）以來的距離。古曆也把上元時刻作爲行星的近日點所在，行星的近日點到下一個近日點的距離即爲行星的"曆率"。所以，用"通積分"加"後合分"之數滿曆率去之，所剩餘分即爲所求"入曆"之數。

求五星平合及諸段盈縮差

各置其星其段入曆度及分秒，如在曆中已下，爲在盈；已上，減去曆中，餘爲在縮。以其星曆策除之爲策數，不盡爲入策度及分，命策數筭外，以其策數下損益率乘之，如曆策而一爲分，以損益其下盈縮積度，[1]即爲其星其段盈縮定差。

［1］以其策數下損益率乘之，如曆策而爲分，以損益其下盈縮積度：就是用各行星的盈縮差數表作綫性插值（又叫比例内插），以求"入曆"值不足整策數的部分的盈縮差。

求五星平合及諸段定積[1]

各置其星其段中積，以其盈縮定差盈加縮減之。即其段定積日及分。以加天正冬至大餘及約分，滿紀法六十去之，不盡，即爲定日及加時分秒。不滿命甲子筭外，即得日辰。

[1]求五星平合及諸段定積：所謂“平合及諸段定積”就是前術“平合及諸段中積”經過行星盈縮差改正後的結果。中國古曆行星運動推算從平合到定合的改正分三個步驟：首先，假設行星、地球繞太陽勻速運動，計算平合中積與平合中星，如圖平合時星、日、地的相對位置爲（P、S、E）。平合中積，是指平行星與平太陽的會合時刻，記爲 t；平合中星，是指日與星平合時的黄經（平黄經），記爲 ω，前術已經求得這兩個數值。其次，假設地球仍然以勻速運動，而行星繞太陽做真運動，計算平合定積與平合定星。平合定積，是指真行星與平太陽的會合時刻。如圖所示，此時星、日、地的相對位置爲（P_1、S_1、E）。設真行星從 P 到 P_1 花費的時間爲 y 日，而平太陽的速度爲 1（度/日），因此，平太陽的黄經改變了 y 度，y 即爲前術已經求得的行星“盈縮差”。令平合定積時刻爲 t_1，此時行星的地心平黄經爲 ω_1，則有：$t_1 = t + y$；$\omega_1 = \omega + y$。最後，假設行星與地球都繞太陽做真運動，這就是下文“求五星定合定積定星”的任務（參見曲安京《中國古代的行星運動理論》，《自然科學史研究》2006 年第 1 期）。

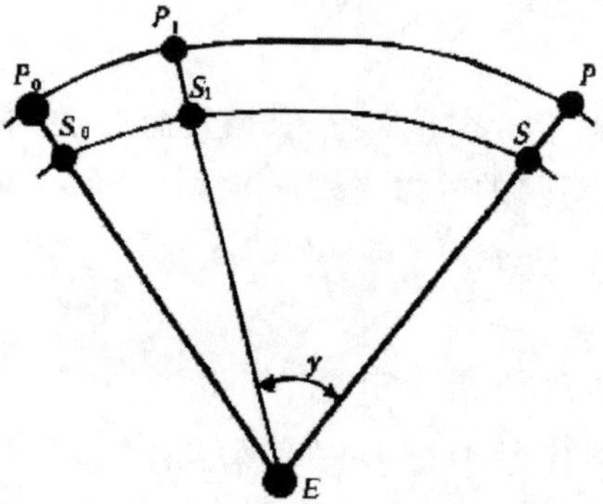

求五星平合及諸段所在月、日[1]

各置其段定積日及分，以加天正閏日及分，滿朔策及約分除之爲月數，不盡，爲入月已來日數及分。其月數命天正十一月筭外，即得其段入月經朔日數及分，以日辰相距爲所在定朔月、日。

[1]求五星平合及諸段所在月、日：原誤作“求五星及諸段所在日月”。首先，“五星及諸段”文義不通，從前後各術名稱（如“求五星平合及諸段入曆”“求五星平合及諸段盈縮差”“求五星平合及諸段定積”“求五星平合及諸段加時定星”等）比證，當補“平合”二字。又，本術旨在推算五星平合點以及諸段之初時刻入所求年的某月某日，所以術名也當有“平合”二字。本術最後曰：“其月數命天正十一月算外，即得其段入月經朔日數及分，以日辰相距爲所在定朔月、日”，故術名亦當以“月、日”相呼應。

求五星平合及諸段加時定星

各置中星，以盈縮定差盈加縮減之，金星倍之，水星三因之，然後加減。[1]即爲五星諸段定星。以加天正冬至加時黄道日度，依宿命之，即其星其段加時所在宿度及分秒。

求五星諸段初日晨前夜半定星[2]

各以其段初行率，乘其段定積日下加時分，百約之，乃順減退加其日加時定星，即爲其段初日晨前夜半定星所在宿度。

[1]然後加減：“後”，原作“可”，從中華點校本改。

[2]求五星諸段初日晨前夜半定星：從本術“求五星諸段初日晨前夜半定星”到下文“求每日晨前夜半星行宿次”，旨在求任意給定時刻的行星地心平黄經。先據會合周期表求得各段初日的行星

視運動的速度（即初行率），再求每段内的逐日的行星視運動的速度。爲此，《重修大明曆》設計了一個類似劉焯二次内插的算法，以推算段内每日行星視運動速度。由於行星視運動被當作勻加速運動，正好和劉焯二次内插法構造的原理模型是完全一致的（參見王榮彬《劉焯〈皇極曆〉插值法的構建原理》、劉鈍《〈皇極曆〉中等間距二次插值方法術文釋義及其物理意義》，《自然科學史研究》1994 年第 4 期）。然後，從所在段目初日的地心平黄經起算，由各日行星視運動速度與所用時間（1 日）相乘得各日行星視運動的位移（每日行星視運動地心黄經差），累加各差值至所求日，即得所求時刻與所在段之初行星的地心平黄經差。將這個結果加入段初行星的地心平黄經值即爲所求。

求諸段日率度率[1]

各以其段日辰距後段日辰爲日率。以其段夜半宿次與後段夜半宿次相減，餘爲度率。

[1]求諸段日率度率：日率，爲一段目内行星運行所用的總時間，度率，爲該段目行星運行的總位移。“度率/日率”當爲該段目行星運行的平均速度（平行度）。

求諸段平行分

各置其段度率及分秒，以其段日率除之，即其段平行度及分秒。

求諸段總差、日差[1]

以本段前後平行分相減，餘爲其段泛差。假令求木星次疾泛差，乃以順疾、順遲平行分相減，餘爲次疾泛差。他皆仿此。倍而退位爲增減差，加減其段平行分，爲初、末日行分。

前多後少者，加爲初，減爲末。前少後多者，減爲初，加爲末。倍增減差爲總差，以日率減一除之，爲日差。

[1]求諸段總差、日差：本術中所謂的“增減差”，爲該段初日的平行分（即初日的平均運行速度）與該段目的平行分二者之差，也等於該段目平行分與該段末日平行分的二者之差，也就是相隔半段目時距的兩日的平行分之差。“初、末日行分”，是指該段初日與末日的平均速度。“日差”則爲行星在該段作勻變速運動的“加速度”。

求前後伏、遲、退段增減差

前伏者，置後段初日行分，加其日差之半，爲末日行分。後伏者，置前段末日行分，加其日差之半，爲初日行分。以減伏段平行分，餘爲增減差。前遲者，置前段末日行分，倍其日差減之，爲初日行分。後遲者，置後段初日行分，倍其日差減之，爲末日行分。以遲段平行分減之，餘爲增減差。前後近留之遲段。

木、火、土三星退行者，六因平行分，退一位，爲增減差。

金星前後伏、退，三因平行分，半而退位，爲增減差。前退者，置後段初日行分，以其日差減之，爲末日行分，後退者，置前段末日行分，以其日差減之，爲初日行分。以本段平行分減，餘爲增減差。[1]

水星，半平行分爲增減差，皆以增減差加減平行分，爲初末日行分。前多後少，加初減末；前少後多，減初加末。又倍增減差爲總差，以日率減一除之，爲日差。

[1]餘爲增減差：原“減”後有“之”字。

求每日晨前夜半星行宿次

各置其段初日行分，以日差累損益之，後少則損之，後多則益之。爲每日行度及分秒。[1]乃順加退減之，滿宿次去之，即得每日晨前夜半星行宿次。視前段末日、後段初日行分相較之數，不過一二日差爲妙。或多日差數倍，或顛倒不倫，當類會前後增減差稍損益之，[2]使其有倫，然後用之。或前後平行俱多俱少，則平注之。或總差之秒，不盈一分，亦平注之。若有不倫而平注之得倫者，亦平注之。

[1]以日差累損益之，爲每日行度及分秒：形式上爲累積遞推每日的“日差”（即加速度）而得到每日行星在黄道上的位置（宿次），實質上包含了物理上的 $v = at$，及 $s = vt$，衹是這裏 $t = 1$（日）。

[2]類同：原作“類會”，據《庚午曆》校改。

求五星平合及見伏入氣

置定積，以氣策及約分除之，爲氣數，不滿爲入氣日及分秒，命天正冬至筭外，即所求平合及伏見入氣日及分秒。

求五星平合及見伏行差

各以其段初日星行分與其太陽行分相減，餘爲行差。[1]若金在退行，水在退合者，相併爲行差。如水星夕伏晨見者，直以太陽行分爲行差。

[1]行差：就是太陽視運動與行星視運動速度的差值。

求五星定合見伏泛積

木、火、土三星，各以平合晨疾、夕伏定積，便爲定合定見、定伏泛積。金、水二星，置其段盈縮差，水星倍之。各以行差除之，爲日，不滿退除爲分秒。若在平合夕見晨伏者，盈減縮加；如在退合夕伏晨見者，盈加縮減。皆以加減定積，爲定合定見、定伏泛積。

求五星定合定積、定星[1]

木、火、土三星，各以平合行差除其日太陽盈縮差，爲距合差日。以太陽盈縮差減之，爲距合差度。日在盈曆，以差日、差度減之。在縮，加之。加減其星定合泛積，爲定合定積、定星。

[1]求五星定合定積、定星："定合定積"，是指真行星與真太陽的會合時刻。"定合定星"是指行星定合時的地心真黄經。如圖，定合時星、日、地的相對位置爲（P_0、S_0、E），設真行星從平合定積時刻的 P_1 運動到點定合定積的 P_0 時花費的時間爲 Δt，真太陽的地心黄經改正爲 $\Delta\omega$，據本術有：$\Delta t = y + \frac{c_s}{v_s - v_a}$，$\Delta\omega = y + \left(\frac{c_s}{v_s - v_a} - c_s\right)$。其中，$c_s$ 爲太陽中心差（即太陽盈縮差），v_s、v_a 分别表示太陽和行星的視運動速度，$\frac{c_s}{v_s - v_a}$叫"距合差日"，$\frac{c_s}{v_s - v_a} - c_s$ 即術文中的"距合差度"，$v_s - v_a$ 即"平合行差"。

金、水二星順合、退合，各以平合退合行差除其日太陽盈縮差，[1]爲距合差日。順加退減太陽盈縮差，爲距合差度。順在盈曆，以差日、差度加之；在縮，減之。退在盈曆，以差日減之，差度加之；在縮，以差日加之，差度減之。皆以加減其星定合及再定合泛積，爲定合再定合定積、定星。

[1]行差：原作“以差”，從中華點校本改。

以冬至大餘及約分，加定積，滿紀法去命，即得定合日辰。以冬至加時黄道日度，加定星，滿宿次去之，即得定合所在宿次[1]。其順退所在盈縮，太陽盈縮也。

[1]定合所在宿次：是指把“定合定星”數值從冬至起算，換算成所入的二十八宿“入宿度”。

求木、水、土三星定見伏定積日[1]

各置其星定見伏泛積，晨加夕減象限日及分秒，半中限爲象限，[2]如中限已下，自相乘，已上，覆減歲周日及分秒，餘亦自相乘，滿七十五而一，所得，以其星伏見度乘之，十五除之，爲差。其差如其段行差而一，爲日，不滿退除爲分秒。見加伏減泛積爲定積。加命如前，即得日辰也。

[1]求木、水、土三星定見伏定積日：本術旨在把平見、平伏時刻修正爲定見、定伏。在合伏時，行星與太陽必須有一定的角距離，行星纔能在晨或在夕出現。本術所求的定見、定伏時刻就爲了

解决該問題。

［2］半中限爲象限：原作“半中限與象限”，據中華點校本改。

求金、水二星定見伏定積日

各以伏見日行差，除其日太陽盈縮差，爲日。若晨伏夕見，日在盈曆，加之，在縮，減之。如夕伏晨見，日在盈曆，減之，在縮，加之。加減其星泛積爲常積。視常積，如中限已下，爲冬至後，已上，去之，餘爲夏至後。其二至後，如象限已下，自相乘，已上，覆減中限，亦自相乘，各如法而一，爲分。冬至後晨，夏至後夕，以一十八爲法。冬至後夕，夏至後晨，以七十五爲法。以伏見度乘之，十五除之，爲差。差滿行差而一，爲日，不滿退除爲分秒。加減常積爲定積。冬至後晨見夕伏，加之；夕見晨伏，減之。夏至後晨見夕伏，減之；夕見晨伏，加之也。加命如前，即得定見伏日辰。

其水星，夕疾，在大暑氣初日至立冬氣九日三十五分已下者，不見。晨留，在大寒氣初日至立夏氣九日三十五分已下者，春不晨見，秋不夕見者，亦舊有之矣。

渾象[1]

古之言天者有三家：一曰蓋天，二曰宣夜，三曰渾天。漢靈帝時，蔡邕於朔方上書，言“宣夜之學，絶無師法”；《周髀》術數具存，考驗天狀，多所違失；惟有渾天爲近，最得其情，近世太史候臺銅儀是也。立八尺體圓而具天地之形，以正黄道赤道之表裏，以行日月之度數，步五緯之遲速，察氣候之推遷，精微深妙，百代所不可廢者也。然傳歷久遠，製造者衆，測候占察，互有得失，張衡之制，謂之《靈憲》，史失其傳。魏、晋以來，官有其器，而無本書，故前志亦闕。吴中常侍王蕃云：“渾天儀者，羲和之舊器，謂之機衡。”積代相傳，沿革不一。[2]宋太平興國中，蜀人張思訓首創其式，造之禁中，踰年而成，詔置文明殿東鼓樓下，題曰“太平渾儀”。自思訓死，璣衡斷壞，無復知其法制者。景德中，曆官韓顯符依倣劉曜時孔挺、晁崇之法，失之簡略。景祐中，冬官正舒易簡乃用唐梁令瓚、僧一行之法，頗爲詳備，亦失之於密而難爲用。元祐時，尚書右丞蘇頌與昭文館校理沈括奉勅詳定《渾儀法要》，遂奏舉吏部勾當官韓公廉通《九章勾股法》，常以推考天度與張衡、王蕃、僧一行、梁令瓚、張思訓法式，大綱可以尋究。若據筭術考案象器，亦能成就，請置局差官製造。詔如所言。奏鄭州原武主簿王沇之，太史局官周日嚴、于太古、張仲宣，同行監造。制度既成，詔置之集英殿，總謂之渾天儀。公廉將造儀時，先撰《九章勾股驗測渾天書》一卷，貯之禁中，今失其傳，故世無知者。[3]

[1]渾象：文中“渾象”包括“渾儀”與“渾象”兩種。渾儀是測量天體的天球面坐標的儀器，演示天體在天球面上視運動的儀器叫“渾象”。在古代的文獻中，“儀”“象”二者常常不加區分。

[2]積代相傳，沿革不一：渾儀的發明，與渾天説的盛行相關。現在所能見到的最早的記載是在漢武帝時代，如晋代天文學家虞喜稱：“落下閎爲漢武帝於地中轉渾天，定時節，作太初。”認爲落下閎編制《太初曆》時曾使用過“渾天”。西漢末年的揚雄説道：

“或問渾天，曰：落下閎營之，鮮于妄人度之，耿中丞象之。”意思是説，落下閎造了個渾天，鮮于妄人用它來測量，耿壽昌按渾天學説製造了模擬天球運動的儀器。可見，落下閎的“渾天”是測量儀器，與渾儀有聯繫。但落下閎所造的渾天是否就是後人理解的球狀的多圈渾儀還有疑問。又《續漢書·律曆志》“賈逵論曆”章中稱耿壽昌是“以圓儀度日月行”，此“圓儀”或與渾儀有别。另外，“賈逵論曆”章中還有賈逵要研製黄道儀的記述，説明在他那個時候還没有能測量黄道度的“渾儀”。由於黄道不停地作陀螺式摇動，黄道儀設計起來很困難，賈逵没有成功。張衡繼續研究，有《渾儀》傳世，但人們對此文是否爲張衡原作有懷疑。有詳細結構説明傳世的最早渾儀爲十六國時期前趙孔挺的作品。李淳風《隋書·天文志》説它是承“古之渾儀之法也”。從落下閎到張衡，渾儀可能經歷了從原盤式到多圈式的發展過程，到張衡時代，其結構已基本定型了。唐代的李淳風於貞觀七年（633）製成一架渾天黄道儀。設有黄道環、赤道環和白道，可以區别黄道度與白道度。開元十一年（723），一行、梁令瓚製成了一件黄道游儀，對李淳風的渾儀進行了優化。自此以後，渾儀的結構與功能已成定型了。宋代以前的渾象，揚雄所説“耿中丞象之”的“象”，現在已不知其内涵。唐朝以前的渾象，主要的是張衡與一行等的作品。張衡的水運渾象，就是所謂的“漏水轉渾天儀”。張衡之後，陸績研究過渾象，但情况不明。據《三國志》裴松之的注，吴國的葛衡做過渾天。其渾象是地體居於中間，由機械驅動，天轉而地不動。南朝錢樂之有所謂大小“渾天”之作，其大渾天“徑六尺八分少，周一丈八尺二寸六分少。地在天内，立黄赤二道、南北二極、規二十八宿、北斗極星”。“置立漏刻，以水轉儀。昏明中星與天相應。”其“小渾天”，“以兩分爲一度，以三色珠爲三家星，亦象天運，而地在天中”。南朝陶弘景大約在公元500年之前製成一架水運渾象，並著《天儀説要》，今佚。隋代的耿詢，大約在公元600年之前，製成一架水運渾象，據説是：“不假人力，以水轉之，施於暗室中，使智寶外候天時，合如符契。”

［3］“宋太平興國中”至“故世無知者”：北宋的儀象製造成就在中國古代達到極盛。比如，張思訓在太平興國年間（976—984）製造了一臺大型渾象，叫作“太平渾儀”。儀器高一丈多，像一幢多層樓閣。在天象演示方面，該儀器還要“皆取仰視”。在報時方面，它有鈴、鍾、鼓三種信號報時刻數，又有十二個木人分别拿着十二時辰牌，循環報時辰數。另外，張思訓的太平渾儀用水銀作動力。水銀的粘滯系數受温度變化影響小，流速比水更爲穩定。韓顯符則於至道元年（995）製成一架銅渾儀，史稱“至道渾儀”。另外，周琮等的“皇祐（1049—1054）渾儀”、沈括的“熙寧（1068—1078）渾儀”，蘇頌、韓公廉等的“元祐（1086—1094）渾儀”等都是北宋儀象製作的代表作。《宋史·天文志》都有詳細記載，不贅。

舊制渾儀，規天矩地，機隱於内，上布經躔，次具日月五星行度，以察其寒暑進退，如張衡渾天、開元水運銅渾儀者，是也。久而不合，乖於施用。

公廉之制則爲輪三重：一曰六合儀，縱置地渾中，即天經環也，與地渾相結，其體不動；二曰三辰儀，置六合儀内；三曰四遊儀，置三辰儀内。植四龍柱於地渾之下，又置鰲雲於六合儀下。四龍柱下設十字水趺，鑿溝道通水以平高下。别設天常單環於六合儀内，又設黄道赤道二單環，皆置三辰儀内，東西相交，隨天運轉，以驗列舍之行。又爲四象環，附三辰儀，相結於天運環，黄赤道兩交爲直距二，縱置于四游儀内。北屬六合儀地渾之上，以正北極出地之度。南屬六合儀地渾之下，以正南極入地之度。此渾儀之大形也。直距内夾置望筒一，於筒之半設關軸，附直距上，使運轉低昂，筒常指日，日體常在筒竅中，天西行一周，日東移一度，仍以窺測四方星度，皆斟酌李淳風、孔挺、韓顯符、舒易簡之制也。

三辰儀上設天運環，以水運之。水運之法始於漢張衡，成于唐梁令瓚及僧一行，復于太平興國中張思訓，公廉今又變正其制，設天運環，下以天柱關軸之類，上動渾儀，此新制也。

舊制渾象，[1]張衡所謂置密室中者，推步七曜之運，以度曆象昏明之候，校二十四氣，考晝夜刻漏，無出於渾象。《隋志》稱梁秘府中有宋元嘉中所造者，[2]以木爲之，其圓如丸，遍體布二十八宿、三家星色、黄赤道、天河等，别爲横規繞於外，上下半之，以象地也。開元中，詔僧一行與梁令瓚更造銅渾象，爲圓天之象，上具列宿周天度數，注水激輪，令其自轉，一日一夜天轉一周，又别置日月五星循繞，絡在天外，令得運行。每天西轉一匝，日正東行一度，月行一十三度有奇，凡二十九轉而日月會，三百六十五轉而日行一匝。仍置木櫃以爲地平，令象半在地上，半在地下，又立二木偶人於地平之前，置鐘鼓使木人自然撞擊以報辰刻，命之曰“水運渾天俯視圖”。既成，命置之武成殿。

［1］“舊制渾儀”至“舊制渾象”：本志分别以前此的“舊制渾儀”和這裏的“舊制渾象”爲段落開始，分别介紹了元祐水運渾象的渾儀部分和渾象部分的構造（見下圖）。元祐水運渾象是在蘇頌領導下，韓公廉負責設計製造的，現統稱水運儀象臺，它代表

了中國古代渾象的最高水平。雖然本志稱韓公廉的《九章勾股驗測渾天書》不存於世，但蘇頌當時曾就這個儀象臺寫有一份説明書，叫作《新儀象法要》，今傳行於世，使我們對這臺儀象有比較清楚的理解，現代還有人據之對這臺儀象進行了復原研究（參見李志超《水運儀象志——中國古代天文鐘的歷史》，中國科學技術大學出版社 1997 年版；胡維佳《新儀象法要注釋》，遼寧教育出版社 1997 年版）。因此，這裹不再對這臺儀象的結構作注解。

［2］宋元嘉中所造者：即南朝時期錢樂之的“小渾天”。

宋太史局舊無渾象，太平興國中，張思訓準開元之法，而上以蓋爲紫宫，旁爲周天度，而東西轉之，出新意也。

公廉乃增損《隋志》制之，上列二十八宿周天度數，及紫微垣中外官星，以俯窺七政之運轉，納於六合儀天經地渾之内，同以木櫃載之。其中貫以樞軸，南北出渾象外，南長北短，地渾在木櫃面，横置之，以象地。天經與地渾相結，縱置之，半在地上，半隱地下，以象天。其樞軸北貫天經上杠中，末與杠平，出櫃外三十五度稍弱，以象北極出地。南亦貫天經出下杠外，入櫃内三十五度少弱，以象南極入地。就赤道爲牙距，四百七十八牙以銜天輪，隨機輪地轂正東西運轉，昏明中星既應其度，分至節氣亦驗應而不差。

王蕃云："渾象之法，地當在天内，其勢不便，故反觀其形，地爲外郭，於已解者無異，詭狀殊體而合於理，可謂奇巧者也。"今地渾亦在渾象外，蓋出于王蕃制也。其下則思訓舊制，有樞輪關軸，激水運動，以直神摇鈴扣鍾擊鼓，置時刻十二神司辰像於輪上，時初、正至，則執牌循環而出，報隨刻數以定晝夜長短。至冬水凝，運轉遲澀，則以水銀代之。

今公廉所製，共置一臺，臺中有二隔，渾儀置其上，渾象置其中，激水運轉，樞機輪軸隱于下。内設晝夜時刻機輪五重：第一重曰天輪，以撥渾象赤道牙距；第二重曰撥牙輪，上安牙距，隨天柱中輪轉動，以運上下四輪；第三重曰時刻鍾鼓輪，上安時初、時正百刻撥牙，以扣鍾擊鼓摇鈴；第四重曰日時初正司辰輪，上安時初十二司辰、時正十二司辰；第五重曰報刻司辰輪，上安百刻司辰。以上五輪並貫於一軸，上以天束束之，下以鐵杵臼承之，前以木閣五層蔽之，稍增異其舊制矣。五輪之北，又側設樞輪，其輪以七十二輻爲三十六洪，束以三輞，夾持受水三十六壺。轂中横貫鐵樞軸一，南北出軸爲地轂，運撥地輪。天柱中輪動，機輪動渾象，上動渾天儀。又樞輪左設天池、平水壺，平水壺受天池水，注入受水壺，以激樞輪。受水壺落入退水壺，由壺下北竅引水入昇水下壺，以昇水下輪運水入昇水上壺，上壺内昇水上輪及河車同轉上下輪，運水入天河，天河復流入天地，每一晝一夜周而復始。此公廉製渾儀、渾象二器而通三用，[1]總而名之曰渾天儀。

[1]此公廉制渾儀、渾象二器而通三用：所謂“通三用”，是説這臺元祐水運渾象的渾儀測天之用、渾象演示天象之用和漏刻報時之用。

金既取汴，皆輦致于燕，天輪赤道牙距撥輪懸象鍾鼓司辰刻報天池水壺等器久皆棄毁，惟銅渾儀置之太史局候臺。但自汴至燕相去一千餘里，地勢高下不同，望筒中取極星稍差，移下四度纔得窺之。明昌六年秋八月，風雨大作，雷電震擊，龍起渾儀鰲雲水趺下，臺忽中裂而摧，渾儀仆落臺下，旋命有司營葺之，復置臺上。貞祐南渡，以渾儀熔鑄成物，不忍毁拆，若全體以運，則艱於輦載，遂委而去。[1]

[1]“金既取汴”至“遂委而去”：金攻陷北宋都城開封時，把北宋太史局的儀器（包括這臺水運儀象）和天文生員都擄到了燕京，爲金所用。所以，《金史·曆志》纔會詳載該儀象。不過，金代太史局實際僅使用了其中的渾儀部分，而渾象和報時系統都因拆卸和長途搬運而拼不起來。由於汴京和燕京的地理緯度相差約四度，這臺汴京造的渾儀，到燕京用時還需要調整極軸。明昌六年

（1195）八月，在一場雷雨中該渾儀又被雷擊摧毀，經修復仍可使用。貞祐二年（1214），金朝在蒙古人的壓迫下，遷都到開封，這臺元祐渾儀終於被廢棄了。

興定中，司天臺官以臺中不置渾儀及測候人數不足，言之於朝，宜鑄儀象，多補生員，庶得盡占考之實。宣宗召禮部尚書楊雲翼問之，雲翼對曰："國家自來銅禁甚嚴，雖罄公私所有，恐不能給。今調度方殷，財用不足，實未可行。"他日，上又言之，於是止添測候之人數員，鑄儀之議遂寢。

初，張行簡爲禮部尚書提點司天監時，嘗製蓮花、星丸二漏以進，[1]章宗命置蓮花漏于禁中，星丸漏遇車駕巡幸則用之。貞祐南渡，二漏皆遷于汴，汴亡廢毀，無所稽其製矣。

[1]嘗製蓮花、星丸二漏以進："蓮花、星丸二漏"皆不應是張氏發明。所謂"蓮花漏"當指由北宋的燕肅於公元 1030 年發明製造的（如下圖所示）。星丸漏"當指南宋薛季宣在《浪語集》中記載的"輥彈漏"（參見陳美東《中國科學技術史·天文卷》，科學出版社 2003 版，第 298 頁）。

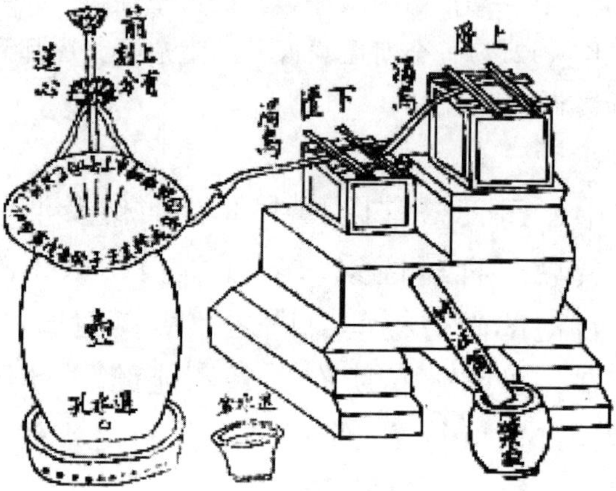
上匱
渴烏
下匱
渴烏
蓮心

金史　卷二三

志第四

五行

五行之精氣，在天爲五緯，[1]在地爲五材，[2]在人爲五常及五事。[3]五緯志諸《天文》，歷代皆然。其形質在地，性情在人，休咎各以其類，爲感應於兩間者，歷代又有《五行志》焉。兩漢以來，儒者若夏侯勝之徒，[4]專以《洪範》五行爲學，[5]作史者多采其説，凡言某徵之休咎，則以某事之得失繫之，而配之以五行。謂其盡然，其敝不免於傅會；[6]謂其不然，“肅，時雨若”“蒙，恒風若”之類，箕子蓋嘗言之。[7]金世未能一天下，天文災祥猶有星埜之説，[8]五行休咎見於國内者不得他諉，乃彙其史氏所書，仍前史法，作《五行志》。至於五常五事之感應，則不必泥漢儒爲例云。

[1]五緯：即五星。見《文選》張衡《西京賦》李善注：“五緯，五星也。”

［2］五材：即金、木、水、火、土。見《左傳·襄公二十七年》："天生五材。"杜預注："金、木、水、火、土也。"

［3］五常：即五典，謂父義、母慈、兄友、弟恭、子孝。見《尚書·泰誓》孔穎達疏。　五事：指貌、言、視、聽、思。見《尚書·洪範》。

［4］夏侯勝：西漢政治家、文學家。《漢書》卷七五有傳。

［5］《洪範》五行：《洪範》爲《尚書》中的一篇，是商末箕子向周武王陳述的"天地之大法"，提出政治、經濟等方面的各種治國原則。

［6］敝：同"弊"。

［7］箕子：商代貴族，名胥余，商紂王的叔父。箕爲國稱，爵稱侯，殷末因諫紂不聽，去之朝鮮。朝鮮地一説爲漢樂浪郡，一説在遼西（參見張博泉《箕子與朝鮮論集》，吉林文史出版社 1995 年版）。

［8］埜："野"的古文。

初，金之興，平定諸部，屢有禎異，故世祖每與敵戰，[1]嘗以夢寐卜其勝負。烏春兵至蘇速海甸，[2]世祖曰："予夙昔有異夢，不可親戰，若左軍有力戰者當克。"既而與肅宗等擊之，[3]敵大敗。

［1］世祖：即金世祖，本名劾里鉢。見本書卷一《世紀》。

［2］烏春：本書卷六七有傳。　蘇速海甸：地名。在今黑龍江省尚志市馬延鎮東南，葦河、亮河一帶。

［3］肅宗：即金肅宗，本名頗剌淑。見本書卷一《世紀》。

太祖之生也，[1]常有五色雲氣若二千斛囷廩之狀，屢見東方。遼司天孔致和曰：[2]“其下當生異人，建非常之事，天以象告，非人力所能爲也。”

[1]太祖：即金太祖，本名完顔阿骨打，漢名旻。1115年至1123年在位。

[2]遼司天：按，《遼史·百官志》，遼司天臺無司天一職，此爲何官不詳。　孔致和：《遼史》不載，本書僅見於此及卷二。

温都部跋忒畔，[1]穆宗遣太祖討之，[2]入辭，奏曰：“昨夕見赤祥，往必克。”遂與跋忒戰，殺之。

[1]温都部：女真部族名。爲胡里改女真部族，强盛時曾據有來流水以南及匹古敦水以北的廣大地區，即今拉林河以南至今阿什河東之蜚克圖河以北，是當時强大的部族之一。　跋忒：女真人。亦見於卷一《世紀》、卷二《太祖紀》。據本書卷二《太祖紀》，“温都部跋忒殺唐括部跋葛”，則其居住地當與唐括部相近，即在今呼蘭河北支通肯河與雙陽河附近。卷一《世紀》：“使太祖率師伐跋忒，跋忒亡去，追及，殺之星顯水。”　畔：通“叛”。

[2]穆宗：即金穆宗，本名盈歌。見本書卷一《世紀》。

穆宗攻阿踈日，[1]辰巳間，忽暴雨昏曀，雷電環阿踈所居，是夕有巨火聲如雷，墜阿踈城中，[2]遂攻下之。

[1]阿踈：即紇石烈阿踈。本書卷六七有傳，所記與此文字小異。但無“遂攻下之”，而爲“識者以謂破亡之征”，下文又云“劾者以兵守阿踈城者二年矣”，則此兆現二年以後城方破。此處誤。

［2］阿踈城：城名。在今吉林省延吉市附近。

太祖嘗往寧江，[1]夢斡帶之禾場焚，[2]頃刻而盡。覺而大戚，即馳還，斡帶已寢疾，翌日不起。

［1］寧江：州名。治所在今何地説法甚多。一説在今吉林省永吉縣烏拉街，一説在今吉林省蛟河市天崗，一説在今吉林省松原市三岔河鄉石頭城子，一説在今吉林省松原市榆樹溝，一説在今吉林省松原市小城子或五家站，一説在今吉林省松原市伯都訥古城，一説在今吉林省榆樹縣大坡古城。

［2］斡帶：女真人。即完顔斡帶。本書卷六五有傳。

斡塞伐高麗，[1]太祖卧而得夢，亟起曰："今日捷音必至。"乃爲具於毬場以待。有二麞渡水而至，獲之，太祖曰："此休徵也。"言未既，捷書至，衆大異之。

［1］斡塞：女真人。本書卷六五有傳。此事他處不見。　高麗：指王建建立的王氏高麗（918—1392）。

他日軍寧江，駐高阜，撒改仰見太祖體如喬松，[1]所乘馬如岡阜之大，太祖亦視撒改人馬異常，撒改因白所見，太祖喜曰："此吉兆也。"即舉酒酹之曰："異日成功，當識此地。"師次唐括帶斡甲之地，[2]諸軍介而立，有光起於人足及戈矛上。明日，至札只水，[3]光復如初。

[1]撒改：即完顔撒改。本書卷七〇有傳。此事卷二《太祖紀》與卷七〇《撒改傳》中皆無。且撒改“在别路，未及會戰”，而此處記載與《大金得勝陀頌碑》同，當别有所本。

[2]唐括帶斡甲：地名。張博泉認爲當在長春嶺與石碑崴子屯之間（張博泉《〈大金得勝陀頌碑〉研究》，載《女真新論》，吉林文史出版社1993年版）。

[3]札只水：張博泉認爲是長春嶺與扶餘縣城間北流入松花江的一條小河（張博泉《〈大金得勝陀頌碑〉研究》，《白城師專學報（社會科學版）》1986年第1期）。李健才《東北史地考略》謂即今夾津河。

收國元年，[1]上在寧江州，有光正圓，自空而墜。八月己卯，[2]黄龍見空中。十二月丁未，[3]上候遼軍還至熟結濼，[4]有光復見於矛端。

[1]收國：金太祖年號（1115—1116）。

[2]己卯：按，是年八月戊戌朔，無己卯，本書卷二《太祖紀》作收國元年（1115）九月，是。

[3]十二月丁未：此上原脱“十二月”，從施國祁《金史詳校》卷三上補。

[4]熟結濼：古湖濼名。《〈中國歷史地圖集〉釋文匯編·東北卷》謂在今吉林省松原市社裏站一帶古湖濼。按，熟結亦作“孰吉”，與“訛母”（即斡母，以斡魯渾名地，斡魯渾河與移離閔連言，指今伊通河）連稱，熟結濼當在今伊通河入松花江以北之古湖濼地帶，其猛安名亦稱“熟伽”，疑即朱家城子舊城址。

天輔六年三月，[1]師攻西京，[2]有火如斗，墜其城中。是月，城降而復叛，四月辛卯，取之。

[1]天輔：金太祖年號（1117—1123）。

[2]西京：遼京城名。治所在今山西省大同市。金沿之。

太宗天會二年,[1]曷懶移鹿古水霖雨害稼,[2]且爲蝗所食。秋，泰州潦,[3]害稼。三年七月，錦州野蠶成繭。[4]九月，廣寧府進嘉禾。[5]四年十月，中京進嘉禾。[6]六年冬，移懶路饑。[7]九年七月丙申，上御西樓聽政，聞咸州所貢白鵲音忽異常,[8]上起視之，見東樓外光明中有像巍然高五丈許，下有紅雲承之，若世所謂佛者，乃擎跽修虔，久之而没。十年冬,[9]移懶、曷懶等路饑。

[1]太宗：廟號。即完顔吴乞買，漢名晟。1123年至1135年在位。　天會：金太宗年號（1123—1135），金熙宗初年沿用不改（1135—1137）。

[2]曷懶：路名。治所在今朝鮮咸鏡南道咸興城南五里處。　移鹿古水：移鹿古，本書卷一《世紀》與卷一三五《高麗傳》作“乙离骨”，即今朝鮮境内的咸鏡山脉。移鹿古水即鏡城郡南的吾利川。一説是今朝鮮吉州的南大川（斜下洞川）。

[3]泰州：遼州名，治所一説在今黑龍江省泰來縣塔子城，一説在今吉林省洮南市城四家子村古城。

[4]錦州：遼州名。治所在今遼寧省錦州市。繭，原作“蜜”，從中華點校本改。

[5]廣寧府：治所在今遼寧省北寧市。

[6]中京：京路名。治所在今内蒙古自治區寧城縣西大明城。海陵貞元元年（1153）更名爲北京。

［7］移懶路：一名耶懶路，屬上京，治所在今俄羅斯濱海邊疆區烏黑河流域。本書卷三《太宗紀》作十一月“賑移懶路”。

［8］咸州：路名。遼爲咸州，金初爲咸州路，海陵天德二年（1150）升爲咸平府。治所在今遼寧省開原市開原老城。

［9］十年冬：本書卷三《太宗紀》作天會十一年（1133）“十一月丙寅，賑移懶路。十二月癸未，賑曷懶路”。

熙宗天會十三年五月，[1]甘露降於盧州熊岳縣。[2]十五年七月辛巳，有司進四足雀。丙戌夜，京師地震。

［1］熙宗：廟號。即完顏合剌，漢名亶。1135 年至 1149 年在位。　五月：施國祁《金史詳校》卷三下認爲當作“四”。

［2］盧州：遼州名。治所在今遼寧省蓋州市西南熊岳城。此事本書卷四《熙宗紀》作四月，“甘露降于熊岳縣”。

天眷元年夏，[1]有龍見於熙州野水，[2]凡三日。初，於水面見一蒼龍，良久而没。次日，見金龍一，爪承一嬰兒，兒爲龍所戲，略無懼色，三日如故。又見一人，乘白馬，紅袍玉帶，如少年官狀，馬前有六蟾蜍，凡三時乃没，郡人競往觀之。七月丁酉，按出滸河溢，[3]壞民廬舍。三年十二月丁丑，地震。

［1］天眷：金熙宗年號（1138—1140）。

［2］熙州：皇統二年（1142）升爲臨洮府，治所在今甘肅省臨洮縣。

［3］按出滸河：即今黑龍江省阿城市境内阿什河。

皇統元年秋，[1]蝗。十一月己酉，稽古殿火。[2]二年二月，熙河路饑。[3]三月辛丑，大雪。秋，燕、西東二京、河東、河北、山東、汴、平州大熟。[4]三年，陝西旱。[5]五月丁巳，京兆府貢瑞麥。[6]七月丙寅，[7]太原進獬豸及瑞麥。[8]四年正月乙丑，陝西進嘉禾，十有二莖，一本七穎。[9]十月甲辰，地震。[10]五年閏月戊寅，大名府進牛生麟。[11]壬辰，懷州進嘉禾。[12]七年十一月，完顔秉德進三角牛。[13]九年四月壬申夜，大風雨，雷電震寢殿鴟尾壞。有火入帝寢，燒帷幔，上懼，徙別殿。丁丑，有龍鬥于利州榆林河上。[14]大風壞民居官舍十六七，木瓦人畜皆飄揚十餘里，死傷者數百，同知州事石抹里壓死。[15]

[1]皇統：金熙宗年號（1141—1149）。

[2]稽古殿：宫殿名。在上京路會寧府皇宫中。據本書卷二四《地理志上》，"書殿曰稽古"。

[3]熙河路：宋路名，金初因之，治所在今甘肅省臨洮縣。皇統二年（1142）改置熙秦路。

[4]燕：京路名。遼開泰元年（1012）建號燕京，金初因之，金貞元元年（1153）海陵遷都於此，更名爲中都。治所在今北京市。　西京：京路名。遼時建，金初因之。治所在今山西省大同市。　東京：京路名。治所在今遼寧省遼陽市。　二京：施國祁《金史詳校》卷三上認爲"二當作三"。　河東：路名。分河東南、北路。河東南路治所在今山西省臨汾市；河東北路治所在今山西省太原市。　河北：路名。天會七年（1129）析置河北東、西路。河北東路治所在今河北省河間市；河北西路治所在今河北省正定縣。　山東：路名。分山東東路與山東西路。山東東路治所在今山東省青

州市；山東西路治所在今山東省東平縣。　汴：京路名。即北宋舊都汴梁，金初爲汴京，貞元元年改爲南京，治所在今河南省開封市。　平州：路名。天輔七年（1123）建號南京，治所在今河北省盧龍縣。

［5］陝西：路名。據本書卷二六《地理志下》，“皇統二年省並陝西六路爲四，曰京兆，曰慶原，曰熙秦，曰鄜延”。京兆府路治京兆府，治所在今陝西省西安市。熙秦路治臨洮府，治所在今甘肅臨洮。慶原路治慶陽府，治所在今甘肅慶陽。鄜延路治延安府，治所在今陝西延安。此處當是概指上述四路，包括金在河東南、北路以西的所有領土。

［6］京兆府：治所在今陝西省西安市。

［7］丙寅：本書卷四《熙宗紀》作庚辰。

［8］太原：府名。治所在今山西省太原市。

［9］陝西進嘉禾，十有二莖，一本七穎：本書卷四《熙宗紀》作：“陝西進嘉禾十有二莖，莖皆七穗。”

［10］地震：本書卷四《熙宗紀》作：“河朔諸郡地震。”

［11］大名府：治所在今河北省大名縣東。

［12］懷州：治所在今河南省沁陽市。

［13］完顔秉德：女真人。本名乙辛，本書卷一三二有傳。　三角牛：本書卷四《熙宗紀》作“三角羊”。

［14］利州：遼統和二十六年（1008）置。治所在今遼寧省喀喇沁左翼蒙古族自治縣。　榆林河：本書卷二四《地理志上》利州龍山縣條下云：“遼故潭州廣潤軍縣故名，熙宗皇統三年廢州來屬。有榆河。”與此榆林河名稱不同，實則爲一。即今大淩河支流，發源於河北省平泉縣境内，經今遼寧省淩源市至今喀喇沁左翼蒙古族自治縣東南與狗河匯。

［15］同知州事：刺史州屬官。負責協助刺史處理本州政務。正七品。　石抹里：人名。本書僅此一見。

海陵天德二年十二月，野人采石炭，獲異香。[1]

[1]海陵：即完顏迪古迺，漢名亮。1149年至1161年在位。天德：金海陵王年號（1149—1153）。

貞元三年五月癸丑，[1]南京大内災。[2]三年十二月己丑，雨，木冰。

[1]貞元：金海陵王年號（1153—1156）。　三年：原作“二年”，從中華點校本改。

[2]南京：京路名。原名汴京，海陵貞元元年（1153）更名爲南京。治所在今河南省開封市。

正隆二年六月壬辰，[1]蝗飛入京師。秋，中都、山東、河東蝗。[2]四年十一月庚寅，霜附木。五年二月辛未，河東、陝西地震。鎮戎、德順等軍大風，[3]壞廬舍，民多壓死。海陵問司天馬貴中等曰：[4]“何爲地震？”貴中等曰：“伏陽逼陰所致。”[5]又問：“震而大風，何也？”對曰：“土失其性，則地以震。風爲號令，人君嚴急則有烈風及物之災。”六年六月壬戌，大風壞承天門鴟尾。[6]

[1]正隆：金海陵王年號（1156—1161）。

[2]中都：京路名。舊名燕京，海陵貞元元年（1153）遷都於此，更名爲中都。治所在今北京市。

[3]鎮戎：軍鎮名。大定二十二年（1182）升爲州，治所在今寧夏回族自治區固原市。　德順：軍鎮名。治所在今寧夏回族自治

區隆德縣。皇統二年（1142）已升爲州，此處不應稱軍。本書卷五《海陵紀》僅爲"鎮戎、德順"，無"等"字。

[4]司天：據本書卷一三一《馬貴中傳》，應指提點司天臺。掌天文曆數、風雲氣色，密以奏聞。正五品。　馬貴中：本書卷一三一有傳。

[5]伏陽逼陰：本書卷一三一《方伎傳》作"伏陰逼陽"，施國祁《金史詳校》卷一〇認爲，"《五行志》作'伏陽逼陰'非"。

[6]承天門：宫門名。爲南京開封府宫城正北門。

是歲，世宗居貞懿皇后憂，[1]在遼陽，[2]一日方寢，有紅光照其室，及黄龍見於室上，[3]又夜有大星流入其邸。八月，復有雲氣自西來，黄龍見其中，人皆見之。是時，臨潢府聞空中有車馬聲，[4]仰視見風雲杳靄，神鬼兵甲蔽天，自北而南，仍有語促行者。未幾，海陵下詔南征。

[1]世宗：廟號。即完顔烏禄，漢名雍。1161年至1189年在位。　貞懿皇后：渤海人。金世宗之母。本書卷六四有傳。

[2]遼陽：府名。治所在今遼寧省遼陽市。

[3]見：出現。

[4]臨潢府：治所在今内蒙古自治區巴林左旗林東鎮南波羅城。

世宗大定二年閏二月辛卯，[1]神龍殿十六位焚，[2]延及太和、厚德殿。三年三月丙申，[3]中都以南八路蝗。[4]四年三月庚子夜，京師地震。七月辛丑，大風雷雨，拔木。臨潢府境禾黍穭生。嵐州進白兔二。[5]八月，永興進嘉禾，[6]異畝同穎。中都南八路蝗飛入京畿。十一月辛丑，尚書省火。[7]是歲，有年。五年六月戊子，河南府進芝草十三本，得於芝田石上，[8]薦之太廟。六月甲辰，大安殿楹産芝，[9]其色如玉。丙午，京師地震，有聲自西北來，殷殷如雷，地生白毛。[10]七月戊申，又震。十一月癸酉，大霧，晝晦。七年九月庚辰，地震。八年五月甲子，北望淀大風，[11]雨雹，廣十里，長六十里。六月，河決李固渡，[12]水入曹州。[13]十年正月，鄧州進芝草。[14]十一年六月戊申，西南路招討司苾里海水之地雨雹三十餘里，[15]小者如鷄卵。其一最大，廣三尺，長丈餘，四五日始消。十二年三月庚寅，雨土。四月，旱。十三年正月，尚書省奏："宛平張孝善有子曰合得，[16]大定十二年三月，旦以疾死，至暮復活，云是本良鄉人王建子喜兒。[17]而喜兒前三年已死，建驗以家事，能具道之，此蓋假屍還魂，擬付王建爲子。"上曰："若是則奸倖小人競生詐僞，瀆亂人倫。"止付孝善。八月丁丑，策試進士於憫忠寺，夜半忽聞音樂聲起東塔上，西達于宮。考官完顔蒲捏、李晏等以爲文運始開，[18]得賢之兆。十四年八月丁巳朔，次糺里舌，[19]日午，白龍見於御帳之東小港中，既而乘雷雲而上，尾猶曳地，良久北去。十六年三月戊申，雨豆於臨潢之境，其形上鋭而赤，食之味頗苦。五月戊申，南京宮殿火。是歲，中都、河北、山東、陝西、河東、遼東等十路旱、蝗。[20]十七年七月，大雨，滹沱、盧溝水溢，[21]河決白溝。[22]二十年四月己亥，太寧宮門火。[23]五月丙寅，京師地震，生黑白毛。七月，旱。秋，河決衛州。[24]二十二年五月，慶都蝗蝝生，[25]散漫十餘里。一夕大風，蝗皆不見。二十三年正月辛巳，廣樂園燈山焚，[26]延及熙春殿。[27]三月乙酉，氛埃雨土。四月庚子亦如之。五月丁亥，雨雹，地生白毛。二十四年正月辛卯朔，徐州進芝十有八莖。[28]真定進嘉禾二本，[29]異畝同穎。二十六年正月庚辰，河南府進芝三本。秋，河決，壞衛州城。[30]二十七年四月辛丑，京師地微震。

[1]大定：金世宗年號（1161—1189）。

[2]神龍：宫殿名。在金中都大興府皇宫中。起火時間本書卷六《世宗紀上》與此同爲“大定二年閏二月辛卯”，卷八四《温敦謙傳》作“大定二年閏二月癸巳”，繫日有誤。　十六位：本書卷二四《地理志上》中都條下注云，“營建宫室及凉位十六”，則起火處應爲神龍殿附近的凉位，亦即宫中凉位第十六，本書中簡稱十六位。

[3]三月：原作“二月”，從中華點校本改。

[4]中都以南八路：指河北東路、河北西路、山東東路、山東西路、河東南路、河東北路、大名府路、南京路。

[5]嵐州：治所在今山西省嵐縣北。

[6]永興：縣名。治所在今河北省涿鹿縣。

[7]尚書省：官署名。爲金最高政務機構尚書省的辦公地點。在中都（今北京市）宫城集禧門之外。

[8]河南府：治所在今河南省洛陽市。芝田，縣名，隸河南府。治所在今河南省鞏義市西南芝田鎮。

[9]大安殿：在中都大興府皇城中，爲應天門後宫中第一重宫殿。

[10]地生白毛：本書卷六《世宗紀上》作“雨毛”。

[11]北望淀大風：北望淀，地名。據本書卷二四《地理志

上》，撫州柔遠縣有“得勝口舊名北望淀，大定二十年更”，則此地當在柔遠縣境内。柔遠縣治所在今河北省張北縣。本書卷六《世宗紀上》作“北望淀大震、風、雨雹”。

[12]李固渡：地名。一作李固，在今河南省滑縣西南。

[13]曹州：治所在今山東省菏澤市。

[14]鄧州：治所在今河南省鄧州市。

[15]西南路招討司：官署名。金於西南、西北、東北三路設招討司，掌招懷降附、征討携離。長官爲招討使，正三品。西南路招討司大定八年（1168）以前在豐州，即今内蒙古自治區呼和浩特市東南白塔村，後在應州，即今山西省應縣。　苾里海水：即畢里河，即今遼寧省瓦房店市之碧流河。

[16]宛平：縣名。治所在今北京市。　張孝善：人名。本書僅此一見。　合得：人名。本書僅此一見。

[17]良鄉：縣名。治所在今北京市房山區良鄉鎮。　王建：人名。本書僅此一見。　喜兒：人名。本書僅此一見。

[18]完顔蒲捏：女真人。大定十三年（1173）以侍御史爲考試官，主持首屆女真進士科舉考試。大定十四年以勸農副使出使高麗。　李晏：人名。字致美。本書卷九六有傳。晏，原作“宴”，據本書卷九六本傳改。

[19]糺里舌：地名。待考。

[20]陝西：此處稱十路，路名僅六路。其中河北、山東、河東皆分兩路，加中都、遼東計八路。則此處之陝西當指陝西東、西兩路。據本書卷二六《地理志下》，京兆府“天德二年置陝西路統軍司、陝西東路轉運司”，陝西東路當指京兆府路。本書卷二六《地理志下》“慶原路，舊作陝西西路”，則陝西西路當指慶原路。陝西東路治所在京兆府，即今陝西省西安市。陝西西路治所在慶陽府，即今甘肅省慶城縣。　遼東：路名。本書《地理志》無遼東路。《大金國志》卷九《熙宗孝成皇帝一》“東京留守宗儁”，東京二字下有小注稱“遼東”，考之本書卷一二六《文藝下》，“王庭筠

字子端，遼東人"，卷一二八《循吏傳》，其祖父王政爲"辰州熊岳人"，"高永昌據遼東，知政材略，欲用之"，卷二四《地理志上》，東京道蓋州，"本高麗蓋葛牟城，遼辰州"，可見遼東實爲東京之别稱。治所在今遼寧省遼陽市。據本書卷七《世宗紀中》，大定十七年三月，"詔免河北、山東、陝西、河東、西京、遼東等十路去年被旱、蝗租税"，有西京而無中都。

[21]滹沱：河名。即今河北省境内的滹沱河。　盧溝：河名。即今河北省境内的永定河。

[22]白溝：河名。即今河北省的拒馬岔河。本書卷七《世宗紀中》作"大雨，河决"。卷二七《河渠志》，大定十七年(1177)，"滹沱河决白馬崗"，"秋七月，大雨，河决白溝"。皆未提到盧溝决。

[23]太寧宫：行宫名。在中都大興府城北，建於大定十九年(1179)，後改爲壽寧宫、壽安宫。明昌二年（1191）改稱萬寧宫。

[24]河决衛州：本書卷七《世宗紀中》繫此事於大定二十年(1180）十二月己亥，與此異。衛州治所在今河南省衛輝市。

[25]慶都：縣名。治所在今河北省望都縣。

[26]廣樂園：園林名。在中都大興府皇宫中。

[27]熙春殿：在中都大興府皇宫中。

[28]徐州：治所在今江蘇省徐州市。

[29]真定：府名。治所在今河北省正定縣。本書卷八《世宗紀下》作："真定進嘉禾二本，六莖，異畝同穎。"

[30]秋河决壞衛州城：按，本書卷七《世宗紀中》作十二月己亥，"河决衛州"。

章宗大定二十九年五月丁未，[1]地生白毛。五月，[2]曹州河溢。十二月，密州進白鶉、白雉各一。[3]河間府進嘉禾。[4]是冬無雪。

［1］章宗：廟號。本名完顏麻達葛，漢名璟。1189 年至 1208 年在位。

［2］五月："五"，原作"六"，從中華點校本改。

［3］密州進白鶉白雉各一：按，本書卷九《章宗紀一》作"密州進白雉"。密州，治所在今山東省諸城市。

［4］河間府：治所在今河北省河間市。爲金河北東路治所。

明昌元年正月，[1]懷州、河間等處進芝草、嘉禾。二月，地生白毛。六月庚子，都水進異卵。[2]夏，旱。七月，淫雨傷稼。二年五月，桓、撫等州旱。[3]秋，山東、河北旱，饑。三年秋，綏德蝝蝗蟲生。[4]旱。四年三月，御史中丞董師中奏：[5]"迺者太白晝見，京師地震，北方有赤氣，遲明始散。天之示象，冀有以警悟聖主也。"上問："所言天象何從得之？"師中曰："前監察御史陳元升得之於一司天長行。"[6]上曰："司天臺官不奏固有罪，[7]其以語人尤非。朕欲令自今司天有事而不奏者，[8]長行得言之，何如？"師中曰："善。"五月，霖雨，命有司祈晴。六月，河決衛州，魏、清、滄皆被害。[9]是歲，河北、山東、南京、陝西諸路大稔。邢、洺、深、冀及河北西路十六謀克之地，[10]野蠶成繭。十一月壬午，木冰。五年七月丙戌，天壽節，[11]先陰雨連日，至是開霽，有龍曳尾於殿前雲間。八月，[12]河決陽武故堤，[13]灌封丘而東。[14]六年二月丁丑，京師地震，大雨雹，晝晦，大風，震應天門右鴟尾壞。[15]六年八月，大雨震電，[16]有龍起於渾儀鰲趺，[17]臺忽中裂而摧，儀仆於臺下。

[1]明昌：金章宗年號（1190—1195）。

[2]都水：官署名。指都水監，掌川澤、津梁、舟楫、河渠之事，興定五年（1221）兼管沿河漕運事。長官爲都水監，正四品。下設少監一員，從五品；丞二員，正七品。下屬機構有街道司及各地巡河官。

[3]桓：州名。治所在今内蒙古自治區正藍旗南黑城子。後北遷三十里建新桓州城，在今内蒙古自治區正藍旗北四郎城。 撫：州名。治所在今河北省張北縣。一説在今内蒙古自治區興和縣境内。

[4]綏德：州名。治所在今陝西省綏德縣。

[5]御史中丞：御史臺屬官。協助御史大夫掌糾察朝儀、彈劾官邪、勘鞫官府公事，審斷所屬部門理斷不當引起上訴的案件。從三品。 董師中：字紹祖。本書卷九五有傳。

[6]監察御史：御史臺屬官。掌糾察内外非違，刷磨諸司察賬及監祭禮及出使之事。定員十二人，正七品。 陳元升：人名，本書僅此一見。 司天長行：秘書監下屬機構司天臺屬員。未授職事者，試補管勾。定員爲五十人。

[7]司天臺：官署名。秘書監下屬機構。掌天文曆數、風雲氣色，密以奏聞。長官爲提點，正五品。

[8]司天：即提點司天臺。正五品。

[9]魏：州名。治所在今河北省大名縣東北。 清：州名。治所在今河北省青縣。 滄：州名。治所在今河北省滄州市東南四十里舊州鎮。

[10]邢：州名。治所在今河北省邢臺市。 洺：原作“洛”。按，金無洛州，從施國祁《金史詳校》卷三上改。洺州治所在今河北省永年縣東南永年鎮。 深：州名。治所在今河北省深州市境

内。　冀：州名。治所在今河北省冀州市。　謀克：金地方組織名稱。金建國後，原有的作爲軍事組織的猛安謀克與女真人村寨組織相結合，形成特殊的地方組織。在金代地方建置體系中，其地位大體上相當於縣。長官爲謀克，從五品。

[11]天壽節：金章宗生辰。

[12]八月：原作“是月”，從中華點校本改。

[13]陽武：縣名。治所在今河南省原陽縣。

[14]封丘：縣名。治所在今河南省封丘縣。

[15]應天門：宮門名。爲中都大興府皇宮正門，舊名通天門，大定五年（1165）改爲今名。

[16]大雨震雹：殿本作“大雨震雷”。

[17]鰲趺：鰲，傳説中海裏的一種大龜。趺，石碑的底座，此指雕成鰲形的渾儀底座。

承安元年五月，[1]自正月不雨，至是月雨。六月，平晋縣民利通家蠶自成綿段，[2]長七尺一寸五分，闊四尺九寸。二年，自正月至四月不雨。六月丙午，雨雹。四年三月戊午，雨雹。五月，旱。五年五月庚辰，地震。十月庚子，天久陰，是日雲色黄而風霾。癸卯晨，陰霜附木，至日入亦如之。

[1]承安：金章宗年號（1196—1200）。

[2]平晋縣：治所在今山西省太原市南。　利通：人名。本書僅此一見。

泰和二年八月丙申，[1]磁州武安縣鼓山石聖臺，[2]有大鳥十集於臺上，其羽五色爛然，文多赤黄，赭冠鷄項，尾闊而修，狀若鯉魚尾而長，高可逾人，九子差小侍傍，亦高四五尺。禽鳥萬數形色各異，或飛或蹲，或步或立，皆成行列，首皆正向，如朝拱然。初自東南來，勢如連雲，聲如殷雷，林木震動，牧者驚惶，即驅牛擊物以驚之，殊不爲動。俄有大鳥如雕鶚者怒來搏擊之，民益恐，奔告縣官，皆以爲鳳凰也，命工圖上之。留二日，西北去。按視其處，糞迹數頃，其色各異。遺禽數千，累日不能去。所食皆巨鯉，大者丈餘，魚骨蔽地。章宗以其事告宗廟，詔中外。三年四月，旱。十月己亥，大風。四年正月壬申，陰霧，木冰。三月丁卯，大風，毀宣陽門鴟尾。[3]四月，旱。壬戌，萬寧宫端門災。[4]十一月丁卯，陰。木冰凡三日。[5]五年夏，旱。八年閏四月甲午，[6]雨雹。河南路蝗。[7]六月戊子，飛蝗入京畿。八月乙酉，有虎至陽春門外，[8]駕出射獲之。時又有童謡云："易水流，[9]汴水流，[10]百年易過又休休。兩家都好住，前後總成留。"至貞祐中，[11]舉國遷汴。[12]

[1]泰和：金章宗年號（1201—1208）。

[2]磁州：治所在今河北省磁縣。　武安縣：治所在今河北省武安市。　鼓山石聖臺：地名。當在今河北省武安市境内。

[3]宣陽門：宫門名。在中都皇宫中。

[4]萬寧宫：行宫名。在中都城北，建於大定十九年（1179），初名太寧宫，後改爲壽寧宫、壽安宫。明昌二年（1191）改今名。

[5]木冰凡三日：本書卷一二《章宗紀四》，泰和四年（1204）十一月"癸酉，木冰凡三日"。中華點校本認爲，"丁卯，陰"下

似有脱文。

[6]閏四月：原脱“閏”字，據中華點校本補。

[7]河南路蝗：按，本書卷一二《章宗紀四》，五月“丁卯，遣使分路捕蝗”，此事似不應繫於四月，也許是四月始於河南路，五月而布於數路。

[8]陽春門：城門名。中都城東門之一。

[9]易水：在今河北省境内。

[10]汴水：一作卞水，即今河南省滎陽縣西索河。

[11]貞祐：金宣宗年號（1213—1216）。

[12]汴：金京城名。即北宋舊都汴梁，金初爲汴京，貞元元年（1153）改名爲南京。治所在今河南省開封市。

衛紹王大安元年，[1]徐、邳界黄河清五百餘里，[2]幾二年，以其事詔中外。臨洮人楊珪上書曰：[3]“河性本濁，而今反清，是水失其性也。正猶天動地静，使當動者静，當静者動，則如之何，其爲災異明矣。且《傳》曰：‘黄河清，聖人生。’假使聖人生，恐不在今日。又曰：‘黄河清，諸侯爲天子。’正當戒懼，以銷災變，而復誇示四方，臣所未喻。”宰相以爲妖言，議誅之，慮絶言路，即詔大興府鎖還本管。[4]十一月丙申，平陽地震，[5]有聲自西北來。戊戌夜，又震，自此時復震動，浮山縣尤劇，[6]城廨民居圮者十七八，死者凡二三千人。二年二月乙酉，地大震，有聲殷殷然。六月、七月至九月晦，其震不一。十一月，京師民周修武宅前渠内火出，[7]高二尺，焚其板橋。又旬日，大悲閣幡竿下石隙中火出，高二三尺，人近之即滅，凡十餘日。[8]自是都城連夜燔爇二三十處。是歲四月，山東、河北大旱，至六月，雨復不止，民間斗米至千餘錢。三年二月乙亥夜，大風從西北來，發屋折木，吹清夷門關折。[9]三月戊午，大悲閣災，延燒萬餘家，火五日不絕。山東、河北、河東諸路大旱。是歲，有男子郝贊詣省言：[10]“上即位之後，天變屢見，火焚萬家，風折門關，非小異也，宜退位讓有德。”有司問：“爾狂疾乎?”贊大言曰：“我不狂疾，但爲社稷計，宰相皆非其才。”每日省前大呼，凡半月。上怒，誅之隱處。

[1]衛紹王：即完顔永濟。1209 年至 1212 年在位。　大安：金衛紹王年號（1209—1211）。本書卷一三《衛紹王紀》載此事於大安二年（1210）四月。據下文“幾二年”，或許這裏所記爲河清開始的時間，而本紀所記爲其結束的時間。

[2]邳：原作“沛”，中華點校本據本書卷一三《衛紹王紀》改爲邳，是。邳州治所在今江蘇省睢寧縣北古邳鎮。

[3]臨洮：路府名。臨洮府爲臨洮府路首府，治所在今甘肅省臨洮縣。　楊珪：人名。本書僅此一見。

[4]大興府：中都的地方機構。治所在今北京市。

[5]平陽：府名。治所在今山西省臨汾市。

[6]浮山縣：治所在今山西省浮山縣。

[7]周修武：人名。本書僅此一見。

[8]“大悲閣”至“凡十餘日”：按本書卷一三《衛紹王紀》作：“中都大悲閣東渠内火自出，逾旬乃滅。閣南刹竿下石罅中火自出，人近之即滅，俄復出，如是者復旬日。”

[9]吹清夷門關折：按本書卷一三《衛紹王紀》作“通玄門重關折，東華門重關折”。

[10]郝贊：人名。本書僅見於此及卷一三。

崇慶元年七月辛未未時，[1]有風從東來，吹帛一段高數十丈，宛轉如龍，墜於拱辰門内。[2]是歲，河東、陝西、山東、南京諸路旱。[3]二年二月，放進士榜，有狂僧公言："殺天子。"求之不知所在。是歲，河東、陝西大旱，京兆斗米至八千錢。

[1]崇慶：金衛紹王年號（1212—1213）。

[2]拱辰門：宫門名。在南京開封府皇宫中。

[3]是歲河東、陝西、山東、南京諸路旱：按本書卷一三《衛紹王紀》作："十一月，賑河東南路、南京路、陝西東路、山東西路、衛州旱災。"

至寧元年，[1]宣宗彰德故園竹開白花，[2]如鷺鷥藤。紫雲覆城上數日，俄而入繼大統。七月，以河東、陝西諸處旱，遣工部尚書高朶剌祈雨于嶽瀆，[3]至是雨足。時斗米有至錢萬二千者。[4]八月癸巳，衛紹王遇弑。是日，海水不潮，寶坻鹽司懼其虧課，[5]致禱無應。九月丙午，宣宗即位乃潮。初，衛王即位改元大安，四年改曰崇慶，既而又改曰至寧，有人謂曰："三元大崇至矣。"俄而有胡沙虎之變。[6]

[1]至寧：金衛紹王年號（1213）。

[2]宣宗：廟號。即完顔吾睹補，漢名珣。1213年至1223年在位。　彰德：府名。治所在今河南省安陽市。

[3]工部尚書：尚書工部屬官。掌修造營建法式、諸作工匠、屯田、山林川澤之禁、江河堤岸、道路橋樑等事。正三品。　高朶剌：本書僅此一見。　嶽：高大的山，此指五嶽，即東嶽泰山、西

嶽華山、南嶽衡山、北嶽恒山、中嶽嵩山。　瀆：大川。古以長江、黄河、淮河、濟水爲四瀆。

[4]時斗米有至錢萬二千者：原無“錢”字，今據中華點校本補。

[5]寶坻鹽司：官署名。即寶坻鹽使司。金於七處置鹽司，寶坻爲其中之一。掌幹鹽利以佐國用。長官爲寶坻鹽使，正五品。寶坻，縣名，大定十二年（1172）置，治所在今天津市寶坻區。

[6]胡沙虎：女真人。即紇石烈執中，本名胡沙虎。本書卷一三二有傳。

宣宗貞祐元年八月戊子夜，將曙，大霧蒼黑，跬步無所見，至辰巳間始散。[1]十二月乙卯，雨，木冰。時衛州有童謡曰：“團戀冬，[2]劈半年。寒食節，没人煙。”明年正月，元兵破衛，遂丘墟矣。二年六月，潮白河溢，[3]漂古北口鐵裹關門至老王谷。[4]庚申，南京寶鎮閣災。壬戌，上次宜村，[5]有黄龍見於西北。冬，黄河自陝州界至衛州八柳樹，[6]清十餘日，纖鱗皆見。十二月己酉，雨，木冰。三年二月戊午，大風，隆德殿鴟尾壞。[7]三月戊辰，大風，霾。四月，自去冬不雨，至于是月。五月，河南大蝗。[8]六月，京城中夜妄相驚逐狼，月餘方息。十月丙申昏，西北有霧氣如積土，至二更乃散。四年正月己未旦，黑霧四塞，巳時乃散。是春，河朔人相食。五月，河南、陝西大蝗。[9]鳳翔、扶風、岐山、郿縣蝨蟲傷麥。[10]七月，旱。癸丑，飛蝗過京師。

[1]辰巳：原爲“辰巴”，殿本作“辰己”。張元濟《金史校勘記》認爲殿本是，中華點校本改爲“辰巳”，今從。

[2]巒（luán）：爲圝之誤，意爲圓。團圝，意爲團聚。

[3]潮白河：潮河即古之鮑丘水，源出古北口外，今自北京市密雲區東南與白河合，即此之潮白河。

[4]古北口：又名虎北口，即今北京市密雲區東北的古北口。老王谷：地名。不詳。

[5]宜村：村名。不詳。

[6]陝州：治所在今河南省三門峽市西陝縣老城。　八柳樹：地名。在今河南省新鄉市境内。

[7]隆德殿：南京皇城中的第三重正殿名隆德殿。

[8]五月河南大蝗：按，本書卷一四《宣宗紀上》繫於四月。

[9]河南陝西大蝗：按，本書卷一四《宣宗紀上》，五月“甲寅，鳳翔及華、汝等州蝗”，“戊寅，京兆、同、華、鄧、裕、汝、亳、宿、泗等州蝗”。

[10]鳳翔：府名。治所在今陝西省鳳翔縣。　扶風：縣名。治所在今陝西省扶風縣。　岐山：縣名。治所在今陝西省岐山縣。　郿縣：縣名。治所在今陝西省眉縣。

興定元年三月，[1]宫中有蝗。四月，單州雹傷稼。[2]陳州商水縣進瑞麥，[3]一莖四穗。開封府進瑞麥，[4]一莖三穗、二莖四穗。五月乙丑，河南大風，吹府門署以去。延州原武縣雹傷稼。[5]七月癸卯，大社壇産嘉禾，一莖十五穗。秋，霖雨。十月，邠州進白兔。[6]丹州進嘉禾，[7]異畝同穎。二年四月，河南諸郡蝗。五月秦、陝狼害人。[8]六月，旱。是歲，京師屢火，遣禮部尚書楊雲翼禜之。[9]三年春，吏部火。[10]四月癸未，陝右黑風晝起，有聲如雷，頃之地大震，平凉、鎮戎、德順尤甚，[11]廬舍傾，壓死者以萬計，雜畜倍之。夏，旱。十二月壬申，雨，木冰。四年正月戊辰二更，[12]天鳴有聲。壬子，晝晦，有頃大雷風雨。四月丁丑，大風吹河南府署飛百餘步，户案門鑰開，文牘飄散，不知所在。六月，旱。七月，河南大水，唐、鄧尤甚。十二月癸酉，火。是歲，華州渭南縣民裴德寧家伐樹，[13]破其中有赤色“太”字，表裏吻合。有司言與唐大曆中成都瑞木有“天下太平”者其事頗同，[14]蓋太平之兆也。乞付史館。[15]五年三月，以久旱，詔中外，[16]仍命有司祈禱。十一月壬寅，京師相國寺火。十二月丁丑，霜附木。先是，有童謡云：“青山轉，轉山青。耽誤盡，少年人。”蓋言是時人皆爲兵，轉鬬山谷，戰伐不休，當至老也。

[1]興定：金宣宗年號（1217—1222）。

[2]單州：治所在今山東省單縣。

[3]陳州：治所在今河南省淮陽縣。　商水縣：治所在今河南省周口市商水縣。

[4]開封府：治所在今河南省開封市。

[5]延州：治所在今河南省延津縣東延州。　原武縣：治所在今河南省原陽縣。

[6]邠州：治所在今陝西彬縣。

[7]丹州：治所在今陝西省宜川縣。

[8]五月秦、陝狼害人：按本書卷一五《宣宗紀中》，五月“庚子，陝州群狼傷百餘人”。

[9]禮部尚書：尚書禮部長官。掌禮樂、祭祀、燕享、學校、貢舉、儀式、制度、符印、表疏、圖書、册命、祥瑞、天文、漏刻、國忌、廟諱、醫卜、釋道、四方使客、諸國進貢、犒勞張設等事。正三品。　楊雲翼：字之美。本書卷一一〇有傳。　禁

(yíng)：祭名。古代以繩束茅圈地，作爲臨時祭祀之所，對日月星辰山川致祭，以禳除災害。

[10]吏部：官署名。尚書省下屬機構。掌文武選授、勳封、考課、出給制誥等政事。長官爲吏部尚書，正三品。

[11]平涼：府名。治所在今甘肅省平涼市。

[12]四年正月戊辰：按，本書卷一六《宣宗紀下》，“興定四年春正月壬辰朔”，是月無“戊辰”。

[13]華州：治所在今陝西省華縣。　渭南縣：治所在今陝西省渭南市臨渭區。　裴德寧：人名。本書僅此一見。

[14]大曆：唐代宗年號（766—779）。　成都：唐至德二年（757）改蜀郡置，治所在今四川省成都市。

[15]史館：官署名。指國史院。掌修國史，長官爲監修國史，一般由宰相領銜。

[16]五年三月以久旱詔中外：按，本書卷一六《宣宗紀下》作興定五年（1221）二月“癸酉，以旱災曲赦河南路。癸未，以旱災詔中外”。與此異。

元光元年四月，[1]京畿旱。十月，上獵近郊，獲白兔，群臣以爲瑞。明日，御便殿，置鈴於項，將縱之，兔驚躍不已，忽斃几上。二年正月辛酉日午，有鶴千餘翔于殿庭，移刻乃去。七月乙卯，丹鳳門壞，[2]壓死者數人。十一月，開封有虎害人。是時屢有妖怪，二年之中，白日虎入鄭門，[3]吏部及宮中有狐狼，鬼夜哭于輦路，烏鵲夜驚，飛鳴蔽天。十二月，宣宗崩。

[1]元光：金宣宗年號（1222—1223）。

[2]丹鳳門：宮門名。南京（今河南省開封市）皇城的北門。

[3]鄭門：宫門名。應在南京，待考。

哀宗正大元年正月戊午，[1]上初視朝，尊太后爲仁聖宫皇太后，[2]太元妃爲慈聖宫皇太后。[3]是日，大風飄端門瓦，昏霾不見日，黄氣塞天。仁聖又夢乞丐萬數踵其後，心惡之，占者曰："后爲天下母，百姓貧窶，將誰訴焉。"遂勅京城設粥與冰藥以應之，人以爲壬辰、癸巳之兆。又有人衣麻衣，望承天門大笑者三，大哭者三，有司拘而問之，其人曰："我先笑者，笑許大天下將相無人。後哭者，哀祖宗家國破蕩至此也。"有司以爲妖言，處之重典。上曰："近詔草澤之士並許直言，雖涉譏訕亦不治罪，況此人言亦有理，止不應哭笑闕下耳。"乃杖之。二年正月甲申，有黄黑之祲。四月，旱。京畿大雨雹。三年春，大寒。三月乙丑，有火自吏部中出，大如斛，流行展轉，人皆驚避，踰時而滅。四月，旱、蝗。六月，京東雨雹，蝗死。四年六月丙辰，地震。八月癸亥，[4]大風吹左掖門鴟尾墜，[5]丹鳳門扉壞。是日，風、霜損禾皆盡。五年春，大寒。二月，雷而雪，木之華者皆敗。四月，鄭州大雨雹，[6]桑柘皆枯。京畿旱。八月，御座上聞若有言者曰："不放捨則何？"索之不見。七年十二月，新衛州北三里許，[7]有影在沙上，如舊衛州城狀，[8]寺塔宛然，數日乃滅。

[1]哀宗：廟號。即完顔守緒。1224 年至 1233 年在位。　正大：金哀宗年號（1224—1232）。

[2]仁聖宫皇太后：即宣宗皇后王氏。本書卷六四有傳。

[3]慈聖宫皇太后：即宣宗明惠皇后，本書卷六四有傳。

[4]八月癸亥：按，本書卷一七《哀宗紀上》繫此事於己巳萬春節之下，與此異，以“是日”貫下兩事之首。

[5]左掖門：宫門名。在南京皇宫。

[6]鄭州：治所在今河南省鄭州市。

[7]新衛州：衛州於貞祐三年（1215）五月徙治宜村新城，爲别於舊治，稱新衛州。

[8]舊衛州：衛州城舊治汲縣。貞祐三年（1215）五月以後，相對於新治而稱舊衛州。

天興元年正月丁酉，[1]大雪。二月癸丑，又雪。戊午，又雪。是時，鈞州、陽邑、盧氏兵皆大敗。[2]五月，大寒如冬。七月庚辰，兵刃有火。閏八月己未，[3]有箭射入宫中。九月辛丑夜，大雷，工部尚書蒲乃速震死。[4]二年六月，上遷蔡，[5]自發歸德，[6]連日暴雨，平地水數尺，軍士漂没。及蔡始晴，復大旱數月。識者以爲不祥。初，南京未破一二年間，市中有一僧不知所從來，持一布囊貯棗，日散與市人無窮，所在兒童百十從之。又有一人拾街中破瓦，復以石擊碎之。人皆以爲狂，不曉其理，後乃知之，其意蓋欲使人早散，國家將瓦解矣。

[1]天興：金哀宗年號（1232—1234）。

[2]鈞州：大定二十四年（1184）改潁順州置。治所在今河南省禹州市。　陽邑：縣名。治所在今河南省登封市東南告成鎮。盧氏：縣名。治所在今河南省盧氏縣。

[3]閏八月己未有箭射入宫中：按，天興元年閏九月，不閏八

月，此閏字顯係誤書，又據本書卷一八《哀宗紀下》載是年“九月戊寅朔”，“閏月戊申朔”，“己未，有箭射入宫中，書奸臣姓名，兩日而再得之”，則此條應在下文“蒲乃速震死”之下。

［4］蒲乃速：人名。本書僅見於此及卷一八。

［5］蔡：州名。治所在今河南省汝陽縣。

［6］歸德：府名。天會八年（1130）改應天府置。治所在今河南省商丘市南。

金史　卷二四

志第五

地理上

上京路　咸平路　東京路　北京路　西京路　中都路

金之壤地封疆，東極吉里迷兀的改諸野人之境，[1]北自蒲與路之北三千餘里，[2]火魯火曈謀克地爲邊，[3]右旋入泰州婆盧火所浚界壕而西，[4]經臨潢、金山，[5]跨慶、桓、撫、昌、净州之北，[6]出天山外，[7]包東勝，[8]接西夏，[9]逾黄河，復西歷葭州及米脂寨，[10]出臨洮府、會州、積石之外，[11]與生羌地相錯。復自積石諸山之南左折而東，[12]逾洮州，[13]越鹽川堡，[14]循渭至大散關北，[15]並山入京兆，[16]絡商州，[17]南以唐、鄧西南皆四十里，[18]取淮之中流爲界，[19]而與宋爲表裏。[20]

[1]吉里迷兀的改諸野人：吉里迷兀的改即吉里迷野人，此指吉里迷等野人。本書僅見於此。兀的改，也作“烏底改”，遼代作

“斡朗改”，明以後作“兀狄哈”“兀狄介”“兀的罕”，爲女真語的音譯，意爲野人。吉里迷主要分布在今黑龍江下游入海口附近與庫頁島。《〈中國歷史地圖集〉釋文彙編·東北卷》認爲在今黑龍江下游的俄羅斯尼古拉耶斯克周圍以及塔赫塔以南地區。一説兀的改即元代文獻中的“兀的哥”“斡拙”或“吾者”，清代稱爲“烏德赫”或“烏底赫”，蘇聯稱“烏德海”，民族名。主要分布在今黑龍江下游，最北達烏第河流域。

[2]蒲與路：治所在今黑龍江省克東縣東北金城鄉古城村。

[3]火魯火疃謀克：猛安謀克爲金朝女真等北方民族的社會基層組織，三百户爲謀克，十謀克爲猛安，具有政治、軍事、生産等多種職能，有金一代未曾改變。猛安謀克官員平時爲行政長官，督促生産，徵收賦税，審理部内民事訴訟，訓練武藝。戰時，猛安謀克户壯者爲兵，由猛安謀克長官率領征戰，戰争結束後，返回原居地。猛安謀克官員實行世襲制，不論任命還是襲職都由皇帝親自決定。熙宗以後，以猛安比防禦使，謀克比縣令。在内地者，受府、節度使統轄，在邊地者，受招討司統轄。火魯火疃謀克是本書所提到的分布最北的謀克，約在今外興安嶺以南博洛莫達河上游一帶。一説在今俄羅斯阿穆爾州外興安嶺南側巴金諾城。

[4]泰州：治所在今吉林省洮南市東北雙塔鄉城四家子舊城址；一説在今黑龍江省泰來縣塔子城。金承安三年（1198）移治長春縣（今吉林省前郭爾羅斯蒙古族自治縣西北塔虎村）。　婆盧火：女真人。本書卷七一有傳。

[5]臨潢：府名。治所在今内蒙古自治區巴林左旗林東鎮遼上京舊址。　金山：縣名。治所在今内蒙古自治區科爾沁右翼前旗（烏蘭浩特）東北烏蘭哈達蘇木公主嶺一號古城。

[6]慶：州名。治所在今内蒙古自治區巴林右旗西北查干木倫河西岸白塔子古城。　桓：州名。治所初在今内蒙古自治區正藍旗南黑城子。後北遷三十里建新桓州城，在今内蒙古自治區正藍旗北四郎城。　撫：州名。治所在今河北省張北縣。　昌：州名。治所

在今内蒙古自治區太僕寺旗西南九連城淖爾旁。　净州：治所在今内蒙古自治區四王子旗東北庫倫圖鄉城卜子村古城。

［7］天山：縣名。大定十八年（1178）升爲净州，治所在今内蒙古自治區四王子旗西北。

［8］東勝：州名。治所在今内蒙古自治區托克托縣西城關鎮。

［9］西夏：党項族建立的地方民族政權（1038—1227）。

［10］葭州：治所在今陝西省佳縣。　米脂寨：在今陝西省米脂縣。正大三年（1226）升爲米脂縣。

［11］臨洮府：治所在今甘肅省臨洮縣。　會州：治所在今甘肅省靖遠縣。　積石：州名。大定二十二年（1182）升積石軍置，治所在今青海省貴德縣西，後移至青海省循化撒拉族自治縣。

［12］積石諸山：舊有大、小積石山之説。此指小積石，在今甘肅省臨夏回族自治州積石山保安族東鄉族撒拉族自治縣境内。

［13］洮州：治所在今甘肅省臨潭縣。

［14］鹽川堡：在今甘肅省隴西縣西南五十里。

［15］渭：今渭水。　大散關：舊名散關，唐以後稱大散關，在今陝西省寶鷄市西南大散嶺上。地當秦嶺南北交通孔道，爲歷代兵家必争之地。宋金以此分界。

［16］京兆：府名。治所在今陝西省西安市。

［17］商州：治所在今陝西省商洛市。

［18］唐：州名。治所在今河南省唐河縣。　鄧：州名。治所在今河南省鄧州市。

［19］淮：今淮河。

［20］宋：指南宋（1127—1279）。

襲遼制，建五京，[1]置十四總管府，[2]是爲十九路。[3]其間散府九，[4]節鎮三十六，[5]防禦郡二十二，[6]刺史郡七十三，[7]軍十有六，[8]縣六百三十二。[9]後復盡升軍爲州，或升城堡寨鎮爲縣，是以金之京府州凡百七十九，[10]縣加於舊五十一，[11]城寨堡關百二十二，[12]鎮四百八十八。[13]雖貞祐、興定危亡之所廢置，[14]既歸大元，[15]或有因之者，故凡可考必盡著之，其所不載則闕之。[16]

［1］五京：指上京路、東京路、北京路、西京路和南京路。金初五京皆沿遼舊，至熙宗天眷元年（1138）始以會寧府爲上京，改遼上京爲北京。據本書卷五《海陵紀》，海陵貞元元年（1153）遷都，改燕京爲中都，以汴京爲南京，中京爲北京。正隆二年（1157）削上京之號。《大金國志》卷一三《海陵煬王上》："以燕京爲中都，上京爲北京，遼陽府爲東京，雲中府爲西京，開封府爲南京。"《三朝北盟會編》卷二四二引張棣《正隆事迹》："以渤海遼陽府爲東京，山西大同府爲西京，中京大定府爲北京，東京開封府爲南京，燕山爲中都。"張棣《金虜圖經》稱五京有中都，無上京，而以會寧府計入總管府内，所記都是海陵王在位時的制度。施國祁《金史詳校》載"中都大興自屬總管府，故直云建五京"，考之本書卷五七《百官志三》，諸京留守司條下女直司吏："上京二十人，北京十三人，東京十人，南京、西京各五人"。確無中都路，當以《金史詳校》爲是。世宗復上京之號，而以中都路入總管府，仍是五京。

［2］十四總管府：指中都路、咸平路、河北東路、河北西路、山東東路、山東西路、大名府路、河東北路、河東南路、京兆府路、鳳翔路、鄜延路、慶原路和臨洮路。《金虜圖經》作十五路，是計入了後來取消的臨潢府路。總管府，官署名。爲最高地方行政建置。長官爲都總管，正三品。

［3］十九路：中華點校本校勘記云，《大金國志》《金虜圖經》都作二十路，比本書多臨潢府路。據本卷臨潢府條，"遼爲上京，

國初因稱之，天眷元年改爲北京。天德二年改北京爲臨潢府路”，“大定後罷路，并入大定府路”。《大金國志》《金虜圖經》所載當是大定以前的情況。另，臨潢府路非罷於大定時，當罷於章宗以後。本志所載當是金末情況。

[4]散府九：《大金國志》《金虜圖經》皆作“散府八”。按本書下文所列散府有：廣寧、興中、歸德、河南、彰德、濟南、河中、平凉，也是八府。此應誤。

[5]節鎮三十六：節鎮爲節度州的别稱。《大金國志》作三十九，《金虜圖經》作三十八。按本書所列爲四十：隆、蓋、義、錦、瑞、懿、全、興、泰、豐、桓、撫、朔、冀、滄、徐、兖、應、蔚、邢、衛、密、萊、汾、代、嵐、雲内、平、雄、保、鄧、許、絳、潞、懷、鞏、同、鄜、陝、涇。

[6]防禦郡二十二：指防禦州。《大金國志》《金虜圖經》皆作二十一。按本書所列亦爲二十一：陝、亳、陳、蔡、鄭、潁、宿、泗、沂、棣、孟、秦、河、隴、華、博、德、清、洺、濬、肇。此誤。

[7]刺史郡七十三：指刺史州。《金虜圖經》作七十四，《大金國志》作七十五，按本書所列爲七十六：信、韓、澄、沈、貴德、復、利、慶、建、弘、净、宣德、武、寧邊、東勝、昌、通、薊、易、涿、順、灤、霸、安、遂、安肅、睢、單、壽、唐、裕、嵩、汝、息、蠡、莫、獻、深、景、威、沃、磁、祁、滑、洮、蘭、會、濰、濱、海、淄、登、丹、濟、邳、曹、德、順、坊、恩、濮、開、商、虢、乾、耀、環、寧、原、晋、忻、石、管、隰、吉、解、澤。

[8]軍：地方行政建置名。共十六軍，大定二十二年（1182）皆升爲州。

[9]縣六百三十二：《大金國志》作六百八十三。依下文統計實有六百九十四。

[10]金之京府州凡百七十九：此數與《大金國志》同。以上

京府州數相加爲一百五十九，計入十六軍爲一百七十五。本志所列府，除京府五、總管府十四、散府九以外，還有臨潢、中山、德興三府，故總計爲一百七十九。散府實八，依此計當爲一百七十八。若依下文所列計，共京府州一百八十三。

[11]縣加於舊五十一：此“縣加於舊”，不詳何指。《大金國志》所計縣數爲六百八十三，則是將此五十一與上述六百三十二相加。

[12]城寨堡關百二十二：依本志所列，城寨堡關共爲一百八十四。

[13]鎮四百八十八：依本志所列，鎮共五百一十五。

[14]貞祐：金宣宗年號（1213—1217）。　興定：金宣宗年號（1217—1222）。

[15]元：蒙古族建立的元朝（1271—1368）。

[16]闕：意如“缺”。

上京路，[1]即海古之地，[2]金之舊土也。國言“金”曰“按出虎”，以按出虎水源於此，[3]故名金源，建國之號蓋取諸此。[4]國初稱爲内地，[5]天眷元年號上京。[6]海陵貞元元年遷都于燕，[7]削上京之號，止稱會寧府，稱爲國中者以違制論。大定十三年七月，[8]復爲上京。其山有長白、青嶺、馬紀嶺、完都魯，[9]水有按出虎水、混同江、來流河、宋瓦江、鴨子河。[10]府一，領節鎮四，[11]防禦一，[12]縣六，鎮一。舊有會平州，[13]天會二年築，[14]契丹之周特城也，[15]後廢。其宫室有乾元殿，[16]天會三年建，天眷元年更名皇極殿。慶元宫，天會十三年建，殿曰辰居，[17]門曰景暉，天眷二年安太祖以下御容，[18]爲原廟。[19]朝殿，天眷元年建，[20]殿曰敷德，門曰延光，寢殿曰宵衣，書殿曰稽古。又有明德宫、明德殿，[21]熙宗嘗享太宗御容於此，[22]太后所居也。[23]凉殿，皇統二年構，[24]門曰延福，樓曰五雲，殿曰重明。東廡南殿曰東華，次曰廣仁。西廡南殿曰西清，次曰明義。重明後，東殿曰龍壽，西殿曰奎文。時令殿及其門曰奉元。有泰和殿，有武德殿，有薰風殿。其行宫有天開殿，[25]爻剌春水之地也。[26]有混同江行宫。[27]太廟、社稷，皇統三年建，[28]正隆二年毁。[29]原廟，天眷元年以春亭名天元殿，安太祖、太宗、徽宗及諸后御容。[30]春亭者，太祖所嘗御之所也。天眷二年作原廟，皇統七年改原廟乾文殿曰世德，正隆二年毁。大定五年復建太祖廟。興聖宫，德宗所居也，[31]天德元年名之。[32]興德宫，後更名永祚宫，睿宗所居也。[33]光興宫，世宗所居也。[34]正隆二年命吏部郎中蕭彦良盡毁宫殿、宗廟、諸大族邸第及儲慶寺，[35]夷其趾，耕墾之。大定二十一年復修宫殿，[36]建城隍廟。二十三年以甓束其城。[37]有皇武殿，擊球校射之所也。有雲錦亭，有臨漪亭，爲籠鷹之所，在按出虎水側。

[1]上京路：治所在今黑龍江省阿城市白城。

[2]海古：河名。又作海古勒水、海姑水、海沽水、海勾河。即今黑龍江省阿城市東阿什河支流海溝河。海古之地，指海溝河流域。也有人認爲，以舊土而言，海古之地不僅指海溝河流域，也應包括下文所提到的按出虎水流域在内（參見王可賓《金上京新證》，《北方文物》2000 年第 2 期）。

[3]按出虎水：清稱阿勒楚喀河。即今黑龍江省哈爾濱市東南松花江支流阿什河。阿什河與其支流海溝河的發源地都在今張廣才嶺大青山支脉。

[4]故名金源，建國之號蓋取諸此：按本書卷二《太祖紀》，阿骨打説，“遼以賓鐵爲號，取其堅也。賓鐵雖堅，終亦變壞，惟金不變不壞。金之色白，完顔部尚白”，於是國號大金。與此異。

［5］内地：指來流水（今拉林河）以北，匹古敦水（今蜚克圖河）以南（王可賓《金上京新證》）。

［6］天眷：金熙宗年號（1138—1140）。

［7］海陵：封號。即完顔迪古迺，漢名亮。1149 年至 1161 年在位。　貞元：海陵王年號（1153—1156）。“貞元元”，原作“貞祐二”，據中華點校本改。　燕：即燕京。今北京市。　按本書卷五《海陵紀》，正隆二年（1157）八月，“罷上京留守司”，以下記事與此不在同一年中。

［8］大定：金世宗年號（1161—1189）。

［9］長白：今長白山。　青嶺：在今吉林省樺甸市平嶺及南樓山一帶；一説指今吉林省永吉縣南哈達嶺山脉。　馬紀嶺：今黑龍江省五常市南及吉林舒蘭、蛟河縣境之老爺嶺。　完都魯：今俄羅斯哈巴羅夫斯克（伯力）以北的萬丹山。

［10］混同江：即今松花江自哈爾濱市往北至同江市的一段，和黑龍江自同江市往北直至入海口的一段。　來流河：一名淶流河。今黑龍江省的拉林河。　宋瓦江：指今松花江上游與中游。　鴨子河：指今松花江自陶賴昭至肇東縣南一段和嫩江與洮兒河合流以下一段；一説指今西流松花江下游的伊通河到嫩江一段和今東流松花江西段。

［11］節鎮四：隆州爲節度州，蒲與路、恤品路、胡里改路海陵罷萬户時例置節度使，而曷蘇館路也置節度使，實爲五。

［12］防禦一：此前漏“刺郡一”三字。

［13］會平州：此州應屬北京路臨潢府，繫於此，誤（王可賓《金上京新證》）。

［14］天會：金太宗年號，金熙宗沿用不改（1123—1137）。

［15］周特城：在今内蒙古自治區巴林左旗林東鎮附近。係於此，誤（許子榮《〈金史〉校勘補遺》，《社會科學戰綫》1983 年第 2 期）。

［16］乾元殿：上京皇城主殿，也是上京皇城中最早興建的宫

殿。據許亢宗《奉使行程録》，天會元年（1123）正月許亢宗至上京時，乾元殿正在興建之中，“四面興築，架屋數千百間”，可知其工程開始於天會元年以前，下文説“天會三年建”，本書卷三《太宗紀》亦繫此事於天會三年三月，當是乾元殿最後峻工時間。

[17]慶元宫：爲太祖后紇石烈氏所居。其去世後改爲原廟。毁於正隆二年（1157）。世宗大定二年（1162）十二月，下令“就慶元宫址建正殿九間，仍其舊號”。辰居殿於皇統七年（1147）改名世德殿。

[18]太祖：廟號。即完顔阿骨打，漢名旻。1115 年至 1123 年在位。按此時熙宗父早已故去，追謚爲景宣皇帝，廟號徽宗。此言太祖以下御容，當指太宗與徽宗。 二年：本書卷四《熙宗紀》天眷二年（1139）九月“立太祖原廟于慶元宫”，卷三三《禮志》同，中華點校本據此改爲“元年”。

[19]原廟：即另立的太廟。據《史記集解》：“謂原者，再也。先既已立廟，今又再立，故謂之原廟。”金上京最初的太廟設在太祖陵上的寧神殿，慶元宫是後設的太廟，所以稱原廟。

[20]天眷元年建：據本書卷四《熙宗紀》，此次宫殿擴建始於天眷元年（1138）四月，至十二月“新宫成”。但熙宗至次年九月纔“初居新宫”，“可能是由於熙宗對新宫不滿意，另有修繕的結果。因此，此次擴建實際上是持續了一年零五個月之久”（景愛《金上京》，三聯書店 1991 年版）。

[21]明德宫：據本書卷三《太宗紀》，太宗“崩于明德宫”，可知此爲太宗寢宫。也是上京皇城中較早的建築。

[22]熙宗：廟號。即完顔合剌，漢名亶。1135 年至 1149 年在位。 太宗：廟號。即完顔吴乞買，漢名晟。1123 年至 1135 年在位。

[23]太后：按本書卷六三《后妃傳》，太宗欽仁皇后熙宗時號明德宫太后，皇統三年（1143），“崩于明德宫”，知此指太宗欽仁皇后。

［24］皇統：金熙宗年號（1141—1149）。

［25］天開殿：始建於天會十三年（1135）。其殿當在今吉林省松原市伯都訥西，即在太祖死時的行宮所在地建立。

［26］爻剌：據本書卷二《太祖紀》，護步荅岡戰役以前，金兵“行次爻剌”，後至熟結濼（濼在今西流松花江北）。則此地當與熟結濼相距不遠。按“爻”女真語與“鴨”音近。女真語“子”爲“剌”。疑爻剌即鴨子，指鴨子河。　春水：指春捺鉢。皇帝在春季出外游獵。

［27］混同江行宫：不詳。

［28］皇統三年建：按本書卷四《熙宗紀》，皇統八年（1148）閏八月，“丙寅，太廟成”。時間與此異。

［29］正隆：金海陵王年號（1156—1161）。

［30］徽宗：廟號。即完顔宗峻，金熙宗生父，後追尊爲帝。本書卷七六有傳。

［31］德宗：廟號。即完顔宗幹，金海陵王生父，後追尊爲帝，大定間降爲遼王。本書卷七六有傳。

［32］天德：金海陵王年號（1149—1153）。

［33］睿宗：廟號。即完顔宗輔，後更名宗堯，金世宗生父，後追尊爲帝。本書卷一九《世紀補》有傳。

［34］世宗：廟號。即完顔烏禄，漢名雍。1161 年至 1189 年在位。

［35］吏部郎中：尚書吏部屬官。協助吏部尚書掌文武選授、勳封、考課、出給制誥等政事。從五品。　蕭彦良：本書僅此一見。

［36］大定二十一年復修宫殿：據本書卷三三《禮志》，大定二年（1162）十二月已下令復建慶元宫，大定五年，重修了太祖廟“以御容安置”。可知，金世宗即位後就開始了對上京的重建，而不是始於大定二十一年。

［37］甃束其城：指在土牆外加築磚牆。

會寧府，[1]下。初爲會寧州，[2]太宗以建都，升爲府。[3]天眷元年，置上京留守司，[4]以留守帶本府尹，[5]兼本路兵馬都總管。[6]後置上京曷懶等路提刑司。[7]户三萬一千二百七十。舊歲貢秦王魚，大定十二年罷之。又貢豬二萬，二十五年罷之。東至胡里改六百三十里，西至肇州五百五十里，北至蒲與路七百里，東南至恤品路一千六百里，至曷懶路一千八百里。縣三：

會寧[8]　倚，與府同時置。有長白山、青嶺、馬紀嶺、勃野淀、綠野淀。[9]有按出虎河，又書作阿朮滸。有混同江、淶流河。有得勝陀，國言忽土皚葛蠻，太祖誓師之地也。[10]

曲江[11]　初名鎮東，大定七年置，十三年更今名。

宜春[12]　大定七年置。有鴨子河。

[1]會寧府：治所在今黑龍江省阿城市白城。

[2]會寧州：本書僅見於此。太祖、太宗時無會寧州，此時皇帝所在地稱“皇帝寨”。《三朝北盟會編》與《大金國志》都稱以皇帝寨建會寧府。

[3]升爲府：據本書卷四《熙宗紀》，天眷元年（1138）八月，“以京師爲上京，府曰會寧”，而不是在太宗時。

[4]上京：即上京路。　留守司：官署名。爲地方最高行政建置。金於五京設留守司，主管京路政務。

[5]留守：諸京留守司長官，例兼本府府尹與本路兵馬都總管。正三品。　府尹：諸府長官。掌宣風導俗，肅清所部，總判府事。正三品。

[6]兵馬都總管：總管府長官。掌統諸城兵馬甲仗，總判府事。正三品。

[7]上京曷懶等路提刑司：本書卷一〇四《孟奎傳》作“上京

等路提刑司”，承安三年（1198），與東京提刑司合并。提刑司，官署名。掌審察刑獄，照刷案牘，糾察官事及豪猾之人。長官爲提刑使，正三品。

[8]會寧：與本府治所同在一地。按下文説“與府同時置”，此縣應與會寧府同時置於天眷元年（1138）。　倚：也稱“倚郭”“附郭”。指與本府或本州治所在同一處的縣。

[9]勃野淀：地名。不詳。　緑野淀：地名。不詳。

[10]得勝陀：在今吉林省拉林河左岸松原市的石碑崴子。

[11]曲江：大定十三年（1173）改鎮東縣置。治所在今黑龍江省阿城市蜚克圖河畔的蜚克圖鄉。一説在今黑龍江省方正縣。

[12]宜春：治所所在有兩種説法。一説在今黑龍江省阿城市以北臨松花江處；一説在今吉林省松原市東南小城子古城。

肇州，[1]下，防禦使。[2]舊出河店也。天會八年，[3]以太祖兵勝遼，肇基王績於此，遂建爲州。天眷元年十月，置防禦使，隸會寧府。海陵時，嘗爲濟州支郡。[4]承安三年，[5]復以爲太祖神武隆興之地，升爲節鎮，軍名武興。五年，置漕運司，[6]以提舉兼州事。[7]後廢軍。貞祐二年復升爲武興軍節鎮，[8]置招討司，[9]以使兼州事。[10]户五千三百七十五。縣一：

始興[11]　倚，與州同時置。有鴨子河、黑龍江。[12]

[1]肇州：治所在今黑龍江省肇源縣望海屯舊址；一説在今黑龍江省肇源縣茂興鎮南的吐什吐古城；一説在今黑龍江省肇東市的八里城。

[2]防禦使：州官名。防禦州長官。掌防捍不虞，禦制盜賊，總判州事。從四品。

[3]天會八年：據本書卷二《太祖紀》，出河店之戰在收國元年（1115）的前一年，即1114年。此指建防禦州時間。

[4]濟州：按金初有兩濟州，一在山東西路，一在上京路，此指上京路濟州。大定二十九年（1189），因與山東西路濟州同名，改爲隆州。

[5]承安：金章宗年號（1196—1200）。

[6]漕運司：官署名。負責河倉與漕運。

[7]提舉：官名。漕運司長官。負責河倉與漕運。正五品。據本書卷五七《百官志三》，"肇州以提舉兼本州同知，同提舉兼州判"，此"以提舉兼州事"是指肇州漕運司提舉兼同知肇州防禦使事，同提舉兼肇州防禦判官。都是肇州防禦使的屬官，同知肇州防禦使事爲正六品，防禦判官爲正八品。

[8]貞祐：金宣宗年號（1213—1217）。按本書卷一二八《紇石烈德傳》："貞祐二年，遷肇州防禦使。是歲，肇州升爲武興軍節度。"與此同。本書卷一二二《烏古論德升傳》繫此事於宣宗遷汴之後。誤。

[9]招討司：金於西北、西南、東北三路置招討司，管轄沿邊各部族。按本書卷一二二《烏古論德升傳》："東北路招討司猛安謀克人皆寓於肇州，凡徵調往復甚難。乞升肇州爲節度使，以招討使兼之。置招討副使二員，分治泰州及宜春。"知此招討司初爲烏古迪烈統軍司，後升爲招討司，又改爲東北路招討司。移治於泰州。章宗泰和間，更設分司於金山下的金山縣。於貞祐二年（1214）移治於肇州。東北路招討司，官署名。掌招懷降附，征討携離。長官爲招討使，正三品。下設副招討二員、招討判官一員、勘事官一員、知事一員、知法二員。

[10]使：指東北路招討使。據此，是以東北路招討使代管肇州事，當是貞祐二年（1214）以後之制。但本書卷一二八《紇石烈德傳》稱其官爲武興軍"節度使宣撫司署都提控"。未詳孰是。

[11]始興：與本州治所同在一地。

[12]黑龍江：指流經金肇州境内的松花江。

隆州，[1]下，利涉軍節度使。[2]古扶餘之地，[3]遼太祖時，[4]有黄龍見，遂名黄龍府。[5]天眷三年，改爲濟州，[6]以太祖來攻城時大軍徑涉，不假舟楫之祥也，置利涉軍。天德三年置上京路都轉運司，[7]四年，改爲濟州路轉運司。[8]大定二十九年嫌與山東路濟州同，[9]更今名。貞祐初，升爲隆安府。户一萬一百八十。縣一：

利涉[10]　倚，與州同時置。有混同江、淶流河。鎮一與縣同時置，有混同館。[11]

[1]隆州：治所在今吉林省農安縣。

[2]節度使：州官名。節度州長官。掌鎮撫諸軍防刺，總判本鎮兵馬之事，兼本州管内觀察使。從三品。

[3]扶餘：東北古部族名。居住地以今松嫩平原爲中心，曾建立地方民族政權（前59—497）。

[4]遼太祖：廟號。即耶律阿保機，漢名億。907年至926年在位。

[5]黄龍府：遼府名。治所在今吉林省農安縣。

[6]天眷三年改爲濟州：按本書卷二《太祖紀》"熙宗天眷二年，以黄龍府爲濟州"，時間與此異。

[7]上京路都轉運司：按本書卷五七《百官志三》，"惟中都路置都轉運司，餘置轉運司"。本書卷七七《劉麟傳》記其曾爲上京路轉運使。疑此衍"都"字。轉運司，官署名。掌賦税錢穀，倉庫出納，權衡度量之制。長官爲轉運使，正三品。

[8]濟州路轉運司：《大金國志》作"會寧府路"轉運司。本書卷一二八《李瞻傳》有"濟州路轉運使"，與《大金國志》異。

[9]山東路：指山東西路。治所在今山東省東平縣。　濟州：治所在今山東省濟寧市。

[10]利涉：與本州治所在同一地。一説在今吉林省扶余縣新城局鄉古城村的石頭城子古城（劉景文《吉林扶余縣發現金代“利涉縣印”》，《考古》1984年第11期）。

[11]混同館：疑即遼代混同縣改置。遼清寧中（1055—1064）曾置混同縣，爲寧江州治。治所在今吉林省松原市東三岔河鎮東北石頭城子。

信州，[1]下，彰信軍刺史。[2]本渤海懷遠軍，[3]遼開泰七年建，[4]取諸路漢民置。户七千三百五十九。縣一：

武昌[5]　本渤海懷福縣地。鎮一　八十户。[6]

[1]信州：治所在今吉林省公主嶺市西北秦家屯鎮東新集城。

[2]刺史：州官名。爲刺史州長官，負責本州政務。正五品。

[3]渤海懷遠軍：渤海五京、十五府、六十二州名中無懷遠軍，有懷遠府。《遼史》卷三八《地理志二》作“渤海置懷遠府”，是。此誤。　渤海：東北邊疆政權名（698—926）。

[4]開泰：遼聖宗年號（1012—1021）。《遼史》卷三八《地理志二》作“開泰初置州”，按開泰七年（1018）似不能稱之爲“初”。待考。

[5]武昌：與本州治所在同一地。

[6]八十户：鎮名。所在地不詳。

蒲與路，[1]國初置萬户，[2]海陵例罷萬户，[3]乃改置節度使。承安三年，設節度副使。[4]南至上京六百七十里，東南至胡里改一千四百里，北至北邊界火魯火疃謀克三千里。

[1]蒲與路：治所在今黑龍江省克東縣東北金城鄉古城村。

[2]萬户：官名。金太祖時對“材堪統衆”的軍官授以萬户官職，統領猛安謀克，隸屬於都統。爲軍官名。此言“國初置萬户”，指的是金初設立的作爲地方行政建置的萬户，子孫世襲。

[3]罷萬户：按海陵罷世襲萬户，一是罷萬户世襲，二是世襲萬户改設節度使，而一般軍事作戰的萬户並未取消。

[4]節度副使：州官名。節度州屬官。協助節度使掌鎮撫諸軍防刺，兼判本鎮兵馬之事。從五品。

合懶路，[1]置總管府。貞元元年，改總管爲尹，[2]仍兼本路兵馬都總管。承安三年，設兵馬副總管。[3]舊貢海葱，[4]大定二十七年罷之。有移鹿古水。[5]西北至上京一千八百里，東南至高麗界五百里。[6]

[1]合懶路：也作押懶路、曷懶路。治所在今朝鮮咸鏡南道咸興城南五里處。一説在今朝鮮咸鏡北道吉州。

[2]尹：即府尹。

[3]兵馬副總管：諸總管府屬官。負責協助總管管理本府政務。正五品。

[4]舊貢海葱：“貢”，原作“有”，據中華點校本改。

[5]移鹿古水：即鏡城南的吾利川。一説是今朝鮮吉州的南大川（斜下洞川）。移鹿古，本書卷一《世紀》與卷一三五《高麗傳》作“乙離骨”，即今朝鮮境内的咸鏡山脉。

[6]高麗：王建建立的王氏高麗政權（918—1392）。

恤品路，[1]節度使。遼時爲率賓府，置刺史。[2]本率賓故地，太宗天會二年，以耶懶路都孛堇所居地瘠，[3]遂遷於此。以海陵例罷萬户，置節度使，因名速頻路節度使。世宗大定十一年，以耶懶、速頻相去千里，既居速頻，然不可忘本，遂命名石土門親管猛安曰押懶猛安。[4]承安三年，設節度副使。西北至上京一千五百七十里，東北至胡里改一千一百，西南至合懶一千二百，北至邊界斡可阿憐千户二千里。[5]“耶懶”又書作“押懶”。

[1]恤品路：也作速頻、蘇濱、率賓、蘇瀕，皆同音異譯。路以蘇濱水（或作率賓、速頻，即今綏芬河）而得名。治所在今俄羅斯濱海邊疆區烏蘇里斯克（雙城子）。

[2]刺史：遼官名。遼襲唐制設刺史，掌一州政務。

[3]都勃堇：女真部落聯盟長的稱號。在完顏部没有統一女真各部之前，存在許多大大小小的女真部落聯盟，聯盟長稱都孛堇，或都部長。其下所轄的諸氏族部落長稱孛堇，或作部長。完顏氏部落聯盟長爲了提高其至尊的地位，穆宗時采納阿骨打的建議，不許其他部落聯盟長稱都孛堇或都部長，這一稱號遂被取消。此不詳所指。

[4]石土門：女真人。一作神徒門。本書卷七〇有傳。“石土門”三字據中華點校本補。　猛安：女真地方行政設置及長官名稱。猛安相當於防禦州，同時也是軍事編制及軍官名稱，也用爲榮譽爵稱。

[5]斡可阿憐千户：千户爲猛安的漢語意譯。此用以指猛安。斡可阿憐猛安在今俄羅斯濱海邊疆區錫霍特山北端。一説在今俄羅斯哈巴羅夫斯克（伯力）附近。

曷蘇館路，[1]置節度使。天會七年，徙治寧州，[2]嘗置都統司，[3]明昌四年廢。[4]有化成關，國言曰曷撒罕關[5]。

[1]曷蘇館路：《讀史方輿紀要》卷三七：“曷蘇館在衛（蓋州

衛）東南，契丹徙女真部落數千家於此，置館領之，謂之熟女真。金亦置曷蘇館節度使，後遷於寧州。”其意爲曷蘇館最初治所在今遼寧省蓋州市東南，後遷寧州。寧州爲遼所設州，金無，故本書《地理志》不載。據其所在地，曷蘇館應屬東京路，此列入上京路，誤。據下文蓋州條，“明昌四年，罷曷蘇館，建辰州遼海軍節度使”。

［2］寧州：金初曷蘇館在遼陽府鶴野縣長宜鎮，即今遼寧省蓋州市東南。天會七年（1129）徙治寧州，即今遼寧省熊岳城西南七十里永寧鎮。一説在今遼寧省大連市金州區南。

［3］都統司：金初所設軍政合一的地方建置，不久即罷，故本書《百官志》不載。長官爲都統。

［4］明昌：金章宗年號（1190—1196）。

［5］化成關：即曷撒罕關、哈思罕關。金以遼蘇州關改名。一説在今遼寧省蓋州市東南；一説在今遼寧省大連市金州區南的南關嶺。曷撒罕關，原作“曷撒罕西”，據中華點校本改。

胡里改路，[1]國初置萬户，海陵例罷萬户，乃改置節度使。承安三年，置節度副使。西至上京六百三十里，北至邊界合里賓忒千户一千五百里。[2]

［1］胡里改路：亦作鶻里改路。治所在今黑龍江省依蘭縣喇嘛廟。

［2］合里賓忒千户：其地在今黑龍江下游敦敦河口，亦即今俄羅斯哈巴羅夫斯克邊疆區阿紐依河口附近。

烏古迪烈統軍司，[1]後升爲招討司，與蒲與路近。

［1］烏古迪烈統軍司：官署名。金初在烏古部、迪烈部所在地

設置的軍事管理機構，管轄今嫩江中游以西雅魯、綽爾兩河流域之地。天德二年（1150）升爲招討司，又名東北路招討司。後治所遷至泰州。泰和年間（1201—1208），分司於三百里以北的金山。

咸平路，[1]府一，領刺郡一，縣十。

[1]咸平路：治所在今遼寧省開原市老城鎮。

咸平府，[1]下，總管府，安東軍節度使。本高麗銅山縣地，[2]遼爲咸州，國初爲咸州路，置都統司。天德二年八月，升爲咸平府，後爲總管府。置遼東路轉運司、東京咸平路提刑司。[3]户五萬六千四百四。縣八：

平郭[4]　倚，舊名咸平，大定七年更。

銅山[5]　遼同州鎮安軍，本漢襄平縣，遼太祖時以東平寨置，[6]因名東平，軍曰鎮東。章宗大定二十九年，以與東平重，[7]故更。南有柴河，[8]北有清河，[9]西有遼河。

新興[10]　遼銀州富國軍，本渤海富州，熙宗皇統三年廢州，更名來屬。有范河，[11]北有柴河，西有遼河。

慶雲[12]　遼祺州祐聖軍，本以所俘檀州密雲民建檀州密雲，[13]後更名。有遼河。

清安[14]　遼肅州信陵軍，熙宗皇統三年降爲縣。

榮安[15]　東有遼河。

歸仁[16]　遼舊隸通州安遠軍，本渤海强師縣，[17]遼更名，[18]金因之。北有細河。[19]

玉山[20]　章宗承安三年，以烏速集、平郭、林河之間相去六百餘里之地置，[21]貞祐二年四月升爲節鎮，軍曰鎮安。

［1］咸平府：治所在今遼寧省開原市老城鎮。

［2］高麗：也作高句麗，朱蒙建立的東北地方民族政權（前37—668）。

［3］遼東路轉運司：官署名。治所設在咸平府。　東京咸平路提刑司：官署名。治所設在咸平府。承安三年（1198），與上京曷懶等路提刑司合并。

［4］平郭：與本府治所在同一地。據《遼史》卷三八《地理志二》："開泰中置縣。"

［5］銅山：治所在今遼寧省開原市南中固鎮。

［6］東平寨：據《遼史》卷三八《地理志二》："渤海爲東平寨。"

［7］東平：指山東西路治所東平府，治所在今山東省東平縣。

［8］柴河：源出遼寧省開原市東，西流經鐵嶺縣北入遼河。

［9］清河：今遼寧省開原市境内的清河與寇河。

［10］新興：治所在今遼寧省鐵嶺市西南新興堡古城。

［11］范河：即今遼寧省鐵嶺市的范河。

［12］慶雲：治所在今遼寧省康平縣東南三十五里齊家屯古城址。

［13］檀州：治所在今北京市密雲區。　密雲：縣名。與檀州治所同在一地。

［14］清安：治所在今遼寧省昌圖縣昌圖鎮古城。一説即遼寧省昌圖縣城。

［15］榮安：治所所在有多種説法。一説在今遼寧省開原市西遼河右岸；一説在今遼寧省康平縣東北齊家坨子附近；一説在今遼寧省康平縣東北。

［16］歸仁：治所在今遼寧省昌圖縣四面城古城址。

［17］强師縣：《遼史》卷三八《地理志二》作强帥縣。

[18]遼更名：據《遼史》卷三八《地理志二》，此縣本渤海强帥縣並新安縣置，並不是簡單地更名。

[19]細河：不詳。

[20]玉山：治所在今遼寧省開原市東。

[21]烏速集：不詳。　林河：不詳。

韓州，[1]下，刺史。遼置東平軍，本渤海鄚頡府。[2]户一萬五千四百一十二。舊有營。縣二：

臨津[3]　倚，未詳何年置。

柳河[4]　本渤海粤喜縣地，遼以河爲名。有狗河、柳河。[5]

[1]韓州：治所在今遼寧省昌圖縣西北八面城東南。金正隆中移至今遼寧省梨樹縣北偏臉城。

[2]渤海鄚頡府：據《遼史》卷三八《地理志二》："高麗置鄚頡府，都督鄚頡二州，渤海因之。"故應是高句麗舊置。但有關高句麗在此處的地方行政建置諸史書皆無記載，恐不足爲據。"鄚"，原作"鄭"，據中華點校本改。

[3]臨津：與本州治所在同一地。

[4]柳河：治所在今遼寧省昌圖縣八面城東南古城。

[5]狗河：不詳。　柳河：指今吉林省梨樹縣至遼寧省昌圖縣的條子河。

東京路，[1]府一，領節鎮一，刺郡四，縣十七，[2]鎮五。皇統四年二月，立東京新宫，寢殿曰保寧，宴殿曰嘉惠，前後正門曰天華、曰乾貞。七月，建宗廟，[3]有孝寧宫。[4]七年，建御容殿。[5]

[1]東京路：治所在今遼寧省遼陽市。

[2]縣十七：以下所列實十九縣。施國祁《金史詳校》卷三上："以雙城、秀岩二縣已廢，不在内。"

[3]建宗廟：本書卷四《熙宗紀》作"建原廟於東京"。

[4]孝寧宫：據本書卷六四《貞懿皇后傳》，"世宗即位於東京，尊謚爲貞懿皇后，其寢園曰孝寧宫"，則孝寧宫是世宗生母陵園名。本書卷八《世宗紀下》載其赴上京時途經東京，曾"朝謁孝寧宫"，也可以證明這一點。熙宗時似不應有孝寧宫之號。此繫於熙宗皇統年中，誤。

[5]七年，建御容殿：據本書卷三三《禮志六》載，皇統七年（1147）"東京御容殿成"，知"七年"爲該殿落成的時間。

遼陽府，[1]中，東京留守司。[2]本渤海遼陽故城，遼完葺之，郡名東平。天顯三年，[3]升爲南京，府曰遼陽。十三年，更爲東京。太宗天會十年，改南京路平州軍帥司爲東南路都統司之時，[4]嘗治於此，以鎮高麗。後置兵馬都部署司，[5]天德二年，改爲本路都總管府，後更置留守司。産白兔、師姑布、鼠毫、白鼠皮、人參、白附子。户四萬六百四。縣四、鎮一：

遼陽[6]　倚。東梁河，[7]國名兀魯忽必剌，俗名太子河。

鶴野[8]　鎮一　長宜，曷蘇館在其地。[9]

宜豐[10]　遼舊衍州安廣軍，皇統三年廢爲縣。有東梁河。

石城[11]　興定三年九月，以縣之靈岩寺爲岩州，[12]名其倚郭縣曰東安，置行省。[13]

[1]遼陽府：治所在今遼寧省遼陽市。

[2]東京：京路名，治所在今遼寧省遼陽市。

[3]天顯：遼太祖年號（926—927），太宗沿用不改（927—938）。

[4]南京路平州軍帥司：本書卷四四《兵志》："（天會）十年，改南京路都統司爲東南路都統司，治東京以鎮高麗。"本書卷七二《習古迺傳》作"南京路軍帥司"，皆無"平州"二字。此處"平州"爲小字注文，爲提示此南京指平州。　東南路都統司：金初官署名。始設於天會十年（1132），主要任務是統兵鎮撫高麗。長官爲東南路都統，第一任都統爲習古迺。治東京遼陽府。

[5]兵馬都部署司：官署名。金初於諸路設兵馬都部署司，負責統領各地駐軍，天德以後改爲兵馬都總管府。

[6]遼陽：與本府治所在同一地。

[7]東梁河：即今遼河支流太子河。

[8]鶴野：治所在今遼寧省遼陽西南的唐馬寨鎮。

[9]長宜：治所在今遼寧省遼陽市西南。

[10]宜豐：治所在今遼寧省遼陽市東南。

[11]石城：治所在今遼寧省遼陽市東太子河北岸的燕州城。

[12]岩州：治所在今遼寧省遼陽市東南。

[13]行省：官署名。行尚書省的簡稱。章宗以後，因用兵、河防等事涉及諸路，需統籌安排，故臨時設立行尚書省，作爲尚書省的派出機構以總其事，事畢撤銷。金末漸遍布全國，成爲臨時性地方設置。長官爲行尚書省事，或簡稱行省事，一般由執政充任。

澄州，[1]南海軍刺史，下。本遼海州，[2]天德三年改州名。户一萬一千九百三十五。縣二、鎮一：

臨溟[3]　鎮一　新昌。[4]

析木[5]　遼銅州廣利軍附郭析木縣也，皇統三年廢州來屬。有沙河。[6]

[1]澄州：治所在今遼寧省海城市。

[2]本遼海州："州"，原作"軍"，據中華點校本改。

[3]臨溟：與本州治所在同一地。按本志行文慣例，此縣下應有小字注文"倚"字。以下缺"倚"字處尚多，不一一指出。

[4]新昌：今遼寧省海城市東北的向陽寨。

[5]析木：治所在今遼寧省海城市東南析木城。

[6]沙河：即今遼寧省海城市南的海城河。

瀋州，[1]昭德軍刺史，中。本遼定理府地，[2]遼太宗時置軍曰興遼，[3]後爲昭德軍，置節度。[4]明昌四年改爲刺史，[5]與通、貴德、澄三州皆隸東京。[6]户三萬六千八百九十二。縣五：

樂郊[7]　遼太祖俘三河之民建三河縣於此，後改更今名。有渾河。[8]

章義[9]　遼舊廣州，皇統三年降爲縣來屬。有遼河、東梁河、遼河大口。[10]

遼濱[11]　遼舊遼州東平軍，遼太宗改爲始平軍，皇統三年廢爲縣。有遼河。

挹樓[12]　遼舊興州興中軍常安縣，[13]遼嘗置定理府刺史於此，[14]本挹樓故地，[15]大定二十九年章宗更名。有范河，清河，國名叩隈必剌。

雙城[16]　遼雙州保安軍也，皇統三年降爲縣，章宗時廢。

[1]瀋州：治所在今遼寧省瀋陽市。

[2]定理府地：據《遼史》卷三八《地理志二》，瀋州與定理府並列，非一地。定理府在今遼寧省鐵嶺市西南懿路村。

[3]遼太宗：廟號。即耶律德光。927 年至 947 年在位。　興

遼：原作“興遠”，據中華點校本改。

［4］節度：即節度使，遼官名。遼襲唐制，於大州設節度使，兼管本州軍事與民政。

［5］明昌四年改爲刺史：《金虜圖經》有瀋州昭德軍節度，當是明昌四年以前事。

［6］通、貴德、澄三州：按金東京路無通州，或衍或誤。

［7］樂郊：與本州治所在同一地。

［8］渾河：今遼寧省境内遼河支流渾河。

［9］章義：治所在今遼寧省瀋陽市西南彰驛站鄉。皇統三年（1143）改昌義縣置。

［10］遼河大口：在今遼寧省遼中縣以西的遼河渡口。

［11］遼濱：治所在今遼寧省新民縣東北遼濱塔。

［12］挹樓：治所在今遼寧省鐵嶺市西南懿路村。

［13］興中軍：《遼史》卷三八《地理志二》作“中興軍”。

［14］遼嘗置定理府刺史於此：此事不見載於《遼史》。

［15］挹樓：挹樓即挹婁。東北古肅慎族系别稱。按肅慎、挹婁一系的居住地在今何地有十種不同説法（參見楊保隆《肅慎挹婁合考》，中國社會科學出版社 1989 年版），但無一認爲能達到今遼寧省鐵嶺市以南一帶。

［16］雙城：治所在今遼寧省鐵嶺市西南古城子村。

貴德州，[1]刺史，下。遼貴德州寧遠軍，國初廢軍，降爲刺郡。户二萬八百九十六。縣二：

貴德[2]　倚。有范河。

奉集[3]　遼集州懷遠軍奉集縣，[4]本渤海舊縣。有渾河。

［1］貴德州：治所在今遼寧省撫順市高爾山下古城。

［2］貴德：與本州治所在同一地。

[3]奉集：治所在今遼寧省瀋陽市東南奉集堡。

[4]遼集州懷遠軍：《遼史》卷三八《地理志二》作“集州，懷衆軍”。

蓋州，[1]奉國軍節度使，下。本高麗蓋葛牟城，[2]遼辰州。明昌四年，罷曷蘇館，建辰州遼海軍節度使。六年，以與“陳”同音，更取蓋葛牟爲名。户一萬八千四百五十六。縣四、鎮二：

湯池[3]　遼鐵州建武軍湯池縣。　鎮一　神鄉。[4]

建安[5]　遼縣。　鎮一　大寧。[6]

秀岩[7]　本大寧鎮，明昌四年升。泰和四年廢爲鎮，[8]貞祐四年復升置。

熊岳[9]　遼盧州玄德軍熊岳縣。遼屬南女直湯河司。[10]

[1]蓋州：治所在今遼寧省蓋州市。

[2]蓋葛牟城：《舊唐書》《新唐書》《唐會要》以及《遼史》卷三八《地理志二》等書都作“蓋牟城”。

[3]湯池：治所在今遼寧省營口市東南湯池堡。

[4]神鄉：在今遼寧省營口市北岳州城。

[5]建安：遼辰州僅此一縣。金爲蓋州首縣，與本州治所在同一地。依本志行文慣例，建安當置湯池上，並加小字注文“倚”字。

[6]大寧：在今遼寧省岫岩滿族自治縣以北古城。

[7]秀岩：治所在今遼寧省岫岩滿族自治縣以北古城。

[8]泰和：金章宗年號（1201—1208）。

[9]熊岳：治所在今遼寧省營口市熊岳鎮。

[10]南女真湯河司：遼官署名。

復州，[1]下，刺史。遼懷遠軍節度，[2]明昌四年降爲刺史。舊貢鹿筋，大定八年罷之。户一萬三千九百五十。縣二、鎮一：

永康[3]　倚。舊名永寧，大定七年更。

化成[4]　遼蘇州安復軍，本高麗地，興宗置。[5]皇統三年降爲縣來屬。貞祐四年五月升爲金州，興定二年升爲防禦。鎮一　歸勝。[6]

[1]復州：治所在今遼寧省瓦房店市。

[2]懷遠軍：按《遼史》卷三八《地理志二》作“懷德軍節度”。

[3]永康：與本州治所在同一地。

[4]化成：治所在今遼寧省大連市金州區故城址。

[5]興宗：廟號。即遼興宗，名耶律宗真。1031年至1054年在位。

[6]歸勝：在今遼寧省蓋州市西南三十里的歸州滿族鄉。

來遠州，[1]下。舊來遠城，本遼熟女直地，[2]大定二十二年升爲軍，[3]後升爲州。

[1]來遠州：治所在今遼寧省丹東市九連城東鴨緑江中的黔定島上。

[2]熟女直：遼朝管轄下今遼寧省及吉林省南部地區的女真人。其首領接受遼朝的官號和官印，人户編入遼朝户籍，按户抽丁，故也稱係遼籍女真或係遼女真、係籍女真。

[3]大定二十二年升爲軍：按本書《地理志》所載，各軍皆於大定二十二年（1182）升爲州，來遠當不例外，故此當作“升爲

州”。但本書卷四九《食貨志四》，大定二十七年下有來遠軍，卷五〇《食貨志五》，章宗明昌二年下有來遠軍，似來遠軍升爲州至少也在明昌二年以後。待考。

婆速府路，[1]國初置統軍司，天德二年置總管府，貞元元年與曷懶路總管並爲尹，兼本路兵馬都總管。此路皆猛安户。

[1]婆速府路：治所在今遼寧省丹東市東北九連城鎮。

北京路，[1]府四，領節鎮七，刺郡三，縣四十二，鎮七，[2]寨一。[3]

[1]北京路：治所在今内蒙古自治區寧城縣大明城。

[2]鎮七：以下所列實爲十二。

[3]寨一：以下所列實爲五。另，殿本於此下有“堡五十六”四字。與下文所記堡數相符。

大定府，[1]中，北京留守司。[2]遼中京。統和二十五年建爲中京，[3]國初因稱之。海陵貞元元年更爲北京，置留守司、都轉運司、警巡院。[4]産貂鼠、螺杯、茱萸梳、玳瑁鞍、酥乳餅、五味子。户六萬四千四十七。縣十一、鎮二：

大定[5]　倚，遼縣舊名。有土河、七金山、陰凉河。[6]鎮一　恩化。[7]

長興[8]　有塗河。[9]

富庶[10]　有心河。[11]　鎮一　文安。[12]

松山[13]　遼松山州勝安軍松山縣，開泰中置，[14]舊置刺史。太祖天輔七年置觀察使。[15]皇統三年廢州來屬。承安三年隸高州，[16]泰和四年復。有陰涼河、落馬河。[17]

神山[18]　遼澤州神山縣，遼太祖俘蔚州之民置。[19]章宗承安二年嘗置惠州，升孩兒館爲灤陽縣，以隸之。泰和四年罷州及灤陽縣。

惠和[20]　皇統三年以遼惠州惠和縣置。

金源[21]　唐青山縣，遼開泰二年置，以地有金甸爲名。有駱駝山。[22]

和衆[23]　遼榆州和衆縣，皇統三年罷州來屬。

武平[24]　遼築城杏堝，初名新州，統和間更爲武安州。皇統三年降爲武安縣來屬，大定七年更名。承安三年隸高州，泰和四年復來屬。

静封[25]　承安二年以胡設務置，隸全州，[26]三年隸高州，泰和四年來屬。

三韓[27]　遼伐高麗，遷馬韓、辰韓、弁韓三國民爲縣，[28]置高州。太祖天輔七年以高州置節度使，皇統三年廢爲縣，承安三年復升爲高州，置刺史，爲全州支郡，分武平、松山、静封三縣隸焉。泰和四年廢。有落馬河、塗河。

[1]大定府：治所在今内蒙古自治區寧城縣大明城。

[2]北京：京路名，治所在今内蒙古自治區寧城縣大明城。

[3]統和：遼聖宗年號（983—1011）。

[4]警巡院：官署名。金於諸京府置警巡院，掌平理獄訟，警察所部。長官爲警巡使，正六品。

[5]大定：縣名。與本府治所在同一地。

［6］土河：即今内蒙古自治區西遼河支流老哈河。　七金山：在今内蒙古自治區寧城縣大明城以北，土河（老哈河）西岸的九頭山。因山有七峰，故名。　陰涼河：在今内蒙古自治區赤峰市境内，源出㚟嶺，至赤峰市以北合落馬河入老哈河。

［7］恩化：遼爲恩州懷德軍恩化縣，開泰中以渤海人户置。治所在今内蒙古自治區喀喇沁旗東西橋鄉東土城子古城。

［8］長興：在今内蒙古自治區寧城縣西老哈河北岸大明城。與大定縣並爲大定府治所在地。

［9］塗河：即土河（老哈河）。

［10］富庶：治所在今遼寧省建平縣東公營子。

［11］心河：不詳。

［12］文安：在今遼寧省建平縣西北紅帽子村附近。

［13］松山：治所在今内蒙古自治區赤峰西境大營子東二十里古城。

［14］開泰中：《遼史》卷三八《地理志二》作“開泰二年”。

［15］天輔：金太祖年號（1117—1123）。　觀察使：遼節度使之州設觀察使司，以觀察使爲本州行政長官。金代無專設觀察之州，以節度使兼本州管内觀察使，主管本州民政。特設觀察判官一員，負責觀察使司庶務，正七品。

［16］高州：治所在今内蒙古自治區赤峰市東北哈拉木頭村西土城子古城。

［17］落馬河：即今内蒙古自治區赤峰市北英金河及其上游陰河。

［18］神山：治所在今河北省平泉縣西南二十里察罕城。

［19］蔚州：遼州名。治所在今河北省蔚縣。

［20］惠和：治所在今内蒙古自治區敖漢旗博羅科舊城址。

［21］金源：治所在今遼寧省建平縣東北喀喇沁鄉。

［22］駱駝山：即今内蒙古自治區太僕寺旗東北灤河西之駱駝山。

[23]和衆：治所在今遼寧省凌源市西十八里堡古城址。

[24]武平：治所在今内蒙古自治區敖漢旗東白塔子。

[25]静封：治所在今内蒙古自治區赤峰市北郊。

[26]全州：治所在今内蒙古自治區赤峰市北一百八十里的烏丹城。一説在今内蒙古自治區翁牛特旗。

[27]三韓：治所在今内蒙古自治區赤峰市東北哈拉木頭村。

[28]馬韓、辰韓、弁韓：古部族名，統稱三韓。馬韓爲最古的韓人，辰韓、弁韓是韓人與秦時流人、箕氏朝鮮遺民融合形成的。居住地都在今朝鮮半島南部地區，主要是漢江以南。詳見《後漢書》卷八五《東夷傳》與《三國志》卷三〇《魏書·東夷傳》。公元前57年前後，辰韓建立新羅國，與高句麗、百濟鼎立，三韓民族與漢族、夫餘族、高句麗族在三國中各自進行民族融合，形成新民族。按此所伐高麗當是指王建統一新羅、百濟、高句麗後建立的王氏高麗政權（918—1392），此時三韓已不再作爲獨立的部族出現。本書當是沿用古稱，指王氏高麗政權下的高麗人。

利州，[1]下，刺史。遼統和十六年置。[2]户二萬一千二百九十六。縣二、鎮一、寨一：

皁俗[3]　遼統和四年置，金因之。

龍山[4]　遼故潭州廣潤軍縣故名，熙宗皇統三年廢州來屬。有榆河。[5]　寨一　蘭州。[6]　鎮一　漆河。[7]

[1]利州：治所在今遼寧省喀喇沁左翼蒙古族自治縣大城子鎮東門外古城址。

[2]統和十六年置：《遼史》卷三九《地理志三》作“統和二十六年置”。

[3]皁俗：與本州治所在同一地。

[4]龍山：治所在今遼寧省喀喇沁左翼蒙古族自治縣西南八里

大凌河旁，俗呼喀喇城。

[5]榆河：即本書卷二三《五行志》的榆林河。係今大凌河支流，發源於河北省平泉縣境内，經今遼寧省凌源市至喀喇沁左翼蒙古族自治縣東南與狗河匯。

[6]蘭州：在利州治所西南六十里。

[7]漆河：不詳。

義州，[1]下，崇義軍節度使。遼宜州，天德三年更州名。户三萬二百三十三。縣三、鎮一：

弘政[2]　有凌河。[3]

開義[4]　遼海北州廣化軍縣故名，熙宗皇統三年廢州來屬。　鎮一　饒慶。[5]

同昌[6]　遼成州興府軍縣故名，國初隸川州，[7]大定六年罷川州，隸懿州，[8]承安二年復隸川州，泰和四年來屬。

[1]義州：治所在今遼寧省義縣東北二十五里。一説在今義縣縣城。

[2]弘政：與本州治所在同一地。

[3]凌河：指今遼寧省西部的大凌河。

[4]開義：治所在今遼寧省義縣南四十里開州屯。

[5]饒慶：治所在今遼寧省義縣西三十里。一説在今遼寧省義縣南四十五里。

[6]同昌：治所在今遼寧省阜新市西北五十里的西紅帽子村古城址。

[7]川州：治所在今遼寧省北票市東北八十里黑城子古城。

[8]懿州：治所在今遼寧省阜新蒙古族自治縣東北塔營子鄉古城址。

錦州，[1]下，臨海軍節度使。舊隸興中府，後來屬。户三萬九千一百二十三。縣三：

永樂[2]　本慕容皝之西樂縣地。[3]

安昌[4]

神水　遼開泰二年置，[5]皇統三年廢爲鎮，大定二十九年復升爲縣。有土河[6]。

[1]錦州：治所在今遼寧省錦州市。

[2]永樂：與本州治所在同一地。

[3]慕容皝：十六國時期前燕皇帝。《晋書》卷一〇九有載記。

[4]安昌：治所在今遼寧省葫蘆島市北虹螺峴古城。

[5]神水：治所在今遼寧省錦州市西五十里。一説在今遼寧省朝陽縣。

[6]土河：土河即老哈河，但老哈河不流經神水縣境。疑此誤，或别有所指。

瑞州，[1]下，歸德軍節度使。本來州，天德三年更爲宗州，泰和六年以避睿宗諱，謂本唐瑞州地，故更今名。户一萬九千九百五十三。縣三、鎮一：

里安[2]　舊名來賓，唐來遠縣也。明昌六年更爲宗安，泰和六年復更今名。

海陽[3]　遼潤州海陽軍故縣，皇統三年廢州來屬。　鎮一　遷民。[4]

海濱[5]　本慕容皝集寧縣地，遼隰州海平軍故縣，[6]皇統三年廢州來屬。

［1］瑞州：治所在今遼寧省綏中縣西南前衛鎮。

［2］里安：與本州治所在同一地。

［3］海陽：治所在今河北省山海關西海陽鎮。一説在今河北省秦皇島市東北。

［4］遷民：在今河北省山海關。

［5］海濱：治所在今遼寧省興城市西南。

［6］隰州海平軍:《遼史》卷三九《地理志三》作“隰州平海軍”。

廣寧府,[1]散，下，鎮寧軍節度使。本遼顯州奉先軍，漢望平縣地，天輔七年升爲府，因軍名置節度。天會八年改軍名鎮寧。天德二年隸咸平，後廢軍隸東京。泰和元年七月來屬。户四萬三千一百六十一。縣三、舊有奉玄縣,[2]天會八年改爲鐘秀縣。鎮六、寨四、鎮二　歡城、遼西。[3]

廣寧[4]　舊名山東縣，大定二十九年更名。有遼世宗顯陵。[5]寨二　閭城、兔兒窩。[6]

望平[7]　大定二十九年升梁漁務置。　鎮二　梁漁務、山西店。[8]

閭陽[9]　遼乾州廣德軍，以奉乾陵故名奉陵縣。[10]天會八年廢州更名來屬。有凌河。有遼景宗乾陵。[11]　鎮二　閭陽、衡家。[12]　寨二　大斧山、北川。[13]

［1］廣寧府：治所在今遼寧省北寧市。

［2］舊有奉玄縣：按《遼史》卷三八《地理志二》，顯州奉先軍作“奉先縣”。治所在今遼寧省北寧市西北。

［3］鎮二　歡城、遼西：此六字應移入下文廣寧縣下。遼西鎮：

在今遼寧省義縣東南大凌河東側的王民屯。歡城鎮在今遼寧省北寧市境内。

[4]廣寧：與本州治所在同一地。

[5]遼世宗：廟號。即耶律阮。947年至951年在位。　顯陵：遼世宗耶律阮墓，在今遼寧省北寧市西醫巫閭山。

[6]閭城：在今遼寧省北寧市境内。　兔兒窩：在今遼寧省北寧市東北。

[7]望平：遼寧省黑山縣繞陽河站西南古城子村。

[8]山西店：在今遼寧省黑山縣境。

[9]閭陽：治所原在遼寧省北寧市西南，金大定二十九年（1189）移至北寧市東南六十里的南寨村。

[10]乾陵：遼景宗耶律賢墓，在今遼寧省北寧市境。

[11]遼景宗：廟號。即耶律賢。969年至982年在位。

[12]閭陽：在今遼寧省北寧市西南閭陽驛。　衡家：不詳。

[13]大斧山：不詳。疑爲今遼寧省黑山縣南大虎山鎮。　北川：不詳。

懿州，[1]下，寧昌軍節度使。遼嘗更軍名慶懿，又爲廣順，復更今名。金因之，先隸咸平府，泰和末來屬。户四萬二千三百五十一。縣二：大定六年罷川州，以宜民、同昌二縣來屬。承安二年復以二縣隸川州。泰和四年罷川州，以宜民隸興中，同昌隸義州。

順安[2]

靈山[3]　本渤海靈峰縣地。

[1]懿州：治所在今遼寧省阜新蒙古族自治縣東北塔營子鄉古城址；一説在今阜新市平安地東土城子。

[2]順安：與本州治所在同一地。按本《志》行文慣例，此下

當有小字注文“倚”字。

[3]靈山：《東北歷代疆域史》認爲靈山縣在“懿州之西”；《中國歷史地圖集》置於今遼寧省法庫縣西北；史爲樂《中國歷史地名大辭典》認爲在今遼寧省阜新蒙古族自治縣北境。

興中府,[1]散，下。本唐營州城，遼太祖遷漢民以實之,[2]曰霸州彰武軍，重熙十一年升爲府,[3]更今名，金因之。户四萬九百二十七。縣四、鎮三：

興中[4]　本漢柳城地。南有凌河。　鎮一　黔城。[5]

永德[6]　遼安德州化平軍安德縣，世宗大定七年更今名。北有凌河。　鎮一　阜安。[7]

興城[8]　遼嚴州保肅軍縣故名，皇統三年廢州隸錦州。有桃花島。

宜民[9]　遼川州長寧軍，會同中嘗名白川州,[10]天禄五年去“白”字,[11]國初因之，與同昌縣皆隸焉。大定六年降爲宜民縣，隸懿州。承安二年復置川州，改徽川寨爲徽川縣，爲懿州支郡。泰和四年罷州及徽川縣來屬。　鎮一　咸康,[12]遼縣也，國初廢爲鎮。

[1]興中府：治所在今遼寧省朝陽市。

[2]遷漢民以實之：《遼史》卷三九《地理志三》作“太祖平奚及俘燕民”。

[3]重熙十一年升爲府：《遼史》卷三九《地理志三》作“重熙十年升興中府”。

[4]興中：與本府治所在同一地。

[5]黔城：在今遼寧省義縣北；一説在今遼寧省北票市東南。

[6]永德：治所在今遼寧省朝陽市東南約三十里柏山上。

[7]阜安：在今遼寧省朝陽縣境。

[8]興城：治所在今遼寧省興城市南四城子。

[9]宜民：治所在今遼寧省北票市東北八十里黑城子。

[10]會同：遼太宗年號（938—947）。據《遼史》卷三九《地理志三》，改名白川州在會同三年。

[11]天禄：遼世宗年號（947—951）。

[12]咸康：據《遼史》卷三九《地理志三》，咸康爲中京道川州次縣，治所在今遼寧省朝陽市東北六十七里四角板村。一説在今遼寧省北票市西南。

建州，[1]下，保靖軍刺史。[2]遼初名軍曰武寧，後更，金因之。户一萬一千四百三十九。縣一：

永霸[3]　本唐昌黎縣地。[4]

[1]建州：治所在今遼寧省朝陽市西北黄河灘上的喀喇城。

[2]保靖軍：《遼史》卷三九《地理志三》作“保静軍”。

[3]永霸：與本州治所在同一地。

[4]本唐昌黎縣地：據《遼史》卷三九《地理志三》，永霸縣本唐昌樂縣，遼建州所屬永康縣乃唐昌黎縣。疑此處“黎”是“樂”字之誤。

全州，[1]下，盤安軍節度使。[2]承安二年置，改胡設務爲静封縣，[3]黑河鋪爲盧川縣，撥北京三韓縣烈虎等五猛安以隸焉。[4]貞祐二年四月嘗僑置於平州。[5]户九千三百一十九。縣一：

安豐[6]　承安元年十月改豐州鋪爲安豐縣，隸臨潢府，二年置全州磐安軍節度使治。有黄河、黑河。[7]

［1］全州：治所在今内蒙古自治區赤峰市北一百八十里的烏丹城。一説在今内蒙古自治區翁牛特旗。

［2］盤安軍：應作“磐安軍”。盤，施國祁《金史詳校》卷三上認爲當作“磐”。

［3］静封縣：“静”，原作“靖”，據中華點校本改。

［4］烈虎等五猛安：自今内蒙古自治區赤峰市哈拉木頭村舊城址遷來本州，本書僅見於此，其他不詳。

［5］平州：原作“薊州”，據中華點校本改。

［6］安豐：與本州治所在同一地。

［7］黄河：也作潢河，即今内蒙古自治區的西拉木倫河。　黑河：即今内蒙古自治區的察罕木倫河。

臨潢府，[1]下，總管府。地名西樓，遼爲上京，國初因稱之，天眷元年改爲北京。天德二年改北京爲臨潢府路，以北京路都轉運司爲臨潢府路轉運司，天德三年罷。貞元元年以大定府爲北京後，但置北京臨潢路提刑司。大定後罷路，併入大定府路。貞祐二年四月嘗僑置於平州。有天平山、好水川，[2]行宫地也，大定二十五年命名。有撒里乃地，[3]熙宗皇統九年嘗避暑於此。有陷泉，[4]國言曰落孛魯。有合褭追古思阿不漢合沙地。[5]户六萬七千九百七。縣五、堡三十七：大定間二十四，後增。

臨潢[6]　倚　有金粟河。[7]

長泰[8]　有立列只山，[9]其北千余里有龍駒河，[10]國言曰喝必剌。有撒里葛覩地。[11]

廬川[12]　承安二年以黑河鋪升，隸全州，後復來屬。有潢河。

寧塞[13]　泰和元年五月置。有滑河。[14]

長寧[15]　遼永州永昌軍縣故名，太祖天輔七年嘗置節度使，皇統三年廢州來屬。

[1]臨潢府：治所在今内蒙古自治區巴林左旗林東鎮南波羅城。

[2]天平山：疑即罕山，在今内蒙古自治區扎魯特旗西北。好水川：即今内蒙古自治區扎魯特旗西白音巨流河。

[3]撒里乃地：在今内蒙古自治區巴林左旗林東鎮之西北。法國人閔宣化《東蒙古遼代舊城探考記》："按今日巴林西北高原之上有地名曰壩後，疑即其地也。"

[4]陷泉：地名。一説在今内蒙古自治區巴林左旗境内；一説在今内蒙古自治區喀喇沁旗西南。

[5]有合裊追古思阿不漠合沙地：此句不可解，疑有脱誤。

[6]臨潢：與本府治所在同一地。

[7]金粟河：即今内蒙古自治區巴林左旗東烏力吉木倫河。

[8]長泰：治所在今内蒙古自治區巴林左旗西北。一説在内蒙古自治區巴林左旗林東鎮東南波羅城。

[9]立列只山：一説在今查干木倫河與烏力吉木倫河之間；一説在今内蒙古巴林左旗西北，接西烏珠穆沁旗界；一説即今内蒙古自治區巴林左旗北之小罕山。

[10]龍駒河：即今克魯倫河。

[11]撒里葛覩地：不詳。

[12]盧川：治所在今内蒙古自治區巴林右旗東南查干木倫河北岸都希蘇木西北友好村。

[13]寧塞：治所在今内蒙古自治區扎魯特旗西北民主村古城。一説在今内蒙古自治區阿魯科爾沁旗境内。

[14]滑河：即今内蒙古自治區阿魯科爾沁旗東北之海哈爾河、呼虎爾河。

［15］長寧：治所在今内蒙古自治區翁牛特旗東老哈河與西拉木倫河匯合口之西。一説在今翁牛特旗東北新蘇莫蘇木巴彦諾爾嘎查古城，俗稱達爾罕廟。

慶州，[1]下，玄寧軍刺史。境内有遼祖州，[2]天會八年改爲奉州，皇統三年廢，遼太祖祖陵在焉。[3]境内有遼懷州，[4]舊置奉陵軍，天會八年更爲奉德軍，皇統三年廢，遼太宗、穆宗懷陵在焉。[5]北山有遼聖宗、興宗、道宗慶陵。[6]城中有遼行宫，比他州爲富庶，遼時刺此郡者非耶律、蕭氏不與，遼國寶貨多聚藏於此。北至界二十里，南至盧川二百二十，西至桓州九百，東至臨潢一百六十。户二千七。縣一：舊有孝安縣，[7]天會八年改爲慶民縣，皇統三年廢。

朔平[8]　有榷場務。[9]

［1］慶州：治所在今内蒙古自治區赤峰市巴林右旗白塔子古城，又名插漢城。

［2］遼祖州：遼州名。治所在今内蒙古自治區巴林左旗林東鎮西四十餘里滿琪克山石房子村遼代舊城址。“遼”字原無，從中華點校本補。

［3］祖陵：指遼太祖耶律阿保機墓，在今内蒙古自治區巴林左旗西南。

［4］遼懷州：遼州名。治所在今内蒙古自治區巴林左旗林東鎮西北九十餘里崗崗廟舊城址。“境内有遼懷州”原在“遼太祖祖陵在焉”之前，據中華點校本乙正。

［5］遼穆宗：廟號。即耶律璟。951 年至 969 年在位。　懷陵：即遼太宗耶律德光與遼穆宗耶律璟墓，在今内蒙古自治區巴林右旗

北。“在焉”二字原無，從中華點校本補。

[6]遼聖宗：廟號。即耶律隆緒。983 年至 1031 年在位。　興宗：廟號。指遼興宗耶律宗真。1031 年至 1054 年在位。　道宗：廟號。指遼道宗耶律洪基。1054 年至 1100 年在位。　慶陵：即遼聖宗耶律隆緒、遼興宗耶律宗真、遼道宗耶律洪基墓，在今内蒙古自治區巴林右旗北。

[7]孝安縣：不詳。

[8]朔平：與本州治所在同一地。

[9]榷場務：不詳。

興州，[1]寧朔軍節度使。本遼北安州興化軍，皇統三年降軍置興化縣，承安五年升爲興州，[2]置節度，軍名寧朔，改利民寨爲利民縣，[3]撥梅堅河徒門必罕、寧江、速馬剌三猛安隸焉。[4]貞祐二年四月僑置於密雲縣。户一萬五千九百七十。縣二：又有利民縣，承安五年以利民寨升，泰和四年廢。

興化[5]　倚。遼舊縣，皇統三年降興化軍置，隸大定府，承安五年建興州於縣，爲倚郭。舊有白檀鎮。

宜興[6]　本興化縣白檀鎮，泰和三年升爲縣來屬。

[1]興州：治所在今河北省灤平縣西南約一里喀喇河屯故址。一説在今河北省承德市西南灤河鎮西南。

[2]承安五年升爲興州：本書卷五一《選舉志》明昌元年（1190）有興州，卷一二六《劉昂傳》稱其爲興州人，劉昂中大定十九年進士，此兩見興州都在承安五年（1200）以前。

[3]利民縣：治所在今河北省隆化縣北。

[4]梅堅河徒門必罕、寧江、速馬剌三猛安：皆是猛安名。梅

堅河猛安原屬上京，梅堅河爲河名，不詳爲今何地。徒門，河名，即今圖們江。必罕，女真語，“原”的意思。此猛安當是從圖們江附近遷來。寧江，州名，治所在今何地説法甚多。此猛安當自寧江州遷來。速馬剌即速馬必剌，指粟末河，即今松花江。此猛安當自寧江州附近的松花江邊地區遷來。此三猛安後又遷往撫州，金末改隸雄州。

[5]興化：縣名。與本州治所在同一地。

[6]宜興：縣名。治所在今河北省灤平縣西北七十五里的波羅和屯。

泰州，[1]德昌軍節度使。[2]遼時本契丹二十部族牧地，海陵正隆間，置德昌軍，隸上京，大定二十五年罷之。承安三年復置於長春縣，[3]以舊泰州爲金安縣，隸焉。北至邊四百里，南至懿州八百里，東至肇州三百五十里。户三千五百四。縣一、舊有金安縣，[4]承安三年置，尋廢。堡十九：

長春[5]　遼長春州韶陽軍，天德二年降爲縣，隸肇州，承安三年來屬。有撻魯古河、鴨子河。[6]有別里不泉。[7]

[1]泰州：治所在今吉林省洮南市東北雙塔鄉城四家子舊城址。一説在今黑龍江省泰來縣塔子城，金承安三年（1198）移治長春縣（今吉林省前郭爾羅斯蒙古族自治縣西北塔虎村）。

[2]德昌軍節度使：“德昌”，原作“昌德”，據中華點校本乙正。

[3]長春縣：指泰州新治所，在今吉林省前郭爾羅斯蒙古族自治縣西北塔虎村。

[4]金安縣：遼泰州所在地，金爲舊泰州。治所在今吉林省洮

南市東雙塔鄉城四家子村舊城址。

[5]長春：縣名。與本州治所在同一地。

[6]撻魯古河：也作撻魯河、他魯河、它漏河、踏弩河。遼聖宗太平四年（1024）改爲長春河，即今洮兒河。

[7]别里不泉：不詳。

邊堡，大定二十一年三月，世宗以東北路招討司十九堡在泰州之境，及臨潢路舊設二十四堡障參差不齊，遣大理司直蒲察張家奴等往視其處置。[1]於是東北自達里帶石堡子至鶴五河地分，[2]臨潢路自鶴五河堡子至撒里乃，[3]皆取直列置堡戍。評事移剌敏言：[4]"東北及臨潢所置，土瘠樵絶，[5]當令所徙之民姑逐水草以居，分遣丁壯營畢，開壕塹以備邊。"上令無水草地官爲建屋，及臨潢路諸堡皆以放良人戍守。省議：[6]"臨潢路二十四堡，堡置户三十，共爲七百二十，若營建畢，官給一歲之食。"上以年饑權寢，姑令開壕爲備。四月，遣吏部郎中奚胡失海經畫壕塹，[7]爲沙雪堙塞，不足爲禦。乃言："可築二百五十堡，堡日用工三百，計一月可畢，粮亦足備，可爲邊防久計。泰州九堡、臨潢五堡之地斥鹵，官可爲屋外，自撒里乃以西十九堡，舊戍軍舍少，可令大鹽濼官木三萬餘，[8]與直東堡近嶺求木，[9]每家官爲構室一椽以處之。"

[1]大理司直：大理寺屬官。掌參議疑獄，披詳法狀。正七品。蒲察張家奴：女真人。本書僅見於此及卷四六。

[2]達里帶石堡子：在今内蒙古自治區莫力達瓦達斡爾族自治

旗北。　鶴五河：在今内蒙古自治區科爾沁右翼中旗西霍林河。

[3]鶴五河堡子：在今内蒙古自治區科爾沁右翼中旗西北。

[4]評事：大理寺屬官。掌參議疑獄，披詳法狀。正八品。移剌敏：女真人。本書見於卷一〇、六二、九四及此。章宗時官至右宣徽使，明昌六年（1195）爲賀宋正旦使。出使歸來即爲都統，隨夾谷清臣北伐。

[5]塉（jí）：貧瘠的土地。

[6]省：指尚書省。爲金代最高政務機關，下屬機構有左、右司與吏、户、禮、兵、刑、工六部。長官爲尚書令，正一品。

[7]吏部郎中：尚書吏部屬官。協助吏部尚書掌文武選授、勳封、考課、出給制誥等政事。從五品。　奚胡失海：奚人。大定二十一年（1181）爲夏國生日使。見於本書卷八、六一及此。

[8]大鹽濼：在今内蒙古自治區東烏珠穆沁旗西南額吉淖爾鹽池附近的水濼地帶。

[9]東直堡：不詳。

西京路，[1]府二，領節鎮七，刺郡八，[2]縣三十九，[3]鎮九。大定五年建宫室，名其殿曰保安，其門南曰奉天，東曰宣仁，西曰阜成。天會三年建太祖原廟。[4]

[1]西京路：治所在今山西省大同市。

[2]刺郡八：以下所列實七。

[3]縣三十九：殿本作“縣四十”，而以下所列實四十二。

[4]天會三年建太祖原廟：按本書卷三三《禮志六》：“太宗天會二年，立大聖皇帝廟于西京。”

大同府，[1]中，西京留守司。[2]晋雲州大同軍節度，[3]遼重熙十三年，升爲西京，府名大同，金因之。

皇統元年，以燕京路隸尚書省，[4]西京及山後諸部族隸元帥府。[5]舊置兵馬都部署司，天德二年，改置本路都總管府，後更置留守司。置轉運司及中都西京路提刑司。[6]貢瑪瑙環子、瑪瑙數珠。産白駝、安息香、松明、松脂、黄連、百藥煎、芥子煎、鹽、撈鹽、石緑、緑礬、鐵、甘草、枸杞、碾玉砂、地蕈。户九萬八千四百四十四。縣七、鎮三：

大同[7]　倚。遼析雲中置，金因之。有牛皮關、武周山、方山、奚望山、盛樂城、御河、鬬鷄臺、平城外郭鹽場、如渾水、桑乾河、紇真山。[8]有遼帝后像，在華嚴寺。[9]　鎮一　奉義。[10]

雲中[11]　晋舊縣名。[12]

宣寧[13]　遼德州昭聖軍宣德縣，大定八年更名。有官山、彌陁山、石緑山，[14]産碾玉砂。　鎮一　窟龍城。

懷安[15]　晋故縣名。

天成[16]　遼析雲中置。

白登[17]　本名長清，[18]大定七年更。有白登臺、采掠山。[19]

懷仁[20]　遼析雲中置，[21]貞祐二年五月升爲雲州。有黄花嶺、錦屏山、清涼山、金龍山、早起城、日中城。[22]　鎮一　安七疃。[23]

[1]大同府：治所在今山西省大同市。

[2]西京：即西京路。

[3]晋：指後晋（936—946）。

[4]燕京路：海陵王遷都於此後改稱中都。治所在今北京市。

［5］元帥府：官署名。金初爲軍政合一的地方最高行政建置，後爲金最高軍事機構，掌征討之事。長官爲都元帥，從一品。

［6］中都西京路：治所設在今山西省大同市。

［7］大同：與本州治所在同一地。

［8］牛皮關：在今山西省大同市東牛皮嶺。　武周山：即雲崗，在今山西省大同市西北。　方山：即今山西省大同市東北方山。　奚望山：一名望城坡，在今内蒙古自治區豐鎮市南。　盛樂城：在今内蒙古自治區和林格爾縣西北土城子。　御河：運河名。隋大業四年（610）開鑿。自今河南省武陟縣南引沁水東北流，經新鄉、衛輝、滑縣、内黄諸縣市，至河北省魏縣，復東北經大名、館陶、臨清、清河等縣市，至山東省武城縣，由此折而北流，經山東省德州市仍入河北省境内，經吴橋、東光、南皮、滄縣、青縣、静海等縣達天津市，又折而西北，經武清、安次二縣達於北京市。全程多利用自然河道，長一千多公里。天津市西北渠段不久即毁，天津市以南，唐以後改以清、淇二水爲源，不再引自沁水。北宋以後通稱御河。　鬬鶏臺：在今山西省大同市舊城東。　平城外郭鹽場：平城在今山西省大同市東北古城，此鹽場所在地不詳。　如渾水：桑乾河支流，經今山西省大同市東自北向南流，入桑乾河。　桑乾河：即今桑乾河。　紇真山：一作紇干山，在今山西省大同市東北方山之南。

［9］華嚴寺：始建於遼清寧八年（1062），有遼諸帝的石像與銅像。

［10］奉義：在今山西省大同市東北。

［11］雲中：與本州治所在同一地。

［12］晉舊縣名：按本書所指的晉舊縣共計二十個：大同府的雲中、懷安，德興府的縉山、龍門，朔州的鄯陽、馬邑，應州的金城、渾源，蔚州的靈丘、飛狐、定安，大興府的安次、永清、武清，通州的潞縣、三河，涿州的范陽、固安，豐州的富民，武州的寧遠。除富民縣外，其他十九縣都包括在後晉割給契丹的燕雲十六

州之中。本書所説晋舊名，是指金代沿用後晋割讓給契丹時使用的名稱。據《遼史》卷四一《地理志五》，豐州，“太祖神册五年攻下，更名應天軍”，與上述各縣不屬於同一情況，此稱“晋舊名”，疑誤。

[13]宣寧：不詳。

[14]官山：在今内蒙古自治區察哈爾右翼中旗南。　彌陁山：不詳。　石緑山：不詳。

[15]懷安：治所在今河北省懷安縣東南舊懷安。

[16]天成：治所在今山西省天鎮縣。“成”，原作“城”，據中華點校本改。

[17]白登：治所在今山西省陽高縣東南二十里大白登鎮。

[18]長清：《遼史》卷四一《地理志五》作“長青”。

[19]白登臺：在今山西省大同市東北白登山上。　采掠山：在今山西省大同市東北。

[20]懷仁：治所在今山西省懷仁縣。

[21]遼析雲中置：據《遼史》卷四一《地理志五》，西京大同府懷仁縣，“隋開皇二年移雲内於此。大業二年置大利縣，屬雲州，改屬定襄郡。隋末陷突厥。李克用敗赫連鐸，駐兵於此。遼改懷仁”。非是以雲中縣析置。

[22]黄花嶺：疑即黄花堆。即今山西省應縣西北三十里黄花嶺。　錦屏山：在今山西省大同市西南。　清涼山：在今山西省大同市西南。　金龍山：在今山西省懷仁縣西南。　早起城：不詳。一説即日中城。　日中城：即今山西省懷仁縣西南日中城。

[23]安七疃：在今山西省懷仁縣西南安宿疃。

豐州，[1]下，天德軍節度使。遼嘗更軍名應天，尋復，金因之。皇統九年升爲天德總管府，置西南路招討司，[2]以天德尹兼領之。大定元年降爲天德軍節度使，兼豐州管内觀察使，[3]以元管部族直撒、軍馬公事，[4]並隸西南路招討司。産不灰木、地蕈。户二萬二千六百八十三。縣一、鎮一：

富民[5]　晋舊名。[6]有黑山、神山。[7]　鎮一　振武。[8]

[1]豐州：治所在今内蒙古自治區呼和浩特市東南白塔村。

[2]西南路招討司：官署名。大定八年（1168）以前治所設在豐州，大定八年以後治所遷至今山西省應縣。原作"西北路招討司"，據中華點校本改。

[3]豐州管内觀察使：此官例由天德軍節度使兼任。

[4]部族直撒：部族官名。本書《百官志》無。還見於卷一三二。　軍馬公事：不詳。

[5]富民：與本州治所在同一地。

[6]晋舊名：《遼史》卷四一《地理志五》，豐州富民縣，"本漢臨戎縣，遼改今名"，則富民非晋舊名。

[7]黑山：在今内蒙古自治區包頭市西北。　神山：在今内蒙古自治區呼和浩特市西北。

[8]振武：據《遼史》卷四一《地理志五》，振武爲豐州屬縣。治所在今内蒙古自治區和林格爾縣西北土城子鄉。金廢爲振武鎮。

弘州，[1]下，刺史。遼名軍曰博寧，[2]本襄陰村，統和中建。國初置保寧軍，後廢軍。産瑪瑙。户二萬二千二。縣二、鎮二：

襄陰[3]　倚。本名永寧，大定七年改。

順聖[4]　本安塞軍故地，[5]遼應曆中置，[6]金因之。　鎮二　陽門，[7]貞祐二年七月升爲縣。大羅。[8]

[1]弘州：治所在今河北省陽原縣。

[2]博寧："博"，原作"愽"，據《遼史》卷四一《地理志五》改。

[3]襄陰：與本州治所在同一地。

[4]順聖：治所在今河北省陽原縣東北東城。

[5]本安塞軍：《遼史》卷四一《地理志五》作"本魏安塞軍"。

[6]應曆：遼穆宗年號（951—969）。

[7]陽門：在今河北省懷安縣東北。

[8]大羅：在今山西省應縣南。

净州，[1]下，刺史。大定十八年以天山縣升，爲豐州支郡，刺史兼權譏察。[2]北至界八十里。户五千九百三十八。縣一：

天山[3]　舊爲榷場，[4]大定十八年置，爲倚郭。

[1]净州：治所在今内蒙古自治區四王子旗東北庫倫圖鄉城卜子村古城。

[2]權譏察：金於各關口津渡設譏察官，負責檢察過往行人，譏察奸僞。一般爲七品或八品官。此當指設於邊境的譏察官，品秩不詳。攝守、代理之官稱"權"。"譏"，原作"機"，據中華點校本改。

[3]天山：與本州治所在同一地。

[4]榷場：金代對外貿易市場。金在與南宋、西夏、高麗、蒙古的沿邊重鎮設榷場，負責對外貿易，並起政治作用。東勝州等處榷場起著對蒙古羈縻統治的作用，南方對南宋的榷場貿易中獲利極大。

桓州,[1]下，威遠軍節度使。軍兵隸西北路招討司。[2]明昌七年改置刺史。北至舊界一里半。[3]户五百七十八。縣一：曷里滸東川,[4]更名金蓮川，世宗曰："蓮者連也，取其金枝玉葉相連之義。"景明宫，避暑宫也，在凉陘,[5]有殿、揚武殿,[6]皆大定二十年命名。有查沙。[7]有白濼,[8]國言曰勺赤勒。

清塞[9]　倚。明昌四年以罷録事司置。[10]

[1]桓州：治所初在今内蒙古自治區正藍旗南黑城子。後北遷三十里建新桓州城，在今内蒙古自治區正藍旗北四郎城。

[2]西北路招討司：官署名。大定八年（1168）以前治所在撫州，即今河北張北。大定八年以後移治桓州，即今内蒙古自治區正藍旗南黑城子。

[3]一里半：疑有脱誤。

[4]曷里滸東川：據本書卷六《世宗紀上》，曷里滸東川更名爲金蓮川在大定八年（1168）。下文言"皆大定二十年命名"，不包括此。曷里滸東川指流經今河北省沽源縣與内蒙古自治區正藍旗的閃電河。

[5]凉陘：地名。在今河北省沽源縣西南閃電河上源處。

[6]有殿、揚武殿：按"有"字下當有脱文。

[7]查沙：不詳。

[8]白濼：即今河北省沽源縣北閃電河西之囫圇諾爾。

[9]清塞：與本州治所在同一地。

[10]録事司：官署名。金於諸府、節度州置録事司，掌平理獄訟、警察所部。長官爲録事，正八品。下設判官一員，正九品。

撫州,[1]下，鎮寧軍節度使。遼秦國大長公主建爲州，[2]章宗明昌三年復置刺史，爲桓州支郡，治柔遠。明昌四年置司候司。[3]承安二年升爲節鎮，軍名鎮寧，撥西北路招討司所管梅堅必刺、王敦必刺、拿憐术花速、宋葛斜忒渾四猛安以隸之。[4]户一萬一千三百八十。縣四：有旺國崖，[5]大定八年五月更名静寧山。有麻達葛山，[6]大定二十九年更名胡土白山。[7]有冰井。

柔遠[8]　倚。大定十年置於燕子城，隸宣德州，明昌三年來屬。有燕子城，國言曰吉甫魯灣城，北羊城，國言曰火唵榷場，[9]查剌嶺，[10]沔山，[11]大漁濼行宫有樞光殿。[12]有雙山，[13]七里河，[14]石井，[15]蝦蟆山，[16]昂吉濼又名鴛鴦濼，[17]得勝口舊名北望淀，[18]大定二十年更。

集寧[19]　明昌三年以春市場置，北至界二百七十里。

豐利[20]　明昌四年以泥濼置。有蓋里濼。[21]

威寧[22]　承安二年以撫州新城鎮置。

[1]撫州：治所在今河北省張北縣。一説在今内蒙古自治區興和縣境内。

[2]秦國大長公主：遼公主封號。

[3]司候司：官署名。金於防禦州、刺史州置司候司，掌平理獄訟、警察所部。長官爲司候，正八、正九品。下設司判一員，從九品。

[4]梅堅必刺、王敦必刺、拿憐术花速、宋葛斜忒渾四猛安：此四猛安原住地都在上京路境内。王敦必刺即王敦河，指今一統河。拿憐，河名，指今拉林河。此兩猛安原住地當分别在此兩河流域。梅堅必刺也是河名，所在地不詳，此猛安由北京路興州遷來，金末改隸雄州。宋葛，河名，指今松花江。斜忒渾，不詳。

[5]旺國崖：在今河北省張北縣附近。

[6]麻達葛山：在今河北省沽源縣境内。章宗即位，更此山名爲胡土白山，意爲福山。明昌六年（1195）又封其山神爲瑞聖公。

[7]更名胡土白山：金章宗生於麻達葛山，因而世宗爲之命女真語小名爲麻達葛。大定二十九年（1189）章宗即位，此當是因避諱而改。

[8]柔遠：與本州治所在同一地。

[9]北羊城：在今河北省沽源縣西南小河子鄉一帶。

[10]查剌嶺：不詳。

[11]沔山：不詳。

[12]大漁濼：在河北省懷安縣境。一説在今河北省張北縣西。

[13]雙山：不詳。

[14]七里河：不詳。

[15]石井：不詳。

[16]蝦蟆山：不詳。

[17]昂吉濼：在今河北省張北縣西北。

[18]得勝口：不詳。

[19]集寧：治所在今内蒙古自治區集寧市東南。一説在今内蒙古自治區察哈爾右翼前旗東北巴音塔拉鄉土城子村。

[20]豐利：治所在今内蒙古自治區太僕寺旗附近。一説在今河北省沽源縣南二十里石頭城子。

[21]蓋里濼：湖名。在今内蒙古自治區太僕寺旗南巴彦查幹諾爾。

[22]威寧：治所在今内蒙古自治區興和縣西北臺基廟鄉古城。

德興府，[1]晋新州，遼奉聖州武定軍節度，國初因之。大安元年升爲府，[2]名德興。户八萬八百六十八。縣六、有漫天堝，泰和二年更名拂雲，平惡崖更名壘翠岩。鎮一：

德興[3]　倚。舊名永興縣，大安元年更名。有涿鹿定、方水鎮。[4]有鷄鳴山。[5]

嬀川[6]　遼可汗州清平軍，本晉嬀州，會同元年遼太祖嘗名可汗州，[7]縣舊曰懷戎，[8]更名懷來，明昌六年更今名。西北有合河龜頭館石橋，[9]明昌四年建。

縉山[10]　遼儒州縉陽軍縣故名，皇統元年廢州來屬，崇慶元年升爲鎮州。[11]　鎮一　永安。[12]

望雲[13]　本望雲川地，遼帝嘗居，[14]號曰御莊，後更爲縣，金因之。

礬山[15]　晉故縣，國初隸弘州，明昌三年來屬。

龍門[16]　晉縣，國初隸弘州，後來屬。明昌三年割隸宣德州。有慶寧宮，[17]行宮也，泰和五年以提舉兼龍門令。[18]

[1]德興府：治所在今河北省涿鹿縣。

[2]大安：金衛紹王年號（1209—1211）。

[3]德興：與本府治所在同一地。

[4]涿鹿定：不詳。“定”疑爲“淀”之訛。　方水鎮：在今河北省涿鹿縣境。

[5]鷄鳴山：在今河北省懷來縣西北，接宣化縣境。

[6]嬀川：治所在今河北省懷來縣東南舊懷來，現已没入官廳水庫中。

[7]可汗州：《遼史》卷四一《地理志五》，可汗州，“五代時，奚王去諸以數千帳徙嬀州，自别爲西奚，號可汗州，太祖因之”。

[8]懷戎：《遼史》卷四一《地理志五》，可汗州懷來縣，“本懷戎縣，太祖改”。治所在今河北省懷來縣。

[9]合河：不詳。　龜頭館：在今河北省懷來縣西北。

[10]縉山：治所在今北京市延慶區。

[11]崇慶：金衛紹王年號（1212—1213）。

[12]永安：在今北京市延慶區東北永寧鎮。

[13]望雲：治所在今河北省赤城縣北雲州。

[14]遼帝：指遼景宗。

[15]礬山：治所在今河北省涿鹿縣東南礬山堡。

[16]龍門：治所在今河北省赤城縣西南龍關。

[17]慶寧宫：舊名泰和宫，泰和二年（1202）五月改名爲慶寧宫。

[18]提舉：指慶寧宫提舉，慶寧宫提舉司長官。掌守護宫廷殿位。正七品。隸屬於尚書省刑部。　龍門令：縣官名。令即縣令，掌養百姓、按察所部、宣導風化、勸課農桑、平理獄訟、捕除盗賊、禁止游惰，兼管常平倉及通檢推排簿籍。大縣正七品，小縣從七品。

昌州，[1]天輔七年降爲建昌縣，隸桓州。明昌七年以狗濼復置，[2]隸撫州，後來屬。户一千二百四十一。縣一：

寶山[3]　有狗濼，國言曰押恩尼要。其北五百餘里有日月山，[4]大定二十年更曰抹白山，國言涅里塞一山。

[1]昌州：治所在今内蒙古自治區太僕寺旗西南九連城淖爾旁。

[2]狗濼：在今内蒙古自治區太僕寺旗西南九連城淖爾旁。

[3]寶山：與本州治所在同一地。

[4]日月山：不詳。

宣德州，[1]下，刺史。遼改晋武州爲歸化州雄武軍，大定七年更爲宣化州，八年復更爲宣德。户三萬二千一百四十七。縣二：

宣德[2] 舊文德縣，大定二十九年更名。

宣平[3] 承安二年以大新鎮置，[4]以北邊用兵嘗駐此地也。

[1]宣德州：治所在今河北省張家口市宣化區。

[2]宣德：與本州治所在同一地。

[3]宣平：治所在今河北省懷安縣東左衛鎮西。

[4]承安二年：本書卷一三《衛紹王紀》與卷九三《完顔承裕傳》兩次提到宣平駐兵，都是衛紹王大安三年（1211）。此承安二年（1197）用兵不詳何指。

朔州，[1]中，順義軍節度使。貞祐三年七月，嘗割朔州廣武縣隸代州。[2]産鐵、荆三稜、枸杞。户四萬四千八百九十。縣二：

鄯陽[3] 晋故縣。有桑乾河、大和嶺、天池、雁門關、霸德山。[4]

馬邑[5] 晋故縣。貞祐二年五月升爲固州。有洪濤山、灅水——又曰桑乾河。[6]

[1]朔州：治所在今山西省朔州市。

[2]廣武縣：治所在今山西省山陰縣南七十里舊廣武村。

[3]鄯陽：與本州治所在同一地。

[4]大和嶺：不詳。 天池：不詳。 雁門關：唐置，亦名西徑關。在今山西省雁門關西雁門山上。明代始移至今所。 霸德山：在今山西省偏關縣東。

[5]馬邑：治所在今山西省朔州市東北三十三里馬邑村。

[6]洪濤山：在今山西省朔州市東北。

武州，[1]邊，下，刺史。大定前仍置宣威軍。户一萬三千八百五十一。縣一：

寧遠[2]　晋故縣。黄河。[3]

[1]武州：遼重熙九年（1040）置，治所即今山西省神池縣。金移治寧遠縣，今山西五寨縣北大武州。

[2]寧遠：與本州治所在同一地。

[3]黄河：即今黄河。

應州，[1]下，彰國軍節度使。户三萬二千九百七十七。縣三：

金城[2]　晋故縣。有黄瓜堆、復宿山、桑乾河、渾河、嵲川水、黄花城。[3]

山陰[4]　本名河陰，大定七年以與鄭州屬縣同，[5]故更焉。貞祐二年五月升爲忠州。有黄花嶺、桑乾河。[6]

渾源[7]　晋縣。貞祐二年五月升爲渾源州。産鹽。

[1]應州：治所在今山西省應縣。

[2]金城：與本州治所在同一地。

[3]黄瓜堆：即黄花山，又名神堆。山西省應縣西北三十里黄花嶺。　復宿山：在今山西省山陰縣南。《讀史方輿紀要》卷四四山陰縣條："復宿山在縣南三十五里。"　渾河：桑乾河支流。源出山西省渾源縣，西南流，經山西省應縣東折而北流，入桑乾河。嵲川水：即今山西省渾源縣西北的渾河。　黄花城：即北魏之新平城。建於穆帝六年（313），晋人稱之爲小平城。在今山西省山陰縣

北黄花嶺上。

[4]山陰：治所在今山西省山陰縣東南之山陰城鎮。

[5]鄭州：治所在今河南省鄭州市。鄭州所屬河陰縣治所在今河南省鄭州市西北七十里任莊。

[6]黄花嶺：即黄瓜堆。

[7]渾源：治所在今山西省渾源縣。

蔚州，[1]下，忠順軍節度使。遼嘗更爲武安軍，尋復。貢地蕈。户五萬六千六百七十四。縣五：

靈仙[2]　北有桑乾河、代王城、薄家村。[3]

廣靈[4]　亦作"陵"，[5]遼統和三年析靈仙置。[6]

靈丘[7]　晋縣。貞祐二年四月升爲成州，四年割爲代州支郡。

定安[8]　晋縣。有桑乾河。貞祐二年四月升爲定安州。

飛狐[9]　晋縣。

[1]蔚州：治所在今河北省蔚縣。

[2]靈仙：與本州治所在同一地。

[3]代王城：在今河北省蔚縣東北二十里代王城鎮。　薄家村：不詳。

[4]廣靈：治所在今山西省廣靈縣。

[5]亦作陵：《遼史》卷四一《地理志五》作"廣陵"。

[6]遼統和三年析靈仙置：按《遼史》卷四一《地理志五》，蔚州廣陵縣没有析靈仙置的記載。

[7]靈丘：治所在今山西省靈丘縣。

[8]定安：治所在今河北省蔚縣東北。

[9]飛狐：治所在今河北省淶源縣。

雲内州，[1]下，開遠軍節度使。天會七年徙奚第一、第三部來戍。[2]産青鑌鐵。户二萬四千八百六十八。縣二、鎮一：

柔服[3]　夾山在城北六十里。　鎮一　寧仁，[4]舊縣也，大定後廢爲鎮。

雲川[5]　本曷董館，[6]後升爲裕民縣，皇統元年復廢爲曷董館，大定二十九年復升，更爲今名。

［1］雲内州：一説在今内蒙古自治區土默特左旗東南；一説在今内蒙古自治區托克托縣東北古城鄉白塔村古城。

［2］奚第一、第三部：不詳。

［3］柔服：與本州治所在同一地。

［4］寧仁：《遼史》卷四一《地理志五》雲内州條作“寧人縣”。在今内蒙古自治區土默特左旗與土默特右旗一帶。

［5］雲川：治所在今内蒙古自治區呼和浩特市西南大黑河北岸。一説在今内蒙古自治區土默特左旗東境。

［6］曷董館：一名曷董城。

寧邊州，[1]下，刺史。國初置鎮西軍，貞祐三年隸嵐州，[2]四年二月升爲防禦。户六千七十二。縣一：

寧邊[3]　正隆三年置。

［1］寧邊州：治所在今内蒙古自治區清水河縣西南窑溝鄉下城灣古城。

［2］嵐州：治所在今山西省嵐縣北嵐城西。

［3］寧邊：與本州治所在同一地。

東勝州，[1]下，邊，刺史。國初置武興軍，有古東勝城。户三千五百三十一。縣一、鎮一：

東勝[2]　鎮一　寧化。[3]

[1]東勝州：治所在今内蒙古自治區托克托縣西城關鎮。

[2]東勝：與本州治所在同一地。

[3]寧化：在今内蒙古自治區托克托縣境。

部族節度使：[1]

烏昆神魯部族節度使，[2]軍兵事屬西北路招討司，明昌三年罷節度使，以招討司兼領。

烏古里部族節度使。[3]

石壘部族節度使。[4]

助魯部族節度使。[5]

孛特本部族節度使。[6]

計魯部族節度使。[7]

唐古部族，[8]承安三年改爲部羅火扎石合節度使。

迪烈　又作迭剌　女古部族，[9]承安三年改爲土魯渾扎石合節度使。

[1]部族節度使：諸部族長官。掌統制各部，鎮撫諸軍。從三品。

[2]烏昆神魯部族節度使：部族官名。烏昆神魯部所在地不詳。

[3]烏古里部族節度使：部族官名。烏古里又譯作烏虎里，女真部族之一，分布在嫩江中游以西雅魯、綽爾兩河流域之地。首領有節度使之職。金於其地設烏古迪烈統軍司，後升爲招討司，又改

爲東北路招討司。後移於泰州。章宗泰和間，更設分司於金山下的金山縣。

[4]石壘部族節度使：部族官名。石壘又譯作十壘，女真部族之一，分布在嫩江中游以西雅魯、綽爾兩河流域。首領有節度使之職，金於其地設烏古迪烈統軍司，後升爲招討司，又改爲東北路招討司。

[5]助魯部族節度使：部族官名。助魯部所在地不詳。

[6]孛特本部族節度使：本書卷一三二《移剌窩斡傳》，窩斡軍在臨潢府時，軍中有“前孛特本部族節度使逐斡”，則孛特本部族當在臨潢府附近，應屬於東北路招討司。

[7]計魯部族節度使：部族官名。計魯部所在地不詳。

[8]唐古部：女真部族名。亦作唐括。居住地在今呼蘭河北支通肯河與雙陽河流域。

[9]迪烈女古部族：一作迭剌部。契丹遥輦氏八部之一，出於乙室活部，由大蔑孤、小蔑孤、轄懶、阿速、斡納撥、斡納阿剌等六個石烈組成。遼代皇族即出自轄懶石烈。

詳穩九處：[1]

咩乣詳穩，貞祐四年六月改爲葛也阿鄰猛安。[2]

木典乣詳穩，貞祐四年改爲抗葛阿鄰謀克。[3]

骨典乣詳穩，貞祐四年改爲撒合輦必剌謀克。[4]

唐古乣詳穩。[5]

耶剌都乣詳穩。[6]

移典乣詳穩。[7]

蘇木典乣詳穩，近北京。[8]

胡都乣詳穩。[9]

霞馬乣詳穩。[10]

［1］詳穩九處：本書四處提到乣軍，分别爲卷二四《地理志上》、卷四四《兵志》、卷五七《百官志三》及《百官志》引《士民須知》，共涉及乣軍名稱十二個。其中咩、唐古、木典、骨典四個名稱都見於四處記載中；蘇謨典（蘇木典）、胡都、霞馬都見於三處記載中；移剌、耶剌都、移典都見於二處記載中；萌骨、失魯皆一見。本書卷八一《阿勒根没都魯傳》有“移剌都乣詳穩”，則移剌、耶剌都當是一名的不同音譯。乣軍之名實爲十一個。此下所載少萌古與失魯，據本書卷四六《食貨志一》大定十七年（1177）五月，“省奏‘咸平府路一千六百餘户，自陳皆長白山星顯、禪春河女真人，遼時簽爲獵户，移居于此，號移典部，遂附契丹籍。’”則移典屬東北路招討司，不應列入此處。上文提到東北路招討司下有迭剌、唐古二部五乣，疑此唐古乣也當屬東北路招討司，不應列入此處。則此下所記乣軍九應爲：蘇謨典、耶剌都、骨典、木典、霞馬、萌骨、咩、胡都、失魯。　詳穩：部族官名。掌部族軍事，鎮守邊堡。從五品。

［2］咩乣詳穩：部族官名。據本書卷一二二《伯德窊哥傳》稱其爲“西南路咩乣奚人”，則咩乣屬於西南路招討司，由奚人組成。阿鄰，女真語，意爲山。此部後更名爲葛也阿鄰猛安，其地當在葛也山附近。葛也山所在地不詳，但伯德窊哥起兵於東勝州，後東勝城破而死，疑咩乣在東勝州境内，即今内蒙古自治區托克托縣附近。

［3］木典乣詳穩：部族官名。此部後更名爲抗葛阿鄰，則居住地當在抗葛山附近。抗葛山所在地不詳，本書卷一〇三《紇石烈桓端傳》有“除同知懷遠軍節度事，權木典乣詳穩”，疑木典部在上京路信州懷遠軍境内。木典乣與奚人的咩乣同在貞祐四年（1216）更名爲猛安謀克，疑也由奚人組成。

［4］骨典乣詳穩：部族官名。貞祐四年改爲撒合輦必剌謀克。

必剌爲女真語，意爲河，撒合輦意爲黑。骨典部當在黑河流域，此黑河所指不詳。疑此乣也由奚人組成。

[5]唐古乣詳穩：部族官名。東北路招討司下有迭剌、唐古二部五乣，疑此爲東北招討司所屬唐古部之乣軍。

[6]耶剌都乣詳穩：部族官名。耶剌都也作移剌都、移剌，所在地不詳。

[7]移典乣詳穩：部族官名。所在地不詳。

[8]蘇木典乣詳穩：部族官名。本書卷四四《兵志》與卷五七《百官志三》皆作"蘇謨典"。此北京指中京大定府，可知蘇木典部當在今内蒙古自治區寧城縣西大明城附近。

[9]胡都乣詳穩：部族官名。也作胡睹。據本書卷一二一《完顔鶴壽傳》，胡睹乣詳穩完顔速没葛死於契丹撒八之亂，則此部當在山後，具體所在地不詳。

[10]霞馬乣詳穩：部族官名。所在地不詳。

群牧十二處：[1]

斡獨椀群牧，[2]大定四年改爲斡睹只群牧。

蒲速斡群牧。[3]本斡睹只地，大定七年分置。

耶魯椀群牧。[4]

訛里都群牧。[5]

乣斡群牧。[6]

歐里本群牧。[7]

烏展群牧。[8]

特滿群牧。[9]

駝駝都群牧。[10]

訛魯都群牧。[11]

忒恩群牧。[12]　承安四年創置。[13]

蒲鮮群牧。[14]　承安四年創置。

[1]群牧：即群牧所，一名烏魯古。負責群牧畜養繁殖之事。長官爲群牧使，或稱烏魯古使，從四品。明昌四年（1193）又設提控烏魯古，正四品。

[2]斡獨椀群牧：群牧所名。所在地不詳。

[3]蒲速斡群牧：群牧所名。所在地不詳。

[4]耶魯椀群牧：也作耶魯瓦、耶盧椀，群牧所名。據本書卷四四《兵志》，“在武平縣、臨潢、泰州之境”，武平縣治所在今内蒙古自治區敖漢旗東白塔子。臨潢府治所在今内蒙古自治區巴林左旗林東鎮南波羅城。泰州治所在今吉林省洮南市東北雙塔鄉城四家子舊城址，一説在今黑龍江省泰來縣塔子城，金承安三年（1198）移治長春縣，今吉林省前郭爾羅斯蒙古族自治縣西北塔虎村。疑《兵志》小注是連上而言，當分指此文之前的歐里本、合魯椀、耶盧椀三群牧所在地。則按順序應是歐里本群牧在武平縣、合魯椀群牧在臨潢府、耶魯椀群牧在泰州。待考。

[5]訛里都群牧：群牧所名。所在地不詳。

[6]乣斡群牧：群牧所名。所在地不詳。

[7]歐里本群牧：群牧所名。疑在武平縣境内。

[8]烏展群牧：群牧所名。所在地不詳。

[9]特滿群牧：群牧所名。世宗時設置，在撫州境内。撫州治所一説在今河北省張北縣；一説在今内蒙古自治區興和縣境内。

[10]駝駝都群牧：群牧所名。所在地不詳。

[11]訛魯都群牧：群牧所名。所在地不詳。

[12]忒恩群牧：群牧所名。所在地不詳。

[13]承安四年創置：按本書卷一一《章宗紀三》，承安五年七月“初置蒲思衍群牧”，時間與此異。

[14]蒲鮮群牧：本書卷一一《章宗紀三》有“初置蒲思衍群

牧”，但是在承安五年七月，待考。

中都路，[1]遼會同元年爲南京，開泰元年號燕京。海陵貞元元年定都，以燕乃列國之名，不當爲京師號，遂改爲中都。府一，領節鎮三，刺郡九，[2]縣四十九。[3]天德三年，始圖上燕城宫室制度，[4]三月，命張浩等增廣燕城。[5]城門十三，東曰施仁、曰宣曜、曰陽春，南曰景風、曰豐宜、曰端禮，西曰麗澤、曰顥華、曰彰義，北曰會城、曰通玄、曰崇智、曰光泰。浩等取真定府潭園材木，[6]營建宫室及凉位十六。應天門十一楹，左右有樓，門内有左、右翔龍門，及日華、月華門，前殿曰大安，左、右掖門，内殿東廊曰敷德門。大安殿之東北爲東宫，正北列三門，中曰粹英，爲壽康宫，母后所居也。西曰會通門，門北曰承明門，又北曰昭慶門。東曰集禧門，尚書省在其外，其東西門左、右嘉會門也，門有二樓，大安殿後門之後也。其北曰宣明門，則常朝後殿門也。北曰仁政門，傍爲朵殿，朵殿上爲兩高樓，曰東、西上閤門，内有仁政殿，常朝之所也。宫城之前廊東西各二百餘間，分爲三節，節爲一門。將至宫城，東西轉各有廊百許間，馳道兩傍植柳，廊脊覆碧瓦，宫闕殿門則純用碧瓦。應天門舊名通天門，大定五年更。七年改福壽殿曰壽安宫。明昌五年復以隆慶宫爲東宫，慈訓殿爲承華殿，承華殿者皇太子所居之東宫也。泰和殿，泰和二年更名慶寧殿。[7]又有崇慶殿。魚藻池、瑶池殿位，貞元元年建。有神龍殿，又有觀會亭。又有安仁殿、隆德殿、臨芳殿。皇統元年有元和殿。有常武殿，有廣武殿，爲擊球、習射之所。京城北離宫有太寧宫，大定十九年建，後更爲壽寧，又更爲壽安，明昌二年更爲萬寧宫。瓊林苑有横翠殿。寧德宫西園有瑶光台，又有瓊華島，又有瑶光樓。皇統元年有宣和門，正隆三年有宣華門，又有撒合門。

[1]中都路：治所在今北京市。

[2]刺郡九：以下所列實十。

[3]縣四十九：殿本此下有“鎮七”，與以下所列鎮數相符。

[4]天德三年，始圖上燕城宮室制度：據本書卷五《海陵紀》，“有司圖上燕城宮室制度”，在天德三年（1152）四月“命張浩等增廣燕城”之後。當是施工前以總設計圖上報請示，所以紀下文海陵纔説“國家吉凶，在德不在地”，以批斥“營建陰陽五姓所宜”的計劃。當以紀所載爲準，此誤。

[5]張浩：渤海人。本書卷八三有傳。據本傳，與張浩同受命修築燕京城的還有劉筈、盧彦倫。劉筈受命以後不久即被解職，盧彦倫受命之後不久病死，燕京工程實張浩一人完成，故此僅書張浩。

[6]真定府：治所在今河北省正定縣。

[7]慶寧殿：本書卷一一《章宗紀三》載泰和二年（1202）五月“更泰寧宮曰慶寧”，但此指德興府龍門縣的行宮泰寧宮，而不是泰寧殿。此泰寧殿也於同時更名，或是因名同而致誤，待考。

大興府，[1]上。晋幽州，遼會同元年升爲南京，府曰幽都，仍號盧龍軍，開泰元年更爲永安析津府。[2]天會七年析河北爲東、西路時屬河北東路，[3]貞元元年更今名。户二十二萬五千五百九十二。大定四年十月，命都門外夾道重行植柳各百里。産金銀銅鐵。藥産滑石、半夏、蒼術、代赭石、白龍骨、薄荷、五味子、白牽牛。　縣十、鎮一：

大興[4]　倚。遼名析津，貞元二年更今名。[5]有建春宫。[6]鎮一　廣陽。[7]

宛平[8]　倚。本晋幽都縣，遼開泰元年更今名。[9]有玉泉山行宫。

安次[10]　晋舊名。

漷陰[11]　遼太平中，以漷陰村置。[12]

永清[13]　晋舊名。

寶坻[14]　本新倉鎮，大定十二年置，以香河縣近民附之。承安三年升置盈州，爲大興府支郡，以香河、武清隸焉。尋廢州。

香河[15]　遼以武清縣之孫村置。[16]

昌平[17]　有居庸關，[18]國名查剌合攀。

武清[19]　晋縣。

良鄉[20]　有料石岡、閻溝。[21]

[1]大興府：治所在今北京市。

[2]永安析津府：按《遼史》卷一五《聖宗紀六》，開泰元年（1012）十一月"改幽都府爲析津府"，卷四〇《地理志四》同，並無"永安"二字。

[3]河北東路：治所在今河北省河間市。　河北西路：治所在今河北省正定縣。

[4]大興：與本府治所在同一地，在今北京市的東部。

[5]貞元二年更今名：按元好問《續夷堅志》卷三"永安錢"條："海陵天德初（當作貞元），卜宅于燕，建號中都，易析津府爲大興。始營造時，得古錢地中，文曰'永安一千'，朝議以爲瑞，乃取長安例，地名永安。改東平中都縣曰汶陽，河南永安縣曰芝田，中都永安坊曰長寧。"本書卷七《世宗紀中》，大定十三年（1173）三月乙卯，有世宗謂宰臣"自海陵遷都永安"句，考之本

書卷二五《地理志中》，南京路河南府“芝田，宋名永安，貞元元年更今名”。山東西路東平府“汶上，本名中都，貞元元年更爲汶陽”。皆與《續夷堅志》所記相合，知析津府在貞元元年（1153）時曾名永安府。又據本卷下文大興府“大興，倚。遼名析津，貞元二年更今名”，則貞元元年析津府更名爲永安府，至貞元二年即改爲大興府。詳見中華點校本校勘記。劉浦江認爲，“永安”是海陵天德三年（1151）所改的燕京新名（參見劉浦江《金中都永安考》，《歷史研究》2008 年 1 期）。

[6]建春宫：金代離宫，在今北京市大興區南苑一帶。

[7]廣陽：在今北京市西南良鄉鎮東北。

[8]宛平：與本府治所在同一地，在今北京市的西部。

[9]遼開泰元年更今名：原作“遼開泰二年”，據中華點校本改。

[10]安次：治所在今河北省廊坊市西舊州。

[11]漷陰：治所在今北京市通州區東南漷陰鎮。

[12]以漷陰村置：按《遼史》卷四〇《地理志四》，“就城故漷陰鎮，後改爲縣”，當作“鎮”而非“村”。

[13]永清：治所在今河北省永清縣。

[14]寶坻：治所在今天津市寶坻區。

[15]香河：治所在今河北省香河縣。

[16]遼以武清縣之孫村置：《遼史》卷四〇《地理志四》作“分武清、三河、潞三縣户置”。

[17]昌平：治所在今北京市昌平區西舊縣村。

[18]居庸關：又名軍都關、薊門關，即今北京市昌平區西北的居庸關。

[19]武清：治所在今天津市武清區西北舊縣東。

[20]良鄉：在今北京市房山區。

[21]料石岡：即遼石岡。在今北京市房山區良鄉鎮東。　閻溝：不詳。

通州，[1]下，刺史。天德三年升潞縣置，以三河隸焉。興定二年五月升爲防禦。户三萬五千九十九。縣二：

潞[2]　晋縣名。有潞水。[3]

三河[4]　晋縣名。

[1]通州：治所在今北京市通州區。

[2]潞縣：與本州治所在同一地。

[3]潞水：即今北京市通州區以下的白河。

[4]三河：治所在今河北省三河市。

薊州，[1]中，刺史。遼置上武軍。[2]户六萬九千一十五。産栗。縣五、舊又有永濟縣，大定二十七年以永濟務置，未詳何年廢。[3]又有黎谿縣，廢置皆未詳。鎮二：

漁陽[4]　倚。

遵化[5]　遼景州清安軍。　鎮一　石門。[6]

豐潤[7]　泰和間置。

玉田[8]　有行宫、偏林，大定二十年改爲御林。　鎮一　韓城。[9]

平峪[10]　大定二十七年，以漁陽縣大王鎮升。

[1]薊州：治所在今天津市薊州區。

[2]上武軍：《遼史》卷四〇《地理志四》作“尚武軍”。

[3]永濟縣：即下文之豐潤縣。本書卷一三《衛紹王本紀》，“衛紹王諱永濟”，當是泰和八年（1208）十一月衛紹王即帝位後

爲避諱改“永濟縣”爲“豐潤縣”。下文豐潤縣注文中以爲“泰和間置”，誤。詳見中華點校本校勘記。

[4]漁陽：與本州治所在同一地。

[5]遵化：治所在今河北省遵化市。

[6]石門：在河北省遵化市西五十里石門峽。

[7]豐潤：治所在今河北省唐山市豐潤區。

[8]玉田：治所在今河北省玉田縣。

[9]韓城：在今河北省唐山市豐潤區南四十五里韓城鎮。

[10]平峪：治所在今北京市平谷區。

易州，[1]下，刺史。遼置高陽軍。户四萬一千五百七十七。縣二：

易[2]　有易水。[3]

淶水[4]　有淶水。[5]

[1]易州：治所在今河北省易縣。

[2]易：與本州治所在同一地。

[3]易水：即今中易水（瀑河）。源出今河北省易縣西南，東流經今定興縣南，又東南至雄縣入古滱水（唐河）。

[4]淶水：治所在今河北省淶水縣。

[5]淶水：今拒馬河。

涿州，[1]中，刺史。遼爲永泰軍。貢羅。户一十一萬四千九百一十二。縣五、鎮一：

范陽[2]　倚。晋縣。有湖梁河。[3]有劉李河。[4]鎮一政滿。

固安[5]　晋縣。

新城[6]

定興[7]　大定六年以范陽縣黄村置，割淶水、易縣近民屬之。有巨馬河。[8]

奉先[9]　大定二十九年置萬寧縣以奉山陵，明昌二年更今名。有房山、龍泉河、盤寧宫。[10]

[1]涿州：治所在今河北省涿州市。

[2]范陽：與本州治所在同一地。

[3]湖梁河：在今河北省涿州市，東南流至涿州市東北入涿水。

[4]劉李河：源出今北京市房山區西部，上游名龍泉河。東流折南經涿州市北劉李店，此下稱劉李河。西南注入拒馬河。

[5]固安：治所在今河北省固安縣。

[6]新城：治所在今河北省高碑店市東南新城鎮。

[7]定興：治所在今河北省定興縣。

[8]巨馬河：即今拒馬河。

[9]奉先：治所在今北京市房山區。

[10]房山：在今北京市房山區西南。　龍泉河：源出今北京市房山區西部，東流折南經涿州市北劉李店，以下稱劉李河。

順州，[1]下，刺史。遼置歸化軍。户三萬三千四百三十三。縣二：

温陽[2]　舊名懷柔，明昌六年更。有螺山、溆水、兔耳山。[3]

密雲[4]　遼檀州武威軍。有古北口，[5]國言曰留斡嶺。

[1]順州：治所在今北京市順義區。

[2]温陽：與本州治所在同一地。

［3］螺山：在今北京市懷柔區北。　溆水：源出河北省豐寧縣西北，東南流經今北京市密雲縣，西折，西南經順義區。至今北京市通州區以下又稱潞水。　兔耳山：不詳。

［4］密雲：治所在今北京市密雲縣。

［5］古北口：一名虎北口，在今北京市密雲縣東北。

平州，[1]中，興平軍節度使。遼爲遼興軍。天輔七年以燕西地與宋，[2]遂以平州爲南京，以錢帛司爲三司。[3]天會四年復爲平州，嘗置軍帥司。天會十年徙軍帥司治遼陽府，後置轉運司。貞元元年以轉運司併隸中都路。貞祐二年四月置東面經略司，[4]八月罷。貢櫻桃、綾。户四萬一千七百四十八。縣五、鎮一：

盧龍[5]　倚。

撫寧[6]　本新安鎮，大定二十九年置。

海山[7]　本漢海陽故城，遼以所俘望都縣民置，[8]故名望都，大定七年更名。

遷安[9]　本漢令支縣故城，遼以所俘安喜縣民置，[10]因名安喜，大定七年更今名。　鎮一　建昌。

昌黎[11]　遼營州鄰海軍，以所俘定州民置廣寧縣。[12]皇統二年降州來屬，大定二十九年以與廣寧府重，故更今名。

［1］平州：治所在今河北省盧龍縣。

［2］以燕西地與宋：據本書卷一三三《叛臣傳》："宋人以海上之盟求燕京及西京地，太祖以燕京、涿、易、檀、順、景、薊與之。平州自入契丹别爲一軍，故弗與。"

［3］錢帛司：官署名。唯本州與黄龍府在金初曾設錢帛司。按本書卷八四《白彦敬傳》，"伐宋，爲錢帛司都管勾"，似此爲負責

軍需的部門，長官爲錢帛司都管勾。存在時間不長，故《百官志》不載。　三司：官署名。宋制，以鹽鐵、度支、户部設三司，統籌財政。此當爲仿宋制所設的南京路管理財政的部門。長官爲三司使。

[4]東面經略司：宣宗貞祐二年（1214）四月始設東、西面經略司，東面經略司設在平州，以興平軍節度使烏林荅乞住爲經略使。因各州郡不願隸屬於經略司，當年八月即罷。

[5]盧龍：與本州治所在同一地。

[6]撫寧：治所在今河北省撫寧縣。

[7]海山：治所在今河北省盧龍縣南。

[8]望都縣：此望都縣治所在今河北省望都縣。

[9]遷安：治所在今河北省遷安市。

[10]安喜縣：治所在今河北省定州市。

[11]昌黎：治所在今河北省昌黎縣。

[12]定州：治所在今河北省定州市。

灤州，[1]中，刺史。本黄落故城，[2]遼爲永安軍，天輔七年因置節度使。[3]户六萬九千八百六。縣四、有松亭關，[4]國名斜烈只。鎮二：

義豐[5]　倚。

石城[6]　有長春行宫。長春淀舊名大定淀，[7]大定二十年更。　鎮一　榛子。[8]

馬城[9]

樂亭[10]　鎮一　新橋。[11]

[1]灤州：治所在今河北省灤縣。

[2]黄落故城：《遼史》卷四〇《地理志四》作“本古黄洛

城”。

［3］天輔七年因置節度使：此下未言何時由節度州降爲刺史州，蓋有脱文，或“節度使”爲“刺史”之誤。待考。

［4］有松亭關：在今河北省平泉縣西南。原脱“有”字，據中華點校本補。

［5］義豐：與本州治所在同一地。

［6］石城：治所在今河北省唐山市東北開平鎮。

［7］長春淀：在今河北省豐南市或灤南縣境。　大定淀：本書卷七《世宗紀中》作“大定濼”。

［8］榛子：鎮名。所在地不詳。

［9］馬城：治所在今河北省灤南縣東北三十五里馬城鎮。

［10］欒亭：治所在今河北省欒亭縣。

［11］新橋：不詳。

雄州，[1]中。宋名易陽郡。[2]天會七年置永定軍節度使。隸河北東路，貞元二年來屬。户二萬四百一十一。縣三：

歸信[3]　倚。有易水、巨馬河。

容城[4]　泰和八年割隸安州，貞祐二年隸安肅州。有南易水、大泥淀、渾泥城。[5]

保定[6]　宋保定軍，後廢爲縣。

［1］雄州：治所在今河北省雄縣。

［2］宋名易陽郡：原此五字原在下文“天會七年置永定軍節度使”之下，且“宋”作“賜”，據中華點校本改。

［3］歸信：與本州治所在同一地。

［4］容城：治所在今河北省容城縣北。

[5]南易水：於今河北省安新縣東合諸水始稱南易水，東北流經雄、霸二縣南，東流折南入滹沱河。　大泥淀：不詳。　渾泥城：在今河北省雄縣西南。原作"渾泥村"，據中華點校本改。

[6]保定：治所在今河北省文安縣西北新鎮。

霸州，[1]下，刺史。遼益津郡。[2]隸河北東路，貞元二年來屬。户四萬一千二百七十六。縣四：

益津[3]　倚。大定二十九年創置，倚郭。

文安[4]

大城[5]

信安[6]　國初因宋爲信安軍，大定七年降爲信安縣，隸霸州。元光元年四月升爲鎮安府，[7]所以重高陽公張甫也。[8]

[1]霸州：治所在今河北省霸州市。

[2]遼益津郡：據《宋史》卷八六《地理志二》，河北路霸州，"政和三年賜郡名曰永清"，則"遼益津郡"應爲"宋永清郡"。

[3]益津：與本州治所在同一地。

[4]文安：治所在今河北省文安縣。

[5]大城：治所在今河北省大城縣。

[6]信安：治所在今河北省霸州市東南信安鎮。

[7]元光：金宣宗年號（1222—1223）。

[8]高陽公：金末封爵名。　張甫：本書卷一一八有傳。

保州，[1]中，順天軍節度使。宋舊軍事，天會七年置順天軍節度使，隸河北東路，貞元二年來屬。[2]海陵賜名清苑郡。户九萬三千二十一。縣二：

清苑[3]　倚。宋名保塞，大定十六年更。有抱陽山、沉水、饋軍河。[4]

滿城[5]　大定二十八年以清苑縣塔院村置。

[1]保州：治所在今河北省保定市。

[2]貞元：縣名。原作“貞祐”，據中華點校本改。

[3]清苑：縣名。與本州治所在同一地。

[4]抱陽山：一名花陽山，在今河北省滿城縣西南。　沉水：《元豐九域志》卷二作“沈水”，所指不詳。　饋軍河：源出今河北省易縣西南，東南流經滿城縣、保定市北，至安新縣東入南易水。

[5]滿城：治所在今河北省滿城縣西塔院村。

安州，[1]下，刺史。宋順安軍治高陽，天會七年升爲安州，[2]隸河北東路，後置高陽軍。大定二十八年徙治葛城，因升葛城爲縣，作倚郭。泰和四年改混泥城爲渥城縣，來屬，八年移州治于渥城，以葛城爲屬縣。户三萬五百三十二。縣三：

渥城[3]　倚。泰和四年置。

葛城[4]　大定二十八年置。

高陽[5]　泰和八年正月改隸莫州，四月復。有徐河、百濟河。[6]

[1]安州：治所在今河北省安新縣。

[2]天會七年升爲安州：據本書卷七五《李三錫傳》“進官安州防禦使”，則金初安州爲防禦州。

[3]渥城：與本州治所在同一地。

[4]葛城：治所在今河北省安新縣西南安州。

[5]高陽：治所在今河北省高陽縣東舊城。

[6]徐河：源於今河北省保定市，入易水。　百濟河：不詳。

遂州，[1]下，刺史。宋廣信軍，天會七年改爲遂州，隸河北東路，貞元二年來隸，號龍山郡。泰和四年廢爲遂城縣，隸保州，貞祐二年復置州。户一萬一千一百七十四。縣一：

遂城[2]　倚。有光春宫行宫。有遂城山、易水、漕水、鮑河。[3]

[1]遂州：治所在今河北省徐水縣西北遂城。

[2]遂城：與本州治所在同一地。

[3]遂城山：不詳。　漕水：源出今河北省徐水縣西，東南流入饋軍河。　鮑河：源出今河北省易縣西南，東南流經今徐水縣北入饋軍河。

安肅州，[1]下，刺史。宋安肅軍，天會七年升爲徐州，軍如舊，隸河北東路，貞元二年來屬。天德三年改爲安肅州，軍名徐郡軍。大定後降爲刺郡，廢軍。户一萬二千九百八十。縣一：

安肅[2]　按《金初州郡志》，雄、霸、保、安、遂、安肅六州皆隸廣寧府。《太宗紀》載天會七年分河北爲東、西路，則隸河北東路，豈以平州爲南京之後，以六州隸廣寧也？不然，則郡志誤。

[1]安肅州：治所在今河北省徐水縣。

[2]安肅：與本州治所在同一地。

金史　卷二五

志第六

地理中

南京路　河北東路　河北西路　山東東路　山東西路

南京路，[1]國初曰汴京，貞元元年更號南京。府三，領節鎮三，[2]防禦八，刺史郡八，[3]縣一百五。[4]都城門十四，曰開陽，曰宣仁，曰安利，曰平化，曰通遠，曰宜照，曰利川，曰崇德，曰迎秋，曰廣澤，曰順義，曰迎朔，曰順常，曰廣智。宮城門，南外門曰南薰，南薰北新城門曰豐宜，橋曰龍津橋，北門曰丹鳳，其門三。丹鳳北曰舟橋，橋少北曰文武樓，遵御路而北横街也。東曰太廟，[5]西曰郊社，[6]正北曰承天門，其門五，雙闕前引，東曰登聞檢院，[7]西曰登聞鼓院。[8]檢院東曰左掖門，門南曰待漏院。鼓院西曰右掖門，門南曰都堂。直承天門北曰大慶門，門東曰日精門，又東曰左升平門。大慶門西曰月華門，又西曰右升平門。正殿曰大慶殿，前有龍墀，又南有丹墀，又南曰沙墀，東廡曰嘉福樓，西廡曰嘉瑞樓。大慶後曰德儀殿。殿東曰左升龍門，西曰右升龍門。正門曰隆德，内有隆德殿，有蕭牆，有丹墀。隆德殿左曰東上閤門，右曰西上閤門，皆南向。鼓樓在東，鐘樓在西。隆德之次曰仁安門、仁安殿，東則内侍局，[9]又東曰近侍局，[10]又東則嚴祗門，宫中則稱曰撒合門，少南曰東樓，則授除樓也。西曰西樓。仁安之次曰純和殿，正寢也。純和西曰雪香亭，亭北則后妃位也，有樓，樓西曰瓊香亭，亭西曰涼位，有樓，樓北少西曰玉清殿。純和之次曰福寧殿，殿后曰苑門，内曰仁智殿，有二太湖石，左曰敷錫神運萬歲峰，[11]右曰玉京獨秀太平巖，[12]殿曰山莊，其西南曰翠微閣。苑門東曰僊韶院，院北曰翠峰，[13]峰之洞曰大滌涌翠，東連長生殿，又東曰涌金殿，又東曰蓬萊殿。長生西曰浮玉殿，又西曰瀛洲殿。長生殿南曰閲武殿，又南曰内藏庫。[14]嚴祗門東曰尚食局，[15]又東曰宣徽院，[16]院北曰御藥院，[17]又北右藏庫，[18]東則左藏庫。[19]宣徽院東曰點檢司，[20]司北曰祕書監，[21]又北曰學士院，[22]又北曰諫院，[23]又北曰武器署。[24]點檢司南曰儀鸞局，[25]又南曰尚輦局。[26]宣徽院南曰拱衛司，[27]又南曰尚衣局。[28]其南爲繁禧門，又南曰安泰門，門與左升龍門相直。東則壽聖宫，兩宫太后位也，本明俊殿，試進士之所。宫北曰徽音院，又北曰燕壽殿，殿垣後少西曰振肅衛司，[29]東曰中衛尉司。[30]儀鸞局東曰小東華門，更漏在焉。中衛尉司東曰祗肅門，少東南曰將軍司。[31]徽音、壽聖東曰太后苑，[32]苑殿曰慶春，與燕壽殿並。小東華與正東華門對。東華門内正北尚厩局，[33]其西北曰臨武殿。左掖門北，尚食局南曰宫苑司。[34]其西北尚醖局、湯藥局。[35]侍儀司少西曰符寶局、器物局，[36]又西則撒合門也。嘉瑞樓西曰三廟，正殿曰德昌，東曰文昭，西曰光興。德昌後，宣宗廟也。[37]宫西門曰西華，與東華相直，北門曰安貞。

[1]南京路：治所在今河南省開封市。

[2]節鎮三：以下所列實二。

[3]刺史郡八：以下所列實九。

[4]縣一百五：殿本作“縣一百八”，與下面所列的數字相符。另，殿本下有“鎮九十八”四字，與下文所列鎮數相符。

[5]太廟：帝王的祖廟。

[6]郊社：周代於冬至日在南郊祭天稱“郊”，於夏至日在北郊祭地稱“社”，合稱“郊社”。此指祭天地的祭壇。

[7]登聞檢院：官署名。掌奏御進告尚書省、御史臺理斷不當事。長官爲知登聞檢院，從五品。

[8]登聞鼓院：官署名。掌奏御進告御史臺、登聞檢院理斷不當事。長官爲知登聞鼓院，從五品。

[9]内侍局：官署名。宣徽院下屬機構。掌宫庭禁衛及宫中侍從之事。長官爲内侍令，從八品。

[10]近侍局：官署名。殿前都點檢司下屬機構。掌侍從，承勅令，轉進奏帖。長官爲提點，正五品。

[11]敷錫神運萬歲峰：《大金國志》卷三三作“勅賜昭慶神運萬歲峰”。

[12]玉京獨秀太平巖：《大金國志》卷三三作“獨秀太平巖”，並説是宋徽宗御書。

[13]翠峰：施國祁《金史詳校》卷三上認爲前脱“涌”字。

[14]内藏庫：官署名。宣徽院下屬機構。掌内府珍寶財物，率隨庫都監等供奉其事。長官爲内藏庫使，從五品。

[15]尚食局：官署名。宣徽院下屬機構。掌總知御膳，進食先嘗，兼管從官食。長官爲提點，正五品。

[16]宣徽院：官署名。掌朝會、燕享、殿庭禮儀及監知御膳。長官爲左、右宣徽使，正三品。下屬機構有拱衛直使司、客省、引進司、閤門、尚衣局、儀鸞局、尚食局、尚藥局、太醫院、御藥院、教坊、内藏庫、頭面庫、段匹庫、金銀庫、雜物庫、宫闈局、内侍局、典衛司、宫苑司、尚醞署、典客署、侍儀司等。

[17]御藥院：官署名。宣徽院下屬機構。掌進御湯藥。長官爲提點，從五品。

[18]右藏庫：官署名。太府監下屬機構。掌錦帛絲綿毛褐、諸道常課的各種雜物。長官爲右藏庫使，從六品。

[19]左藏庫：官署名。太府監下屬機構。掌金銀珠玉、寶貨錢幣。長官爲左藏庫使，從六品。

[20]點檢司：即殿前都點檢司。官署名。掌親軍，總領左右衛將軍、符寶郎、宿直將軍、左右振肅，負責行從宿衛、關防門禁、督攝隊仗。長官爲殿前都點檢，例兼侍衛親軍馬步軍都指揮使，正三品。下屬機構有宫籍監、近侍局、器物局、尚廐局、尚輦局、鷹坊、武庫署、武器署等。

[21]祕書監：官署名。長官爲秘書監，從三品。下屬機構有著作局、筆硯局、書畫局、司天臺等。

[22]學士院：即翰林學士院。掌制撰詞命。長官爲翰林學士承旨，正三品。

[23]諫院：官署名。屬官有左右諫議大夫、左右司諫、左右補闕、左右拾遺等。負責諫奏。

[24]武器署：官署名。殿前都點檢司下屬機構。掌祭祀、朝會、巡幸與公卿婚葬等事的儀仗旗鼓笛角之事。長官爲提點，從五品。

[25]儀鸞局：官署名。宣徽院下屬機構。掌殿庭陳設、帳幕、香燭等事。長官爲提點，正五品。

[26]尚輦局：官署名。殿前都點檢司下屬機構。負責管理皇帝所用各種車輦。長官爲尚輦局使，從五品。

[27]拱衛司：官署名。全名拱衛直使司，宣徽院下屬機構。負責宫庭警衛工作，下屬部隊有威捷軍。長官爲拱衛直都指揮使，從四品。

[28]尚衣局：官署名。宣徽院下屬機構。掌御用衣服冠帶等事。長官爲提點，正五品。

[29]振肅衛司：官署名。本書《百官志》無。殿前都點檢司屬官中有左右振肅，正七品，掌妃嬪出入總領護衛導從。振肅衛司當是殿前都點檢司下屬機構。

[30]中衛尉司：官署名。本書卷五六《百官志二》作“衛尉司”。長官爲中衛尉，從三品。掌總中宫事務。

[31]將軍司：官署名。本書《百官志》無。按殿前點檢司下屬有殿前左右衛將軍、殿前左右衛副將軍、左右宿直將軍，疑此皆屬於將軍司。

[32]太后：“太”，原作“大”，從殿本改。

[33]尚厩局：官署名。殿前都點檢司下屬機構。負責御馬的調養與牧放。長官爲提點，正五品。

[34]宫苑司：官署名。宣徽院下屬機構。掌宫庭修理、灑掃，啟閉門户，鋪設氈席等事。長官爲宫苑令，從六品。

[35]尚醖局：官署名。本書卷五六《百官志二》作“尚醖署”，宣徽院下屬機構。掌進御酒。長官爲尚醖令，從六品。　湯藥局：官署名。本書卷五六《百官志二》作“尚藥局”，宣徽院下屬機構。掌進湯藥茶果。長官爲提點，正五品。

[36]符寶局：官署名。僅見於此及卷四五《刑志》，本書《百官志》無。殿前都點檢屬官有符寶郎，則符寶局當是殿前都點檢司下屬機構。　器物局：官署名。殿前都點檢司下屬機構。負責帝王所用鞍轡等各種器物。長官爲提點，正五品。

[37]宣宗：廟號。即完顔吾睹補，漢名珣。1213 年至 1223 年在位。

開封府，[1]上。留守司。留守帶本府尹，[2]兼本路兵馬都總管。[3]天德二年罷行臺尚書省，[4]置轉運司、提刑司。[5]天德二年置統軍司。[6]有藥市四，榷場。[7]産蜜蠟、香茶、心紅、朱紅、地龍、黄柏。天德四年，户二十三萬五千八百九十。泰和末，[8]户百七十四萬六千二百一十。[9]縣十五、鎮十五：

開封[10] 東附郭。有古通津、臨蔡關、汴河。[11] 鎮一 延嘉。

祥符[12] 西附郭。有岳臺、浚水、沙臺、崇臺、夷門山、蔡河、金水河、廣濟河、寒泉河。[13] 鎮三 陳橋、八角、郭橋。[14]

陽武[15] 有沙池、黑陽山、黄河、汴河、白溝河。[16]

通許[17] 宋名咸平，大定二十九年以與咸平府重，[18]更。有牛首城、裘亭。[19]

泰康[20] 有魯溝、蔡河、渦河。[21] 鎮一 崔橋。[22]

中牟[23] 有汴河、鄭河、中牟臺。[24] 鎮四 圃田、陽武、萬勝、白沙鎮。[25]

杞[26] 宋雍丘縣，杞國也，[27]正隆後更今名。[28] 鎮一 圉城。[29]

鄢陵[30] 有洧水、潩水、太丘城。[31] 鎮一 馬欄橋。[32]

尉氏[33] 有惠民河、長明溝。[34] 鎮二 朱家曲、宋樓。[35]

扶溝[36] 有祁耶山、洧水、白亭。[37] 鎮二 建雄、義店。[38]舊有赤倉鎮。[39]

陳留[40] 有皇栢山、狼丘、汴河。[41]

延津[42] 貞祐三年七月升爲延州。[43]有土山、黄河。[44]

洧川[45] 貞祐二年置惠民倉，興定二年四月以尉氏縣之宋樓鎮升。[46]

長垣[47]

封丘[48]

[1]開封府：治所在今河南省開封市。

[2]留守：金於諸京設留守司，爲地方最高行政機構。長官爲留守，例兼本府府尹與本路兵馬都總管，正三品。　府尹：府官名。掌宣風導俗，肅清所部，總判府事。正三品。

[3]兵馬都總管：府官名。掌統諸城隍兵馬甲仗。正三品。

[4]天德：金海陵王年號（1149—1153）。　行臺尚書省：官署名。管理原齊國統治區。天眷元年（1138）以河南地與宋，改燕京樞密院爲行臺尚書省。天眷三年（1140）復移置於汴京。行臺尚書省各官品級較尚書省相應各官品級低一級。

[5]轉運司：官署名。掌賦税錢穀，倉庫出納，權衡度量之制。長官爲轉運使，正三品。　提刑司：官署名。掌審察刑獄，照刷案牘，糾察官事及豪猾之人。長官爲提刑使，正三品。按本書卷九《章宗紀一》，大定二十九年（1189）六月"初置提刑司"，又卷一〇《章宗紀二》，明昌四年（1193）七月"南京路提刑司自許州遷治南京"，則南京路提刑司非設於天德二年（1150），此繫年有誤。

[6]統軍司：官署名。金於河南、山東、陝西、山西四路設統軍司，督領軍馬、鎮攝封陲。長官爲統軍使，正三品。據卷四四《兵志》，天德二年（1150）九月，"置統軍司于山西、河南、陝西三路，以元帥府都監、監軍爲使，分統天下之兵"。

[7]榷場：金代對外貿易市場。金在與南宋、西夏、高麗、蒙古的沿邊重鎮設榷場，負責對外貿易，並起政治作用。東勝州等處榷場起著對蒙古羈縻統治的作用，而南方榷場在對南宋的貿易中獲利極大。

[8]泰和：金章宗年號（1201—1208）。

[9]户百七十四萬六千二百一十：按本書卷四六《食貨志一》，

泰和七年（1207）“天下户七百六十八萬四千四百三十八”，開封府户數占天下總户數的四分之一，殆不可能。疑此有誤，或衍“百”字。

［10］開封：治所與本府在同一處。

［11］古通津：在今河南省開封市東。　臨蔡關：在今河南省開封市南。　汴河：即汴渠，有二。一是自今河南省滎陽市東北分黄河，東南流經今開封市南、民權縣與商丘縣北，復東南經今安徽省碭山縣、蕭縣北，至江蘇省徐州市北入泗水。另一個即隋通濟渠、唐廣濟渠的東段。隋開通濟渠，自今河南省滎陽市北引黄河東南流，經今河南省開封市、杞縣、睢縣、寧陵縣、商丘市、夏邑縣、永城縣，東南經安徽省宿州市、靈璧縣、泗縣和江蘇省泗洪縣，至盱眙縣入淮河。因中間自今河南滎陽至開封一段就是原來的汴水，故唐宋人將出黄河至進入淮河的通濟渠東段全流統稱爲汴水、汴河或汴渠。南宋與金劃淮水爲界，此渠不再爲運道所經，不久即湮没。今僅存江蘇泗洪境内的一段，俗名老汴河，上承濉水，東南流入洪澤湖。兩汴渠都流經開封縣，此不詳何指。或同時指兩汴渠。

［12］祥符：治所與本府在同一處。

［13］岳臺：北魏時築此臺遥事霍山神。唐時爲天文測景地之一。在今河南省開封市西。　浚水：衛河淇水合流後稱浚水，也稱黎水。在黄河以北，不屬於祥符縣境内，此誤。　沙臺：不詳。　崇臺：不詳。　夷門山：在開封城内的東北部，一名夷山，以山勢平夷而得名。　蔡河：一作蔡水，即古沙水。古沙水自今河南淮陽東至鹿邑南，又東經今茨河至安徽懷遠南入淮。“沙”本音“蔡”，魏晋以後遂通稱“蔡河”。隋唐以後，下游自今淮陽東出鹿邑下今茨河一段已淤斷，徑由古蒗蕩渠東南入潁。宋建隆初導京西南閔水貫京城合於蔡，此後蔡河即以閔河爲源。開寶後因閔河改名惠民河，也通稱蔡河爲惠民河。元明時屢爲黄河决流所奪，今僅存淮陽以下入潁一段。　金水河：宋建隆二年（961）鑿渠引河南滎陽京水東過今河南中牟，凡百餘里，抵今河南開封西，架槽横絶汴河，

東匯於五丈河，名爲金水河。元豐中賜名天源河。南渡後已廢。 廣濟河：舊名通濟渠，古運河名。隋大業元年（605）開，分東西二段。西段起自東都洛陽（今河南洛陽）西宛，引谷、洛水貫洛陽城東出，循陽渠故道至偃師入洛，由洛水入黄河。東段起自板渚（今河南滎陽北）引黄河水東行汴水故道，至今河南開封别汴水折而東南流，經今杞縣、睢縣、寧陵至商丘東南行蘄水故道，經夏邑、永城、安徽宿縣、靈壁、泗縣、江蘇泗洪至盱眙注入淮河。唐以後更名廣濟河。此指東段。 寒泉河：在河南省開封市北。據《太平寰宇記》，其水冬夏常冷，故名寒泉。施國祁《金史詳校》卷三上疑“河”當作“陂”。

[14]陳橋：金置陳橋鎮在今河南省原武縣南，非北宋舊地。《中國歷史地圖集》置於今河南省封丘東南，臨黄河。誤。 八角：在今河南省開封縣西南的八角店。 郭橋：在今河南省開封市西北。

[15]陽武：治所在今河南省原陽縣。

[16]沙池：不詳。 黑陽山：在今河南省原陽縣西北。 黄河：宋建炎二年（1128）東京留守杜充於滑縣西南人爲決河，遂使河道東決奪泗入淮。自後河道數道並行，南流主要是奪泗、汴、睢、潁、渦等水由淮入海，南流諸道中以自今河南原陽亂汴、睢故道東出徐州由泗入淮爲主。此指經開封府境内的黄河故道。 汴河：本卷所載汴河有二，此汴河與開封縣下汴河同。 白溝河：古濟水流經今河南省原陽縣東南成白馬淵，淵水東流爲白溝河，又東經封丘縣南、開封市北，下流與濟水合。今已不存在。

[17]通許：治所在今河南省通許縣。

[18]大定：金世宗年號（1161—1189）。 咸平府：治所在今遼寧省開原老城鎮。

[19]牛首城：在今河南省通許縣西北。 裘亭：又名裘氏亭、裘氏城。在今河南省通許縣東。

[20]泰康：治所在今河南省太康縣。

［21］魯溝：汴水支流。自陳留下行至今河南省杞縣南入汴。　渦河：上游名青岡河，出河南省通許縣東南。本源承自古蒗蕩渠，今源承自賈魯河。南流經杞縣、太康縣爲渦河，東南至鹿邑縣會惠濟河東入安徽省亳州市，南流至渦陽縣，又東南經蒙城縣至懷遠縣入淮。

［22］崔橋：在今河南省扶溝縣東北四十八里崔橋鄉。

［23］中牟：治所在今河南省中牟縣東。

［24］汴河：本卷所載汴河有二，此汴河與開封縣的汴河同。　鄭河：一名汴家水，俗稱七里河，古稱管水。源出河南省鄭州市西南梅山，東北流至中牟縣入賈魯河。今漸淤塞。　中牟臺：一名官渡臺、曹公臺。在今河南省中牟縣東北。世傳即曹操與袁紹相持處。

［25］圃田：在今河南省中牟縣西。一説在今河南省鄭州市東四十里圃田鄉。"圃"，原作"嗣"，從中華點校本改。　陽武：在今河南省原陽縣東南。一説在今河南省原陽縣。　萬勝：一名萬勝寨，在今河南省中牟縣北二十四里萬勝村。　白沙鎮：在今河南省中牟縣西二十四里白沙鎮。

［26］杞：治所在今河南省杞縣。

［27］杞國：周初封國名。始受封者爲禹後東樓公。見《史記》卷三六《陳杞世家》。

［28］正隆：金海陵王年號（1156—1161）。施國祁《金史詳校》卷三上認爲，此處"正隆"當作"大定"。

［29］圉城：在河南省杞縣南五十里圉鎮。

［30］鄢陵：治所在今河南省鄢陵縣。

［31］洧水：即今河南省雙洎河。自長葛縣以下，故道原經鄢陵、扶溝兩縣南，至西華縣西入潁水。北宋時爲豐富蔡河水量以利漕運，自長葛縣東南引洧水經鄢陵、扶溝兩縣北，東匯蔡河。元時蔡河爲黄河所奪，漸堙没。後洧水改入賈魯河，至明又名雙洎河。　溴水：一名清流水，今稱清溴河。發源於河南省新密市東大隗山，

東南流經新鄭市，經長葛市，南入潁河。　太丘城：不詳。

［32］馬欄橋：在今河南省鄢陵縣南十里馬欄鎮。“欄”，原作“棚”，從中華點校本改。

［33］尉氏：治所在今河南省尉氏縣。

［34］惠民河：古運河名。起自河南省新鄭市，導洧、溱諸水東北流入河南省開封市，東南出城經河南淮陽入潁。開封西南一段本爲閔河，東南一段本爲蔡河。宋初導閔水入蔡。開寶六年（973）改閔河爲惠民河，其後遂通稱閔蔡兩河爲惠民河。今唯存淮陽以南蔡河一段。　長明溝：在今河南省尉氏縣西。源於河南省長葛市。

［35］朱家曲：一名朱曲鎮，即今河南省尉氏縣西南的朱曲鎮。宋樓：興定二年（1218）四月升爲洧川縣。治所在今河南省長葛市東北洧川鎮。

［36］扶溝：治所在今河南省扶溝縣。

［37］祁耶山：不詳。　白亭：在今河南省扶溝縣北。

［38］建雄：在今河南省扶溝縣東。　義店：金置。在今河南省扶溝縣境。《元豐九域志》卷一作“義聲”。

［39］赤倉鎮：在今河南省開封市南赤倉村。

［40］陳留：治所在今河南省開封市東南陳留城。

［41］皇栢山：不詳。　狼丘：不詳。　汴河：本卷所載汴河有二，此汴河指隋通濟渠、唐廣濟渠的東段。

［42］延津：治所在今河南省延津縣西。一説在今河南省延津縣。

［43］貞祐：金宣宗年號（1213—1217）。　延州：治所在今河南省原陽縣東北延州村。

［44］土山：一名酸棗山。在今河南省延津縣東北十五里。

［45］洧川：治所在今河南省長葛市東北洧川鎮。一説在今河南省長葛市東北十里鋪。

［46］興定：金宣宗年號（1217—1222）。

［47］長垣：治所在今河南省長垣縣東北四十四里。

[48]封丘：治所在今河南省封丘縣西南。一説即今河南省封丘縣。

睢州，[1]下，刺史。[2]宋拱州保慶軍，國初猶稱拱州，天德三年更。户四萬六千三百六十。縣三、鎮一：

襄邑[3]　古襄牛地。有汴河、睢水、涣水、承匡城。[4]鎮一　重華。[5]

考城[6]　宋隸東京，[7]正隆前隸曹州，[8]後來屬。有葵丘、黄河、黄陵岡。[9]元光二年改爲通安堡。[10]

柘城[11]　古株林，首止地在焉。[12]有涣水、泡水、泓水。[13]

[1]睢州：治所在今河南省睢縣。

[2]刺史：州官名。刺史州長官。負責本州政務。正五品。

[3]襄邑：與本州治所在同一地。按本志行文慣例，此下當有小字注文“倚”字。倚，也作“倚郭”“附郭”。指與本府或本州治所在同一處的縣。

[4]汴河：即汴渠。此指隋通濟渠東段，唐改名爲廣濟渠。　睢水：古代鴻溝支脉之一。故道自今河南開封東從鴻溝分出，東流經杞縣、睢縣北，寧陵、商丘南，夏邑、永城北，安徽濉溪縣南，宿州市、靈璧、江蘇睢寧北，至宿遷南注入古泗水。金元以後黄河南灌，故道日湮。乾隆中自今濉溪以下疏爲三段，自靈璧澮塘溝以下導向東南，至今江蘇泗洪由老汴河入洪澤湖，遂成爲今日濉河河道。　涣水：古水名。自今河南開封東分古蒗蕩渠水，東南流經杞縣、睢縣南、柘城北入安徽境，以下即今澮河。　承匡城：在今河南省睢縣西三十里匡城鄉。

[5]重華：在今河南省睢縣境内。

[6]考城：治所在今河南省民權縣東北。

[7]東京：宋東京汴梁，治所在今河南省開封市。"東"，原作"南"，從中華點校本改。

[8]曹州：治所在今山東省菏澤市。

[9]葵丘：在今河南省民權縣東北。原此上"有"字原在"葵丘"二字之下，從中華點校本改。　黄陵岡：又名黄陵渡。在今河南省蘭考縣東北、山東省曹縣西南舊黄河北岸。

[10]元光：金宣宗年號（1222—1223）。

[11]柘城：治所在今河南省柘城縣北。

[12]首止：一名首戴，爲春秋時陳國夏氏的封邑。在今河南省睢縣東南。

[13]泡水：《元豐九域志》卷一作"包水"。上承山東省單縣東南的廢黄河，東流至今江蘇省沛縣南，入古泗水。　泓水：故道約在今河南省柘城縣西北，爲古渙水支流。

歸德府，[1]散，中，宣武軍。故宋州，宋南京應天府河南郡歸德軍，[2]國初置宣武軍。户七萬六千三百八十九。縣六、鎮四：

睢陽[3]　宋名宋城，承安五年更名。[4]有鷹鸇池、汴水、睢水、渙水。[5]鎮一　葛驛。[6]

寧陵[7]　大定二十二年徙于汴河堤南古城。有汴水、睢水、渙水。

下邑[8]　有汴水、黄水。[9]　鎮一　會亭。[10]

虞城[11]　有孟諸藪。[12]

穀熟[13]　有汴水、穀水。[14]　鎮二　營城、洛場。[15]又有舊高辛鎮。[16]

楚丘[17]　國初隸曹州，海陵後來屬，[18]興定元年以限河不便，改隸單州。有景山、京岡。[19]

［1］歸德府：治所在今河南省商丘縣南。

［2］宋南京應天府：北宋景德三年（1007）升宋州爲應天府，大中祥符七年（1014）建爲南京，治所在今河南省商丘市南。

［3］睢陽：縣名。與本府治所在同一地。

［4］承安：金章宗年號（1196—1200）。

［5］鷹鷺池：不詳。　汴水：本卷所載汴河有二，此汴河指隋通濟渠、唐廣濟渠的東段。歸德府内汴水皆指此。

［6］葛驛：在今河南省商丘市西南。

［7］寧陵：治所在今河南省寧陵縣。大定二十二年（1182）移於古汴河南古寧陵縣舊址。

［8］下邑：治所在今河南省夏邑縣。

［9］黄水：不詳。

［10］會亭：在今河南省夏邑縣西南會亭鎮。

［11］虞城：治所在今河南省虞城縣北利民鎮西南三里。

［12］孟諸藪：古澤藪名。也作孟豬、望諸、明都、盟豬、盟諸。在今河南省商丘市東北、虞城縣西北。唐時周圍五十里，金元以後屢爲黄河沖決，遂湮没。

［13］穀熟：治所在今河南省虞城縣西南穀熟集。

［14］穀水：古有兩穀水，一在今河南省洛陽市西，一在安徽省，皆與此無關。此不詳何指。

［15］營城：在今河南省虞城縣西南營郭集。　洛場：在今河南省商丘市東南。一説在今河南省夏邑縣西南三十六里濟陽鄉。《元豐九域志》無此，而有濟陽鎮。

［16］舊高辛鎮：不詳。

［17］楚丘：治所在今山東省曹縣東南。

［18］海陵：封號。即完顔迪古迺，漢名亮。1149 年至 1161 年

在位。

[19]景山：一説在今山東曹縣東南；一説在今山東成武縣南、曹縣正東。　京岡：不詳。

單州，[1]中，刺史。宋碭郡，貞祐四年二月升爲防禦，[2]興定五年二月置招撫司，[3]以安集河北遺黎。[4]户六萬五千五百四十五。縣四：

單父[5]　有棲霞山、泡溝。[6]

成武[7]　有堂溝。[8]

魚臺[9]　有泗水、涓溝、五丈溝。[10]

碭山[11]　興定元年以限河不便，改隸歸德府。有芒碭山、古汴渠、午溝。[12]

[1]單州：治所在今山東省單縣。

[2]防禦：州官名。防禦州長官。掌防捍不虞，禦制盗賊，總判州事。從四品。

[3]招撫司：南遷後所設地方官署名，本書《百官志》不載。宣宗南遷後置招撫司以安集黄河以北南遷的移民，受中京行樞密院節制，設招撫使與副使，品秩不詳。初以知府兼任，地位較高。後濫授，成爲安撫各地亂兵與流民的一種空銜。

[4]河北：金代的行政設置有河北東路與河北西路，此指整個黄河以北地區。

[5]單父：與本州治所在同一地。

[6]棲霞山：在今山東省單縣東五里。　泡溝：即泡河，又名包水、苞水、豐水。出山東省單縣，經江蘇省豐縣，至沛縣入泗水。

[7]成武：治所在今山東省成武縣。

[8]堂溝：不詳。

[9]魚臺：治所在今山東省魚臺縣舊城集。

[10]泗水：淮水支流。源出山東省泗水縣東蒙山南麓，四源並發，故名。西流經泗水、曲阜、兖州，折南至濟寧市東南魯橋鎮入運河。古泗水自魯橋以下又南循今運河至南陽鎮，穿南陽湖而南，經昭陽湖西、江蘇省沛縣東，南至徐州市東北循淤黄河東南流至淮安市西南入淮河。金以後自徐州以下一段爲黄河所奪，元以後魯橋、徐州間一段成爲大運河的一部分，泗水之稱從此局限於上游魯橋以上一段。　涓溝：一名涓水，出山東省諸城市西的馬耳山，北流入濰河。　五丈溝：一名五丈河。故道西起河南省開封縣，東經河南省蘭考縣及山東省定陶縣至巨野縣西北入梁山泊，下接濟水。

[11]碭山：治所在今安徽省碭山縣。

[12]芒碭山：芒山與碭山的合稱，在今河南省永城市東北，二山相距八里。　古汴渠：即汴河，也稱汴水。本卷所載汴水有二。此指自今河南省滎陽市東北分黄河，終入泗水者。　午溝：即午溝里，一名衣錦鄉。在今安徽碭山縣東北。相傳五代後梁開國皇帝朱温生長於此。

壽州，[1]下，刺史。宋隸壽春府，[2]貞元元年來屬，[3]泰和六年六月升爲防禦。户八千六百七十七。縣二、鎮一：

下蔡[4]　有硤石山、潁水、淮水。[5]

蒙城[6]　宋隸亳州，[7]國初來屬。有狼山、渦水。[8]　鎮一　蒙館。[9]

[1]壽州：治所在今安徽省鳳臺縣。

[2]壽春府：北宋壽春府治所在今安徽省鳳臺縣，南宋壽春府治所在今安徽省壽縣。

[3]貞元：金海陵王年號（1153—1156）。北宋壽春府首縣下蔡於宋紹興二年，即金天會十年（1132）入於金，改爲壽州，此云“貞元元年來屬”，恐有脱誤。

[4]下蔡：與本州治所在同一地。

[5]硤石山：在今安徽省鳳臺縣、壽縣之間的淮河兩岸。　潁水：即今潁河。源出河南省登封縣西南陽乾山，東南流，至安徽省潁上縣東南入淮河。　淮水：今淮河。

[6]蒙城：治所在今安徽省蒙城縣。

[7]亳州：治所在今安徽省亳州市。

[8]狼山：在今安徽省蒙城縣北。　渦水：本卷所載渦水有二，此爲南京路開封府泰康縣的渦水。即今位於河南省東部、安徽省北部的淮河支流渦河。

[9]蒙館：在今安徽省蒙城縣東北。一説在今安徽省蒙城縣西北三里。

陝州，[1]下，防禦。宋陝郡保平軍節度，皇統二年降爲防禦，貞祐二年七月升爲節鎮。户四萬一千一十。縣四、鎮七：

陝[2]　倚。有虢山、峴頭山、三崤山、底柱山、黄河、槖水。[3]　鎮一　石壕。[4]

靈寶[5]　有夸父山、黄河、稠桑澤、古函谷關。[6]　鎮二　乾壕、關東。[7]

湖城[8]　有荆山、鑄鼎原、鳳林泉、鼎湖。[9]　鎮二　三門、集津。[10]

閿鄉[11]　有太華山、黄河、玉澗水、潼關、太谷關。[12]　鎮二　張店、故鎮。[13]舊又有曹張鎮，恐誤。[14]

［1］陝州：治所在今河南省三門峽市西陝縣老城。

［2］陝：與本州治所在同一地。

［3］虢山：即今河南省三門峽市陝縣老城西南二里鷄足山。　峴頭山：又名峴山，寶山，在今河南省靈寶市東北。　三崤山：即崤山。《元豐九域志》卷三作“二崤山”。在今河南省洛寧縣西北，東接河南省澠池縣，西接河南省陝縣。　底柱山：即砥柱山，又名三門山，在今河南省三門峽市東北黄河中。　黄河：“黄”，原作“莫”，從中華點校本改。　橐水：源於今河南省三門峽市東南三崤山，西北流，至今三門峽市西北入黄河。

［4］石壕：在今河南省陝縣東的硤石鎮。

［5］靈寶：治所在今河南省靈寶市東北老城。

［6］夸父山：在今河南省靈寶市西。　稠桑澤：在今河南省靈寶市北沙河東岸。　古函谷關：函谷關有二，一在今河南省靈寶市東北王垛村，戰國時秦置；一在今河南省新安縣東北，西漢時徙置。此指前者。原脱“關”字，從中華點校本補。

［7］乾壕：在今河南省陝縣東硤石鎮東。　關東：在今河南省靈寶市閿鄉西。

［8］湖城：治所在今河南省靈寶市西北原閿鄉縣城。

［9］荆山：一名覆釜山。在今河南省靈寶市閿鄉南。　鑄鼎原：在今河南省靈寶市東南。相傳黄帝采首山之銅鑄鼎於此。　鳳林泉：按隋於今河南省靈寶市東北故函谷關地設鳳林郡，此鳳林泉可能與此有關，在今河南省靈寶市東北王垛村附近。待考。　鼎湖：在今河南省靈寶市西。

［10］三門：在今山西省平陸縣東黄河北岸。　集津：在今山西省平陸縣東黄河北岸，在三門鎮東。

［11］閿（wén）鄉：治所在今河南省靈寶市西北文鄉。

［12］有太華山：太華山一名泰華山，即今陝西省華陰市南的華山。原脱“有”字，從中華點校本補。　玉澗水：一名閿鄉水。即今河南省靈寶市西雙橋河，在今河南省靈寶市西境近陝西省潼關縣

地，北流經靈寶市文鄉西入黄河。　潼關：即今陝西省潼關縣東北黄河南岸的潼關。　太谷關：不詳。殿本作“大谷關”。

[13]張店：在今河南省靈寶市西。一説在今山西省平陸縣北張店鎮。　故鎮：在今河南省靈寶市西。

[14]曹張鎮：河東南路解州夏縣有曹張鎮，在今山西省夏縣西北。不應繫於此。

鄧州，[1]武勝軍節度使。[2]宋南陽郡，嘗置榷場。户二萬四千九百八十九。縣三、鎮六：

穰城[3]　倚。有五壟山、覆釜山、湍水、朝水。[4]　鎮四　順陽、新野、穰東、板橋。[5]

南陽[6]　有豫山、百重山、豐山、梅溪水、白水、清冷水。[7]　鎮一　張村。[8]

内鄉[9]　有高前山、熊耳山、黄水、菊水、淅水、富水。[10]　鎮一　峽口。[11]

[1]鄧州：治所在今河南省鄧州市。

[2]節度使：州官名，節度州長官。掌鎮撫諸軍防刺，總判本鎮兵馬之事，兼本州管内觀察使。從三品。

[3]穰城：按穰縣古今皆同名，金代不應獨異，疑“城”字爲衍文。與本州治所在同一地。

[4]五壟山：在今河南省鄧州市西。　覆釜山：在今河南省鄧州市西北八十里。　湍水：源出於河南省盧氏縣的熊耳山，東南流至河南省新野縣西入漢江的支流白河。　朝水：今名刁河。源出今河南省内鄉縣西，流經今河南省鄧州市南，至今河南省新野縣西南入於白河。

[5]順陽：一説在今河南省淅川縣南；一説在今河南省鄧州市

西三十里。　新野：在今河南省新野縣。　穰東：在今河南省鄧州市東北穰東鎮。　板橋：在今河南省淅川縣南，順陽鎮北，淅水西岸。

[6]南陽：治所在今河南省南陽市。

[7]豫山：在今河南省南陽市東北。　百重山：又名北重山、百里山，在今河南省南召縣南。　豐山：在今河南省南陽市東北三十里。　梅溪水：源出河南省南陽市北，近南召縣境，南流至今南陽市南入白水。　白水：源出今河南省嵩縣西南攻離山，東南流經南召縣，南折流經南陽市、新野縣入湖北省襄陽市與唐河匯，稱唐白河。　清泠水：在今河南省南陽市東北豐山下。

[8]張村：在今河南省鄧州市西北張村集。

[9]内鄉：治所在今河南省西峽縣。

[10]高前山：又名天池山，在今河南省内鄉縣西南。　熊耳山：一名熊耳嶺，在今河南省盧氏縣南。“熊”，原作“縣”，從中華點校本改。　菊水：即菊潭，源出今河南省内鄉縣西北，東南流入湍河。　淅水：亦名淅江、淅川、順陽川，即今河南省境内的老灌河。源出今河南省盧氏縣西南，東南流至淅川縣匯入丹江水庫。“淅”，原作“浙”，從殿本改。　富水：不詳。

[11]陝口：在今河南省淅川西。

唐州，[1]中，刺史。宋淮安郡，嘗置榷場。户一萬一千三十一。縣四、鎮四：

泌陽[2]　倚。有泌水、醴水。[3]　鎮一　胡陽。[4]

比陽[5]　有大明湖、中陽山、比水。[6]　鎮一　羊棚。[7]

湖陽[8]　貞祐元年廢。　鎮一　羅渠。[9]

桐柏[10]　大定十年始置正官，興定五年六月廢。有桐柏山、淮水、柘河。[11]　鎮一　許封。[12]大定二十八年命規措界壕於唐、鄧間。

[1]唐州：治所在今河南省唐河縣。

[2]泌陽：與本州治所在同一地。

[3]泌水：唐河上游的别稱。西南流至今湖北省襄陽市與白河匯，稱唐白河。　醴水：源出河南省桐柏縣西桐柏山，西北流至今河南省唐河縣南入唐河。

[4]胡陽：在今河南省唐河縣西南湖陽鎮。"胡"，原作"明"，據殿本改。

[5]比陽：治所在今河南省泌陽縣。

[6]大明湖：中華點校本疑爲大胡山之誤。大胡山也名大湖山、壺山、大孤山，在今河南省泌陽縣東北。　中陽山：即上界山。在今河南省泌陽縣東北五十里。　比水：即今河南省境内的泌陽河。

[7]羊棚：在今河南省泌陽縣西北六十里羊册鎮。

[8]湖陽：治所在今河南省唐河縣西南湖陽鎮。

[9]羅渠：在今河南省方城縣西南。

[10]桐柏：治所在今河南省桐柏縣。

[11]桐柏山：在今河南省桐柏縣西。　柘河：不詳。

[12]許封：在今河南省桐柏縣境内。

裕州，[1]本方城縣，泰和八年正月升置，以方城縣爲倚郭，割汝州葉縣、許州舞陽隸焉。户八千三百。縣三、鎮四：

方城[2]　倚。有方城山、衡山、堵水。[3]　鎮一　青臺。[4]

葉[5]　本隸汝州，泰和八年來屬。有方城山、石塘河、澧水。[6]　鎮一　臨墳。[7]

舞陽[8]　本隸許州，泰和八年來屬。有伏牛山、馬鞍山、舞水、汝水、潕水、滍水。[9]　鎮二　吴城、北舞。[10]

[1]裕州：治所在今河南省方城縣。本書卷一二二、一二四、一二八皆載宣宗時有裕州刺史，卷一一八、一二〇皆載哀宗時有裕州防禦使。疑裕州先爲刺史州，後改爲防禦州。待考。

[2]方城：與本州治所在同一地。

[3]方城山：原作"有方山城"，從施國祁《金史詳校》卷三上改。方城山在今河南省葉縣南、方城縣東北，西連伏牛山脉。　衡山：不詳。　堵水：源出今河南省方城縣西北的方城山中，南流經今河南省社旗縣，至今河南省唐河縣東北與今泌陽河匯。

[4]青臺：在今河南省社旗縣南青臺鎮。

[5]葉：治所在今河南省葉縣西北舊縣鎮。

[6]石塘河：一作石潭河，在今河南省葉縣東北。　澧水：源出今河南省葉縣西南方城山北麓，東流經舞陽縣北，至漯河市西南入汝水。

[7]臨潁：在今河南省葉縣東南二十八里潁臺鎮。

[8]舞陽：治所在今河南省舞陽縣。

[9]伏牛山：一名天息山、燕泉山，即今河南省西部的伏牛山。　馬鞍山：在今河南省舞陽縣西南。　舞水：即今洪河，源出今河南省社旗縣東，北流東折經今河南省舞陽縣南、西平縣北入汝水。　汝水：淮河支流。源出河南省魯山縣大盂山。經汝陽、汝州、郏縣、襄城、郾城，經汝南東南流，至新蔡縣南與洪河會，經淮濱縣東入淮河。　潕水：不詳。　滍水：即今沙河。源出今河南省魯山縣，東流經河南省葉縣北入汝河。

[10]吴城：在今河南省舞陽縣東吴城鎮。　北舞：在今河南省舞陽縣北北舞渡。

河南府，[1]散，中。宋西京河南府雒陽郡。[2]初置德昌軍，興定元年八月升爲中京，府曰金昌。户五萬五千六百三十五。縣九、《正隆郡志》有壽安縣，[3]紀録皆無。鎮四：

洛陽[4]　倚。有北邙山，[5]正隆六年更名太平山，稱舊名者以違制論。有伊、洛、瀍、澗、金水，[6]銅駝街，[7]金粟山，[8]金谷。[9]　鎮一　龍門。[10]

澠池[11]　有天壇山、廣陽山、黄河、澠河。[12]

登封[13]　有太室山、箕山、陽城山、少室山，[14]宣宗置御寨其上。舊有潁陽鎮，[15]後廢。

孟津[16]　貞祐三年七月升爲淘州，十二月復爲縣。　鎮一　長泉。[17]舊有河清鎮，[18]後廢。

芝田[19]　宋名永安，貞元元年更。[20]有轘轅山、青龍山。[21]

新安[22]　有闕門山、長石山、金水、穀水、陂水。[23]

偃師[24]　有北邙山、緱氏山、半石山、景山、黄河、洛水。[25]　鎮一　緱氏。[26]

宜陽[27]　有錦屏山、鹿蹄山、憩鶴山、女几山、洛水、昌水、少水。[28]

鞏[29]　有侯山、九山、黄河、洛水。[30]　鎮一　洛口。[31]

[1]河南府：治所在今河南省洛陽市。

[2]宋西京河南府：宋河南府治所在今河南省洛陽市。

[3]《正隆郡志》：書名。今已佚。

[4]洛陽：與本府治所在同一地。

[5]北邙山：一名北芒山，即邙山。在今河南省洛陽市北。東

漢及魏的王侯公卿多葬於此。

[6]伊、洛、瀍、澗、金水：伊，即伊水。即今河南省境内的伊河。源出河南省欒川縣西伏牛山，東北流至河南省偃師市西南入洛河。洛，即洛水。即今洛河。瀍，即瀍水。源出今河南省洛陽市西北，南流經洛陽城東，入於洛水。澗，即澗水。源出今河南省澠池縣東北，東南流會澠水，東流經河南省新安縣南至洛陽市西折東南入洛河。其下游即今洛陽市西一段澗水。其上游古人所指不一。《漢書·地理志》《水經》指今源出河南省新安縣的王祥河，東北流至洛陽市西注入澗水。《尚書》僞孔傳所指即今源出澠池的澗水。《水經注》認爲是離山水，源出新安縣東北，東南流至洛陽市西北與古穀水即今澗水合流入洛河。金水，即金水河。宋建隆二年（961）鑿渠引河南滎陽京水東過今河南中牟，凡百餘里，抵今河南開封西，架槽横絶汴河，東匯於五丈河，名爲金水河。元豐中賜名天源河。南渡後廢。

[7]銅駝街：在今河南省洛陽市東北漢、魏洛陽城中。三國時魏明帝置銅駝於此。時有“金馬門外集衆賢，銅駝陌上集少年”之語。

[8]金粟山：不詳。

[9]金谷：在今河南省洛陽市東北。一説在今河南省孟津縣東南鳳凰臺南至左坡南。

[10]龍門：在今河南省洛陽市南的龍門。

[11]澠池：治所在今河南省澠池縣。

[12]天壇山：在今河南省濟源市西王屋山絶頂。“壇”，原作“檀”，從中華點校本改。　廣陽山：即白石山。在今河南省澠池縣東北二十里。　澠河：《元豐九域志》卷一作“澠池水”。源出今河南省澠池縣西北，南流入穀水。

[13]登封：治所在今河南省登封市。

[14]太室山：即嵩山，一名外方山。在河南省登封市北，西與少室山相對。　箕山：在今河南省登封市東南。相傳夏代的許由、

伯益都隱居於此。　陽城山：俗名車嶺，在今河南省登封市東北。　少室山：亦名季室山、負黍山。在今河南省登封市西北，東與太室山相對。

［15］潁陽鎮：在今河南省登封市西潁陽集。

［16］孟津：治所在今河南省孟津縣東舊縣址。

［17］長泉：在今河南省濟源市西南七十八里長泉村。

［18］河清鎮：在今河南省孟縣西南白波村。

［19］芝田：治所在今河南省鞏義市西南芝田鎮。

［20］貞元元年更：按元好問《續夷堅志》卷三“永安錢”條：“海陵天德初（當作貞元），卜宅于燕，建號中都，易析津府爲大興。始營造時，得古錢地中，文曰‘永安一千’，朝議以爲瑞，乃取長安例，地名永安。改東平中都縣曰汶陽，河南永安縣曰芝田，中都永安坊曰長寧。”本書卷七《世宗紀下》，大定十三年（1173）三月乙卯，有世宗謂宰臣“自海陵遷都永安”句，知此縣因與新都府名相重而改。

［21］轘轅山：即今河南省偃師市東南的轘轅山。

［22］新安：治所在今河南省新安縣。

［23］闕門山：在今河南省新安縣西二十二里。　長石山：不詳。　陂水：不詳。

［24］偃師：治所在今河南省偃師市。

［25］緱氏山：在今河南省偃師市東南緱氏鎮東南。　半石山：在河南省偃師市西南。　景山：在今河南省偃師市南。　洛水：《元豐九域志》卷一作“曲洛”。即今河南省境内的洛河，一作雒水。源出陝西省商洛市西北，經今河南省盧氏、洛寧、洛陽、鞏義等縣市，至今河南省滎陽市西北入黄河。

［26］緱氏：在今河南省偃師市東南緱氏鎮。

［27］宜陽：治所在今河南省宜陽縣。

［28］錦屏山：在今河南省宜陽縣南。　鹿蹄山：又名非山，在今河南省宜陽縣東南。　憩鶴山：不詳。　女几山：在今河南省宜

陽縣西南。　昌水：今名永昌河。源出今河南省洛寧縣北，東南流至宜陽縣西南三鄉鎮東入洛河。　少水：不詳。

[29]鞏：治所在今河南省鞏義市東老城。

[30]緱山：不詳。　九山：在今河南省鞏義市南。原脱“山”字，從中華點校本改。

[31]洛口：在今河南省鞏義市東北洛水入黄河處，分東、西兩城。

嵩州，[1]中，刺史。舊名順州，天德三年更。户二萬六千六百四十九。縣四、鎮四：

伊陽[2]　宋隸河南府。[3]有三塗山、陸渾山、鼓鐘山、伊水、淯陽水。[4]　鎮一　鳴皋。[5]舊有伊闕鎮，[6]後廢。

永寧[7]　宋隸河南府，正隆六年以前寄治於府，後即鎮爲縣。有三肴山、熊耳山、嶕嶢山、天柱山、黄河、杜陽水。[8]　鎮一　府店。[9]

福昌[10]　宋隸河南府。有女几山、金門山。[11]　鎮二　韓城、三鄉。[12]

長水[13]　宋隸河南府。有壇山、松陽山、洛水、松陽水。[14]

[1]嵩州：治所在今河南省嵩縣。

[2]伊陽：與本州治所在同一地。

[3]宋河南府：宋河南府治所在今河南省洛陽市。

[4]三塗山：在今河南省嵩縣西南伊水之北。一説三塗指太行、轘轅、淆澠三座山。　陸渾山：一名伏流嶺。在今河南省嵩縣東北伊水西岸。　鼓鐘山：不詳。　淯陽水：即白水。源出今河南省嵩縣西南攻離山，東南流經南召縣，南折流經南陽市、新野縣入湖北

省襄陽市與唐河匯，稱唐白河。

[5]鳴皋：在今河南省伊川縣西南明高鎮。

[6]伊闕鎮：在今河南省伊川縣西南古城村。

[7]永寧：治所在今河南省洛寧縣。

[8]樵嶢山：在今河南省洛寧縣西北三十五里。　杜陽水：不詳。疑爲下文長水縣“松陽水”之誤。

[9]府店：在今河南省偃師市東南府店鎮。

[10]福昌：治所在今河南省宜陽縣西五十四里福昌村。

[11]金門山：在今河南省洛寧縣西南。

[12]韓城：在今河南省宜陽縣西南韓城鎮。　三鄉：在今河南省宜陽縣西南三鄉鎮。

[13]長水：治所在今河南省洛寧縣西南長水鎮。

[14]壇山：不詳。　松陽山：在今河南省洛寧縣西南。　松陽水：在今河南省洛寧縣西南。

汝州,[1]上，刺史。宋臨汝郡陸海軍節度，國初爲刺郡，貞祐三年八月升爲防禦。户三萬五千二百五十四。縣四、鎮二：

梁[2]　有霍陽山、崆峒山、紫邏山、汝水、廣潤河。[3]正隆六年，勅環汝州百五十里内州縣商賈，赴温湯置市。[4]

郟城[5]　宋隸許州。有汝水、扈澗河。[6]　鎮一　黄道。[7]

魯山[8]　有堯山、滍水、鴉河。[9]

寶豐[10]　有厁龍城。[11]　鎮一　汝南。[12]

[1]汝州：治所在今河南省汝州市。

[2]梁：與本州治所在同一地。

［3］霍陽山：一名霍山。在今河南省汝州市東南。“陽”，原作“礶”，從中華點校本改。　崆峒山：在今河南省汝州市西南六十里。　紫邏山：在今河南省汝陽縣東北。施國祁《金史詳校》卷三上認爲，“山”當作“川”。　廣潤河：不詳。

［4］温湯：在今河南省汝州市西南。

［5］郟城：治所在今河南省郟縣。

［6］扈澗河：源出河南省郟縣西北，南流入汝州。

［7］黄道：在今河南省陝縣西北黄道街。

［8］魯山：治所在今河南省魯山縣。

［9］堯山：又名大柏山、大龍山。在今河南省魯山縣西北。　鵶河：源出今河南省魯山縣南，北流入滍水。

［10］寶豐：治所在今河南省寶豐縣。

［11］豢龍城：在今河南省平頂山市西。一説在今河南省臨潁縣北十五里。

［12］汝南：在今河南省寶豐縣西北二十里趙官營。

許州，[1]下，昌武軍節度使，宋潁昌府許昌郡忠武軍。[2]户四萬五千五百八十七。縣五、鎮七：

長社[3]　倚。有潩水、潁水。　鎮二　許田、椹澗。[4]

郾城[5]　有長沙河、五溝水。[6]　鎮二　駝口、新寨。[7]

長葛[8]　有小陘、洧水。[9]

臨潁[10]　鎮二　合流、繁城。[11]

襄城[12]　本隸汝州，泰和七年來屬。　鎮一　潁橋。[13]

［1］許州：治所在今河南省許昌市。

［2］宋潁昌府：治所在今河南省許昌市。

［3］長社：與本州治所在同一地。

[4]許田：在今河南省許昌市東北許田鎮。"田"，原作"由"，從中華點校本改。　椹澗：在今河南省許昌市西椹澗集。

[5]郾城：治所在今河南省漯河市郾城區。

[6]長沙河：不詳。　五溝水：汝水支流。在今河南省西平縣東北。

[7]駝口：在今河南省漯河市東南。　新寨：在今河南省漯河市新店鎮。

[8]長葛：治所在今河南省長葛市東北老城。

[9]小陘：不詳。

[10]臨潁：治所在今河南省臨潁縣。

[11]合流：在今河南省臨潁縣境内。　繁城：在今河南省臨潁縣西北二十八里繁城回族鎮。

[12]襄城：治所在今河南省襄城縣。

[13]潁橋：在今河南省襄城縣東北潁橋鎮。

鈞州，[1]中，刺史。舊陽翟縣，僞齊升爲潁順軍。[2]大定二十二年升爲州，仍名潁順，二十四年更今名。户一萬八千五百一十。縣二、鎮一：

陽翟[3]　倚。有具茨山、三封山、荊山、潁水。[4]

新鄭[5]　宋隸鄭州。有溱、洧、潩三水。[6]　鎮一郭店。[7]

[1]鈞州：治所在今河南省禹州市。

[2]僞齊：天會八年（1130），金太宗册立宋降將劉豫爲帝，國號齊。天會十五年廢，以原齊國統治區設行臺尚書省。

[3]陽翟：與本州治所在同一地。

[4]具茨山：一名大隗山，在今河南省新密市東南。　三封山：一名三峰山。在今河南省禹州市西南二十里。

[5]新鄭：治所在今河南省新鄭市南雙洎河南岸。

[6]溱：本卷所載溱水有二。此溱水源出今河南省新密市東北大周山，東南流入洧水（今雙洎河）。

[7]郭店：在今河南省新鄭市北郭店集。

亳州，[1]上，防禦使。宋譙郡集慶軍，隸揚州。[2]貞祐三年升爲節鎮，軍名集慶。户六萬五百三十五。縣六、鎮五：舊有福寧、馬頭二鎮。[3]

譙[4]　倚。有渦水、泡水。[5]　鎮一　雙溝。[6]

鹿邑[7]　有渦水、明水。[8]　鎮一　鄲城。[9]

衛真[10]　有洵水、沙水。[11]　鎮一　谷陽。[12]

城父[13]　有渦水、淝水、父水。[14]

酇[15]　有睢水、汴河、白龍潭。[16]　鎮一　酇陽。[17]

永城[18]　興定五年十二月升爲永州，以下邑、碭山、酇縣隸焉。有芒山、汴河。[19]　鎮一　保安。[20]

[1]亳州：治所在今安徽省亳州市。

[2]揚州：宋揚州治所在今江蘇省揚州市。

[3]福寧：不詳。　馬頭：不詳。疑即今河南省夏邑縣西南五十九里馬頭鎮。

[4]譙：與本州治所在同一地。

[5]渦水：本卷所載渦水有二，亳州下渦水爲南京路開封府泰康縣的渦水。即今位於河南省東部、安徽省北部的淮河支流渦河。

[6]雙溝：安徽省亳州市西南雙溝集。

[7]鹿邑：治所在今河南省鹿邑縣西五十八里鹿邑城。

[8]明水：不詳。

[9]鄲城：在今河南省鄲城縣。

[10]衛真：治所在今河南省鹿邑縣。

[11]洵水：不詳。　沙水：一作蔡水，蔡河。自今河南淮陽東至鹿邑南，又東經今茨河至安徽懷遠南入淮。“沙”本音“蔡”，魏晉以後遂通稱“蔡河”。隋唐以後，下游自今淮陽東出鹿邑至今茨河一段已淤斷，徑由古蒗蕩渠東南入潁。宋建隆初導京西南閔水貫京城合於蔡，此後蔡河即以閔河爲源。開寶後因閔河改名惠民河，也通稱蔡河爲惠民河。元明時屢爲黄河决流所奪，今僅存淮陽以下入潁一段。一説此沙水是鹿邑縣境内一小水，在縣城南五十里，也稱蔡河，今名明河。

[12]谷陽：在今河南省鹿邑縣東。

[13]城父：治所在今安徽省亳州市東南城父集。

[14]淝水：源出今安徽省亳州市西南雙溝集北，東南流經安徽省利辛縣西，至鳳臺縣西南入淮河。　父水：不詳。

[15]酇：治所在今河南省永城市西北酇城鎮。

[16]汴河：本卷所載汴河有二，本州汴河皆指隋通濟渠東段，唐改名廣濟渠。　白龍潭：不詳。

[17]酇陽：在今河南省永城市西北酇陽集。

[18]永城：治所在今河南省永城市。

[19]芒山：在今河南省永城市東北，其南八里爲碭山，二者合稱芒碭山。

[20]保安：在今河南省永城市西南；一説在今河南省永城市東北六十里芒山鎮。

陳州，[1]下，防禦使。宋淮寧府淮陽郡鎮安軍。[2]户二萬六千一百四十五。縣五、鎮二：

宛丘[3]　有蔡河、潁水、洧水。

項城[4]　有潁水、百尺堰。[5]

南頓[6]　鎮一　殄寇。[7]

商水[8]　本溵水，[9]宋避宣祖諱改。[10]有商水、潁水。[11]

西華[12]　有宜陽山、蔡河、潁水。[13]　鎮一　長平。[14]

[1]陳州：治所在今河南省淮陽縣。

[2]宋淮寧府：治所在今河南省淮陽縣。

[3]宛丘：與本州治所在同一地。

[4]項城：治所在今河南省沈丘縣。

[5]百尺堰：在今河南省沈丘縣東北。一説在今河南省沈丘縣西北。

[6]南頓：治所在今河南省項城市西南南頓集。

[7]殄寇：在今河南省項城市南五十二里秣陵鎮。

[8]商水：治所在今河南省商水縣。

[9]溵水：宋溵水縣治所在今河南省商水縣南舊商水。

[10]宣祖：廟號。指北宋開國皇帝趙匡胤之父趙弘殷。

[11]商水：潁水支流。東南流，至今河南省項城市西北入潁水。

[12]西華：治所在今河南省西華縣。

[13]宜陽山：不詳。

[14]長平：在今河南省西華縣東北。

蔡州，[1]中，防禦使。宋汝南郡淮康軍，泰和八年升爲節度，軍曰鎮南，嘗置榷場。户三萬六千九十三。縣六、鎮二：

汝陽[2]　有溱水、澺水。[3]　鎮一　保城。[4]

遂平[5]　有吴房山、吴城山、龍泉水、瀙水。[6]

上蔡[7]

西平[8]　有九頭山、滾水、鄧艾陂。[9]

確山[10]　有確山、浸水、溱水。[11]　鎮一　毛宗。[12]

平輿[13]

[1]蔡州：治所在今河南省汝南縣。

[2]汝陽：與本州治所在同一地。

[3]溱水：本卷所載溱水有二，此溱水即今臻頭河。源出今河南省確山縣西，東流至今河南省汝南縣東南入汝河。　澺水：即今河南省西平、上蔡縣以下之洪河。

[4]保城：在今河南省汝南縣東南。

[5]遂平：治所在今河南省遂平縣。

[6]吴房山：不詳。　吴城山：不詳。　龍泉水：遂平縣附近有兩龍泉，一個又名龍淵，在今河南西平縣西南，當在遂平縣西，另一個在遂平縣東。不詳此龍泉爲何。　瀙水：即今河南省遂平縣境内的沙河。本爲汝水支流，源出河南省社旗縣東，東流經遂平縣南，至今汝州市西北入汝水。明嘉靖間，遂平縣至汝州市之間的汝水斷流，此河即成爲南汝河的正源。

[7]上蔡：治所在今河南省上蔡縣。

[8]西平：治所在今河南省西平縣。

[9]九頭山：《太平寰宇記》卷一一："九頂山、獨樹山並在縣南一百里。"清《嘉慶重修一統志》卷二一五："九頂山在西平縣西南七十五里。"疑此"頭"爲"頂"之誤。　滚水：不詳。　鄧艾陂：一名鄧陂、二十四陂。在今河南省西平縣一帶，相傳爲三國時魏國的鄧艾所鑿。

[10]確山：縣名。治所在今河南省確山縣。

[11]確山：即浮石山。在今河南省確山縣東南二里。　浸水：浸即古汶字，《嘉慶一統志》卷二一五汝寧府"汶水，在正陽縣東北五十里。《明統志》，汶水在府城南九十里，水自青龍陂入汝，今稱汶口"。"浸"，原作"没"，從中華點校本改。　溱水：本卷所

載溱水有二，此溱水與本州汝陽縣下溱水爲同一條河。

［12］毛宗：在今河南省確山縣東南三十里。

［13］平輿：治所在今河南省平輿縣。

息州，[1]本新息縣，泰和八年升爲息州，以新息爲倚郭，割真陽、褒信、新蔡隸焉，爲蔡州支郡。户九千六百八十五。縣四、鎮一：

新息[2]　倚。　鎮一　王務。[3]

真陽[4]　本隸蔡州，泰和八年來屬。有淮水、汝水、石塘陂。[5]

褒信[6]　本隸蔡州，泰和八年來屬。有汝水、葛陂。[7]

新蔡[8]　本隸蔡州，泰和八年來屬。有汝水。

［1］息州：治所在今河南省息縣。

［2］新息：與本州治所在同一地。

［3］王務：在河南省正陽縣東；一説在今河南省息縣境。

［4］真陽：治所在今河南省正陽縣。

［5］石塘陂：在今河南省正陽縣西北二十里。據《讀史方輿紀要》卷五〇真陽縣條："東漢永平五年，汝南太守鮑昱甃石堰水，灌田數百頃。今堙。"

［6］褒信：治所在今河南省息縣東北包信鎮。

［7］葛陂：在今河南省新蔡縣北。上承今洪河，東出爲富水等河，注淮河，周圍三十里。今已湮没。

［8］新蔡：治所在今河南省新蔡縣。

鄭州，[1]中，防禦。宋滎陽郡奉寧軍節度。户四萬五千六百五十七。縣七、鎮三：

管城[2]　倚。貞祐四年更名故市。有圃田澤。[3]

滎陽[4]　有鴻溝，[5]京、索二水。[6]

密[7]　有大騩山、溱水、洧水。[8]　鎮二　大騩、鏁水。[9]

河陰[10]

原武[11]　鎮一　陳橋。[12]

汜水[13]　有虎牢關。[14]

滎澤[15]　有廣武澗。[16]舊有許橋、賈谷二鎮，[17]在鄭境。

[1]鄭州：治所在今河南省鄭州市。

[2]管城：與本州治所在同一地。

[3]圃田澤：又名甫草澤、原圃，在今河南省中牟縣西。唐宋時澤面東西約五十里，南北二十餘里，後漸淤爲平地。

[4]滎陽：治所在今河南省滎陽市。

[5]鴻溝：戰國魏惠王時鑿，自今河南省滎陽市北引黄河，東流經今河南省中牟縣北，至開封市南折而南流，經今通許縣東、太康縣西，至淮南縣東南注入潁水。西漢以後又稱蒗蕩湯渠。

[6]京：河名。源出今河南省滎陽市南，東北流入古濟水。宋建隆二年（961）鑿渠引河南滎陽京水東過今河南中牟，凡百餘里，抵今河南開封西，架槽横絶汴河，東匯於五丈河，名爲金水河。索：河名。源出今河南省滎陽市南，東北流至今鄭州市北合京水入古金水河。

[7]密：治所在今河南省新密市。

[8]大騩山：即河南省新密市東南具茨山。

[9]大騩：在今河南省新密市東南大隗鎮。　鏁水：在今河南省新密市東南。“鏁”爲“鎖”的異體字。

[10]河陰：治所在今河南省鄭州市西北七十里任莊。

［11］原武：治所在今河南省原陽縣西南原武鎮。

［12］陳橋：在今河南省原陽縣西南。

［13］汜水：治所在今河南省滎陽市西北汜水鎮。

［14］虎牢關：一名武牢關，在今河南省滎陽市西北汜水鎮西。

［15］滎澤：治所在今河南省鄭州市西北古滎鎮北。

［16］廣武澗：源出今河南省滎陽縣東北廣武山，北流入黄河。《元豐九域志》有廣武山，無廣武澗。

［17］許橋：不詳。　賈谷：在今河南省鄭州市西南、古京水西。

潁州，[1]下，防禦。宋順昌府汝陰郡。[2]嘗置榷場，正隆四年罷榷場。户一萬六千七百一十四。縣四、鎮十一：舊有萬善鎮，[3]後廢。

汝陰[4]　倚。有潁水、淮水、淝水、汝水。

潁上[5]　元光二年十一月改隸壽州。有潁水、淮水。鎮十　永寧、澧口、王家市、櫟頭、永清、椒陂、正陽、江陂、界溝、斤溝。[6]

泰和[7]　有潁水。

沈丘[8]　有武丘。[9]　鎮一　永安。[10]

［1］潁州：治所在今安徽省阜陽市。

［2］宋順昌府：治所在今安徽省阜陽市。

［3］萬善鎮：不詳。

［4］汝陰：與本州治所在同一地。

［5］潁上：治所在今安徽省潁上縣。

［6］永寧：在今安徽省阜南縣西北。一説在今安徽省潁上縣西北。　澧口：在今安徽省潁上縣西南南照集。　王家市：在今安徽

省利辛縣西北王市。　櫟頭：在今安徽省阜陽市西。　永清：不詳。　椒陂：在今安徽省阜南縣東北焦陂集。　正陽：在今安徽省潁上縣東南潁水入淮河河口。　江陂：一名江口集，在今安徽省潁上縣西北江口鎮。　界溝：在今安徽省界首市城區潁水北岸界首鎮。　斤溝：在今安徽省太和縣東北斤溝鎮。

[7]泰和：治所在今安徽省太和縣北舊縣集。

[8]沈丘：治所在今安徽省臨泉縣。

[9]武丘：本名丘頭，三國魏末司馬懿平諸葛誕改名武丘。在今河南省沈丘縣東南。

[10]永安：在今安徽省阜南縣西。

宿州，[1]中，防禦。宋符離郡保静軍節度，隸揚州。國初隸山東西路，大定六年來屬。貞祐三年升爲節鎮，軍曰保静。户五萬五千五十八。縣四、鎮八：舊有荆山鎮。[2]

符離[3]　倚。有諸陽山、汴河、睢水、陴湖。[4]　鎮三　曲溝、符離、黄團。[5]

臨涣[6]　有嵇山、汴河、肥水。[7]　鎮三　柳子、蘄澤、桐墟。[8]

靈璧[9]　宋元祐元年置。　鎮一　西固。[10]

蘄[11]　有涣水、渦水、蘄水。[12]　鎮一　静安。[13]

[1]宿州：治所在今安徽省宿州市。

[2]荆山鎮：在今安徽省懷遠縣北三里。

[3]符離：縣名。與本州治所在同一地。

[4]諸陽山：在今安徽省宿州市西北二十里。　汴河：本卷所載汴河有二，本州汴河皆指隋通濟渠東段，唐改名廣濟渠。　陴

湖：不詳。

[5]曲溝：在今安徽省宿州市東北夾溝鎮。　符離：在今安徽省宿州市北符離集。　黄團：在今安徽省宿州市北黄疃鎮。

[6]臨涣：治所在今安徽省濉溪縣西南臨涣集。

[7]嵇山：在今安徽省渦陽縣北。相傳西晋嵇康家本姓奚，上虞人，後徙家於此，改姓嵇。　肥山：不詳。施國祁《金史詳校》卷三上認爲，“山”當作“水”。

[8]柳子：一名柳子寨，在今安徽省濉溪縣西南柳孜集。　蘄澤：蘄澤在今安徽省宿州市西北；一説在今安徽省濉溪縣南。“蘄”，原作“鄿”，從中華點校本改。　桐墟：在今安徽省宿州市西南。

[9]靈璧：治所在今安徽省靈璧縣。

[10]西固：在今安徽省固鎮縣。

[11]蘄：治所在今安徽省宿州市東南。

[12]渦水：本卷所載渦水有二。此爲南京路開封府泰康縣的渦水，即今位於河南省東部、安徽省北部的淮河支流渦河。　蘄水：即隋通濟渠、唐廣濟渠的東段。

[13]静安：在今安徽省宿州市東南五十二里大店鎮。

泗州，[1]中，防禦使。宋臨淮郡。正隆四年正月罷鳳翔府、唐、鄧、潁、蔡、鞏、洮等州并膠西縣諸榷場，[2]但置榷場於泗州。先隸山東西路，大定六年來屬。户八千九十二。縣四、鎮六：

淮平[3]　舊盱眙縣，明昌六年以宋有盱眙軍，[4]故更。

虹[5]　有朱山、汴河、淮水、廣濟渠。[6]　鎮二　千仙、通海。[7]

臨淮[8]　鎮四　安省、吴城、青陽、翟家灣。[9]

睢寧[10]　興定二年四月以宿遷縣之古城置。[11]又有淮濱，[12]興定二年四月以桃園置，元光二年四月廢。

[1]泗州：治所在今江蘇省盱眙縣西北。清康熙十九年（1680）州城陷入洪澤湖中，始移治於今江蘇省盱眙縣。

[2]鳳翔府：治所在今陝西省鳳翔縣。　鞏：州名。治所在今甘肅省隴西縣。　洮：州名。治所在今甘肅省臨潭縣。

[3]淮平：與本州治所在同一地。

[4]宋盱眙軍：治所在今江蘇省盱眙縣。

[5]虹：縣名。治所在今安徽省泗縣。

[6]朱山：鎮名。在今安徽省泗縣東北四十里。　汴河、廣濟渠：此汴河即隋通濟渠東段，唐代更名爲廣濟渠。本縣條下汴河與廣濟渠重出，誤。

[7]千仙：平山鎮之訛。今安徽泗縣北屏山鎮。　通海：在今安徽省泗縣東通海集。

[8]臨淮：治所在今江蘇省洪澤縣西臨淮鎮。

[9]安省：在今江蘇省泗洪縣東南。　吴城：在今安徽省泗縣北。　青陽：在今江蘇省泗洪縣。　翟家灣：在今江蘇省泗洪縣東洪澤湖濱。

[10]睢寧：治所在今江蘇省睢寧縣。

[11]宿遷之古城：在今江蘇省宿遷市。

[12]淮濱：在今江蘇省泗陽縣西南老泗陽。

邊戍

皇統元年十月，[1]都元帥宗弼與宋約，[2]以淮水中流爲界，西自鄧州南四十里、西南四十里爲界。泰和八年設沿淮巡檢使，[3]及朐山縣完瀆村創立巡路，[4]置巡檢。

[1]皇統：金熙宗年號（1141—1149）。

[2]都元帥：元帥府長官。金太宗天會三年（1125）設都元帥府，掌征討之事。長官爲都元帥，正一品。　宗弼：女真人。本書卷七七有傳。

[3]沿淮巡檢使：金於都城及縣以下的險要地區設巡檢使，負責地方治安。正九品。此爲設於淮河沿岸與宋交界地的巡檢使。

[4]朐山縣：治所在今江蘇省連雲港市西南海州鎮。　完瀆村：不詳。

河北東路。[1]天會七年析河北爲東、西路，各置本路兵馬都總管。府一，領節鎮二，[2]防禦一，刺郡五，縣三十，鎮三十五。[3]

[1]河北東路：治所在今河北省河間市。

[2]領節鎮二：原脱"領"字，從中華點校本補。

[3]鎮三十五：殿本作"鎮三十八"，以下所列實三十八。

河間府，[1]中，總管府，[2]瀛海軍。宋河間郡瀛海軍。天會七年置總管府。[3]正隆間升爲次府，置瀛州瀛海軍節度使兼總管，置轉運司。後復置總管府，河北東西大名等路提刑司。[4]產無縫綿、滄鹽、藺席、馬藺花、香附子、錢鰕蟹、乾魚。户三萬一千六百九十一。縣二、鎮三：

河間[5]　倚。有滹沱河、君子館。[6]　鎮三　東城、永寧、北林。[7]

肅寧[8]

［1］河間府：治所在今河北省河間市。

［2］總管府：官署名。掌統諸城隍兵馬甲仗。長官爲都總管，正三品。

［3］天會：金太宗年號（1123—1135），金熙宗延用不改（1135—1137）。

［4］提刑司：官署名。掌審察刑獄，照刷案牘，糾察官事及豪猾之人。長官爲提刑使，正三品。

［5］河間：與本府治所在同一地。

［6］滹沱河：即今滹沱河。源出山西省繁峙縣東北，經今山西繁峙、代縣、原平、定襄等地，東穿太行山脉，進入河北平原。其下游歷代多有變遷。金代滹沱河自河北省靈壽縣、正定縣、藁城市東流，至安平縣南折向東北，經饒陽縣西、肅寧縣南、任丘市西，與易水合。另自河北省饒陽縣東分出一支，東南流，經今河北省武强縣南折而東北流，入御河。　君子館：在今河北省河間市北三十里君子館。

［7］東城：在今河北省河間市東北東城。“東”，原作“策”，從中華點校本改。　永寧：在今河北省河間市東南。《宋會要》食貨十九之四亦作“永寧”，十五之十與《元豐九域志》卷二並作“永牢”。　北林：在今河北省河間市東南。

［8］肅寧：治所在今河北省肅寧縣。

蠡州，[1]下，刺史。宋永寧軍，國初因之，天會七年升爲寧州博野郡軍，天德三年更爲蠡州。户二萬九千七百九十七。縣一、鎮一：

博野[2]　倚。有沙河、唐河。[3]　鎮一　新橋。[4]

［1］蠡州：治所在今河北省蠡縣。

［2］博野：與本州治所在同一地。

[3]唐河：一名泒水。源出今山西省渾源縣南翠屏山，東南流經今河北省唐縣。唐縣以下又稱唐河。唐河經河北省定州市南、安國市南，折而北流，至今安新縣匯入南易水，易水因而也稱泒水。自宋以後泒水之名漸已不用，今名唐河。

[4]新橋：一名莘橋。在今河北省高陽縣東南十五里莘橋村。

莫州，[1]下，刺史。宋文安郡軍防禦，治任丘。貞祐二年五月降爲鄚亭縣。户二萬二千九百三十三。縣一、鎮一：

任丘[2]　鎮一　長豐。[3]

[1]莫州：治所在今河北省任丘市。

[2]任丘：與本州治所在同一地。

[3]長豐：在今河北省任丘市東北長豐鎮。

獻州，[1]下，刺史。本樂壽縣，天會七年升爲壽州，天德三年更今名。户五萬六百三十二。縣二、鎮十：

樂壽[2]　倚。有徒駭河、房淵、漢獻王陵。[3]

交河[4]　大定七年以石家圈置。　鎮十　景城、南大樹、劉解、槐家、參軍、貫河、北望、夾灘、策河、沙渦。[5]

[1]獻州：治所在今河北省獻縣。

[2]樂壽：與本州治所在同一地。

[3]徒駭河：此河名最早見於《爾雅·釋水》。《漢書·溝渠志》引許商説："九河故道，徒駭在成平。"成平在今河北省泊頭市東。此河至漢代仍存，故《漢書·地理志》勃海郡成平縣下云："虖池河，民曰徒駭河。"但東漢末《禹貢》中所説的"九河"都

已湮没，徒駭河亦不例外。此徒駭河已非古徒駭河，而是指滹沱河。下文滄州青池縣下也有徒駭河，同此。今之徒駭河自山東省聊城市分運河水東北流，經高唐、禹城、濱州、沾化等市縣東入海，則與此無關。　房淵：在今河北省獻縣北三十里，久已堙没。　漢獻王陵：不詳。

［4］交河：治所在今河北省泊頭市西交河鎮。

［5］景城：在今河北省滄州市西景城。　南大樹：在今河北省泊頭市西南三十五里大樹閻。　劉解：在今河北省泊頭市東北流解寺。　槐家：在今河北省獻縣東槐鎮。　參軍：在今河北省泊頭市境。　貫河：在今河北省泊頭市西。　北望：在今河北省滄縣西南三十八里王村。　夾灘：在今河北省泊頭市西夾疃。　策河：在今河北省泊頭市境。　沙渦：在今河北省泊頭市西南；一説在今河北省阜城縣東。

冀州，[1]上。宋信都郡，天會七年仍舊置安武軍節度。户三千六百七十。縣五、鎮三：

信都[2]　倚。有胡盧河、降水。[3]　鎮一　來遠，後廢。[4]

南宫[5]　有降水枯瀆。[6]　鎮三　唐陽，[7]後增寧化、七公二鎮。[8]

衡水[9]　有長蘆河、降水。[10]

武邑[11]　有漳河、長蘆河。[12]　鎮一　觀津，[13]後廢。

棗强[14]　鎮一　廣川，[15]後廢。

［1］冀州：治所在今河北省冀州市。

［2］信都：與本州治所在同一地。

［3］胡盧河：即古漳河下游，又名長蘆河。　降水：此水始見

於《禹貢》，後世説法不一。一説即絳水，一説即淇水，一説即洚水，一説即漳絳二水的統稱。絳水爲濁漳水上源，出自今山西省屯留縣，濁漳水下流即爲漳河。按絳水、淇水在金代皆不過信都縣境内，洚水又名洚瀆、枯洚渠，與漳不同。故當以第四説爲確，降水爲絳、漳二水的統稱，此用以指漳河。此處胡盧河與降水並列，似誤。

[4]來遠：在今河北省冀州市境。

[5]南宫：治所在今河北省南宫市西北。

[6]降水枯瀆：又名洚瀆、枯洚渠、絳水故瀆。故道自今河北省廣宗縣東北流，經今河北省南宫市、冀州市、衡水市，至武邑縣界注入漳水（胡盧河）。久已湮没。此稱其爲降水故瀆，實誤，應爲降水支流。

[7]唐陽：在今河北省南宫市境；一説在今河北省新河縣西北。《元豐九域志》卷二作“堂陽”。

[8]寧化：在今河北省南宫市東南寧化鎮。　七公：在今河北省南宫市境。

[9]衡水：治所在今河北省衡水市西南十五里舊城。

[10]長蘆河：據顧祖禹《讀史方輿紀要》，漳水“東經交河縣南，合於滹沱。或謂之衡水，或謂之枯洚水，或謂之胡蘆河，或謂之長蘆河，其實皆漳水也”。長蘆河即胡盧河，指漳水下游，而下文所列絳水則爲漳水别稱。此二者並列，疑誤。

[11]武邑：治所在今河北省武邑縣。

[12]漳河：發源於今山西省，有兩源：一是濁漳水，發源於山西省長子縣西，東北流至襄垣縣北，折而東南流入河南省林州市北界，與清漳水合；一是清漳水，發源於山西省昔陽縣南，南流入河南省林州市北界與濁漳水合。合流後，古仍稱清漳水。此爲漳水上游，從古至今大體未變。下游穿太行山脉入河北省，歷代變徙較多，但主要可以分爲兩支：北支經河北省磁縣南，與源出磁縣西北鼓山的滏水（一名滏陽河）合而東北流，經今河北省曲周縣東折而

北流，至隆堯縣東行。自河北省新河縣西起稱胡盧河，東北流與古滹沱河南支匯，入御河。南支自河北省成安縣東北行，經館陶縣、臨西縣、清河縣、故城縣、景縣，至東光縣入御河。以北支爲主流。按長蘆河即胡盧河，爲漳水北支下游別稱，漳水南支不過金之武邑縣。此縣下兩者並列，誤。

[13]觀津：在今河北省武邑縣東二十里觀津村。

[14]棗强：治所在今河北省棗强縣。

[15]廣川：在今河北省景縣西南廣川鎮。

深州，[1]上，刺史。宋饒陽郡防禦，國初爲刺郡。户五萬六千三百四十。縣五、鎮一：

静安[2]　倚。有衡漳水、大陸澤。[3]　鎮一　下博。[4]

束鹿[5]　有衡漳、滹沱河。

武强[6]　置河倉。有衡漳、武强泉。[7]

饒陽[8]　有滹沱河。

安平[9]　有沙水、滹沱河。[10]

[1]深州：治所在今河北省深州市南。

[2]静安：與本州治所在同一地。

[3]衡漳水：即漳水。"衡"同"横"，古黄河自南而北流入河北省境内，漳水自西而東注入黄河，故稱"衡漳"。後黄河改道南徙，漳水不再入黄河，而是自行入海。後世漳河主流入滹沱河，支流入御河。　大陸澤：在今河北省巨鹿縣與隆堯縣之間（鄒逸麟《黄河下游河道變遷及其影響概述》，《復旦學報》1980年歷史地理專輯增刊）。

[4]下博：在今河北省深州市東南三十里下博鄉。

[5]束鹿：治所在今河北省辛集市東北舊城。

[6]武强：治所在今河北省武强縣西南武强鎮。

[7]武强泉：一名武强淵、武强湖。在今河北省武邑縣北。

[8]饒陽：治所在今河北省饒陽縣。

[9]安平：治所在今河北省安平縣。

[10]沙水：即古滱水。源出山西省靈丘縣南，屈曲東南流經河北省阜平縣南、陽曲縣西，過新樂市、定州市、安國市入安平縣，與唐河合。今名沙河，唯新樂市以下歷代變遷，已非故道。

清州，[1]中。宋乾寧郡軍，國初因置軍，天會七年以守邊置防禦。户四萬七千八百七十五。縣三、鎮一：

會川[2]　本名乾寧，貞元元年更名。置河倉。　鎮一　范橋。[3]

興濟[4]　本隸滄州，大定六年來屬。

靖海[5]　明昌四年以清州窩子口置。[6]

[1]清州：治所在今河北省青縣。

[2]會川：與本州治所在同一地。

[3]范橋：一説在今河北省滄縣北四十里興濟鎮；一説在今河北省青縣南。

[4]興濟：治所在今河北省滄縣北興濟鎮。

[5]靖海：治所在今天津市靖海縣。

[6]明昌：金章宗年號（1190—1196）。

滄州，[1]上，橫海軍節度。宋景城郡。貞元二年來屬。户一十萬四千七百七十四。縣五、鎮十一：

清池[2]　置河倉。有浮陽水、徒駭河。[3]　鎮五　長蘆、新饒安、舊饒安、乾符、郭疃。[4]舊有郭橋，[5]後廢。

無棣[6]　有老烏山、鬲津河。[7]　鎮一　分水。[8]

鹽山[9]　有鹽山、浮水。[10]　鎮四　海豐、海潤，[11]後增利豐、撲頭二鎮。[12]

南皮[13]　置河倉。有大、小臺山、永濟渠、潔河。[14]鎮一　馬明。[15]

樂陵[16]　有鬲津河、篤馬河、鈎盤河。[17]舊有會寧河、永利、東中三鎮，[18]後廢。

[1]滄州：治所在今河北省滄州市東南四十里舊州鎮。

[2]清池：與本州治所在同一地。

[3]浮陽水：一名浮水，自河北省東光縣境分運河水東北行，經今河北省滄州市南，至黄驊市入海。

[4]長蘆：在今河北省滄州市。　新饒安：一説在今河北省孟村回族自治縣南十八里新縣鎮；一説在今河北省滄縣東。　舊饒安：在今河北省鹽山縣西南千童鎮。　乾符：在今河北省黄驊市西北乾符村。　郭疃：在今河北省滄縣東南。

[5]郭橋：即今山東省樂陵市。

[6]無棣：治所在今山東省無棣縣西北二十里。

[7]老烏山：不詳。　鬲津河：此河名最早見於《爾雅·釋水》，爲"九河"之一，但東漢末"九河"都已湮没。故此鬲津河已非古鬲津河，而是指源出山東省平原縣西北，東北入海的鬲津。此河本書僅見於本州的無棣縣、樂陵縣與山東西路德州的安德縣，疑指今馬頰河。

[8]分水：在今山東省慶雲縣西北。

[9]鹽山：縣名。治所一説在今河北省黄驊市西南三十里舊城鄉；一説在今河北省鹽山縣東北。

[10]鹽山：鎮名。在今河北省鹽山縣東南八十里。　浮水：一名浮陽水，自河北省東光縣境分運河水東北行，經今河北省滄州市

南，至黄驊市入海。

[11]海豐：一説在今河北省黄驊市東南；一説在今河北省黄驊市西南。　海潤：在今河北省海興縣東南，近山東無棣縣界。

[12]利豐：在今河北省黄驊市境。　撲頭：不詳。

[13]南皮：治所在今河北省南皮縣城。

[14]大小臺山：《元豐九域志》無大小臺山，而有小天臺山，疑此誤。　永濟渠：永濟渠，運河名。隋大業四年（608）開鑿。自今河南省武陟縣南引沁水東北流，經新鄉、衛輝、滑縣、内黄諸縣市，至河北省魏縣，復東北經大名、館陶、臨清、清河等縣市，至山東省武城縣，由此折而北流，經山東省德州市仍入河北省境内，經吴橋、東光、南皮、滄縣、青縣等縣市達天津市，又折而西北，經廊坊市達於北京市。全程多利用自然河道，長一千多公里。天津市西北渠段建成不久即毁，天津市以南渠段唐以後改以清、淇二水爲源，不再引自沁水。北宋以後通稱御河。　“渠”，原作“河”，從中華點校本改。　潔河：不詳。

[15]馬明：在今河北省南皮縣境。

[16]樂陵：治所在今山東省樂陵市西南舊樂陵。

[17]篤馬河：即今馬頰河。　鉤盤河：《禹貢》“九河”之一，久已湮没。今之鉤盤河自山東省禹城縣分徒駭河東北流，至臨邑縣分爲二支，經陽信縣、無棣縣和沾化縣入渤海。下文景州將陵縣（今山東省德州市）也有此河，證與今之鉤盤河有别。此不詳何指。

[18]會寧河：不詳。　永利：一説在今河北省利津縣；一説在今山東省惠民縣東。　東中：不詳。

景州，[1]上，刺史。宋永静軍，同下州，治東光。國初升爲景州，貞元二年來屬。大安間更爲觀州，[2]避章廟諱也。[3]户六萬五千八百二十八。縣六、鎮四：

東光[4]　倚。置河倉。有永濟渠、漳河。　鎮一建橋。[5]

皁城[6]　有衡水、漳水河。劉豫祖塋在縣南十二里。[7]

將陵[8]　置河倉。有永濟渠、鈎盤河。

吴橋[9]　有永濟渠。

蓨[10]　宋隸冀州。有漳河、蓨市。[11]

寧津[12]　鎮三　西保安、廣平、會津。[13]

[1]景州：治所在今河北省東光縣。

[2]大安：金衛紹王年號（1209—1211）。

[3]章：廟號。指金章宗完顔麻達葛，漢名璟。1190 年至 1208 年在位。“景”字乃其嫌名。

[4]東光：與本州治所在同一地。

[5]建橋：在今河北省阜城縣東北建橋鎮。

[6]皁城：治所在今河北省阜城縣。

[7]劉豫：本書卷七七有傳。

[8]將陵：治所在今山東省德州市。

[9]吴橋：治所在今河北省吴橋縣東吴橋。

[10]蓨：治所在今河北省景縣。

[11]蓨市：在今河北省景縣西北。

[12]寧津：治所在今山東省寧津縣。

[13]西保安：在今山東省寧津縣西南二十五里保店鎮。　廣平：在今山東省茌平縣西南三十里廣平鄉；一説在今山東寧津縣地。　會津：在今山東省寧津縣境。

河北西路。[1]天會七年析爲西路。府三，領節鎮二，防禦二，刺郡五，縣六十一。[2]

[1]河北西路：治所在今河北省正定縣。

[2]府三，領節鎮二，防禦二，刺郡五，縣六十一：原脱“領節”，“防禦”下脱“二”，從中華點校本補。殿本此下有“鎮三十三”四字，與以下所列鎮數相符。施國祁《金史詳校》卷三認爲，當作“府二，領節鎮三，防禦二，刺郡五，縣六十，鎮三十二”。

真定府，[1]上，總管府，成德軍。宋常山郡鎮州成德軍節度，正隆間依舊次府，置本路兵馬都總管府、轉運司。産瓷器、銅、鐵。有丹粉場、烏梨。藥則有茴香、零陵香、御米殼、天南星、皂角、木瓜、芎、井泉石。户一十三萬七千一百三十七。縣九、鎮三：

真定[2]　倚。有大茂山、滋水、滹沱水。[3]

稾城[4]　有滋水、滹沱水。

平山[5]

欒城[6]　有泜水、洨水。[7]

獲鹿[8]　興定三年三月升爲鎮寧州，權河北西路，以經略使武仙駐焉。[9]　有莩山、滹沱水。[10]

行唐[11]　有玉女山、常山。[12]　鎮二　嘉祐、北鎮。[13]舊有行臺、新年二鎮，[14]後廢。

阜平[15]　明昌四年以北鎮置。

靈壽[16]　鎮一　慈谷。[17]

元氏[18]　有封龍山、槐河。[19]

[1]真定府：治所在今河北省正定縣。

[2]真定：與本府治所在同一地。

[3]大茂山：大茂山又名恒山、常山，在今河北省曲陽縣西北。

原無“大”字，從中華點校本補。　滋水：又名玆水，今名磁河。源出河北省阜平縣西部南坨山東，古代爲滹沱河支流。下游自河北省行唐縣以下分爲兩支，一支仍名滋水，至今無極縣南入滹沱河；另一支也稱木刀溝，東流至饒陽縣入滹沱河。後因河道變遷，今磁河爲瀦龍河支流。

[4]稾城：治所在今河北省藁城縣。

[5]平山：治所在今河北省平山縣。

[6]欒城：治所在今河北省欒城縣西。

[7]泜水：有兩河同名泜水，皆爲漳水北支的支流。一出河北省贊皇縣西南，東流經元氏縣、高邑縣、柏鄉縣，至寧晋縣南與洨河合，入胡盧河（今滏陽河），今名槐河；另一出今河北省臨城縣西，東流至堯山鎮西，折南至任縣境入漳水。此指前者。　洨水：今名洨河。源出河北省井陘縣東南，東南流至寧晋縣南與泜水（今槐河）合，入胡盧河（今滏陽河）。

[8]獲鹿：治所在今河北省鹿泉市。

[9]經略使：經略司長官。本書《百官志》不載。宣宗貞祐二年（1214）始設東、西經略司，不久即罷。貞祐四年復於有戰事的地區設經略使，負責抗擊敵軍、收復失地。金末由於金蒙之間的戰爭涉及金朝諸路，經略使之設也遍於諸路。　武仙：本書卷一一八有傳。

[10]革山：即今河北省鹿泉市西抱犢山。

[11]行唐：治所在今河北省行唐縣。

[12]玉女山：在今河北省曲陽縣西。　常山：即今河北省曲陽縣西大茂山。

[13]嘉祐：在今河北省阜平縣東南。　北鎮：即今河北省阜平縣。

[14]行臺：在今河北省行唐縣西北秦臺鄉。　新年：在今河北省行唐縣境内。

[15]阜平：治所在今河北省阜平縣。

[16]靈壽：治所在今河北省靈壽縣。

[17]慈谷：不詳。

[18]元氏：治所在今河北省元氏縣。

[19]封龍山：一名飛龍山，在今河北省鹿泉市南。　槐河：即泜水，爲古漳水支流。源出河北省贊皇縣西南，東流經元氏縣、高邑縣、柏鄉縣，至寧晋縣南與洨河合，入胡盧河（今滏陽河）。

威州，[1]下，刺史。天會七年以井陘縣升，置陘山郡軍，後爲刺郡。户八千三百一十。縣一：

井陘[2]

[1]威州：治所在今河北省井陘縣北威州鎮。

[2]井陘：與本州治所在同一地。

沃州，[1]上，刺史。宋徽宗升爲慶源府趙郡慶源軍，[2]治平棘。天會七年改爲趙州，天德三年更爲沃州，蓋取水沃火之義，軍曰趙郡軍。後廢軍。户三萬八千一百八十五。縣七、鎮一：

平棘[3]　倚。有洨水、槐水。[4]

臨城[5]　有敦輿山、彭山、泜水。[6]

高邑[7]　有贊皇山、濟水。[8]

贊皇[9]

寧晋[10]　有洨水、寢水。[11]　鎮一　奉城。[12]

柏鄉[13]

隆平[14]

[1]沃州：治所在今河北省趙縣。

[2]宋徽宗：廟號。本名趙佶。1100年至1125年在位。

[3]平棘：與本州治所在同一地。

[4]槐水：即真定府元氏縣下的槐河。

[5]臨城：治所在今河北省臨城縣。

[6]敦輿山：一名幽准山，在今河北省臨城縣西南。 彭山：不詳。 泜水：古泜水有二，此與真定府欒城縣的泜水同。

[7]高邑：治所在今河北省高邑縣。

[8]贊皇山：在今河北省贊皇縣西南二十里。 濟水：本書所載濟水有二。此濟水名石濟水，出河北省贊皇縣西南贊皇山，東流經高邑縣南、柏鄉縣北入泜水（今槐水）。

[9]贊皇：治所在今河北省贊皇縣。

[10]寧晋：治所在今河北省寧晋縣。

[11]寖水：古漳水支流。自河北省藁縣西分滹沱河南流，經今趙縣、寧晋入胡盧河（今滏陽河）。

[12]奉城：在今河北省寧晋縣境。

[13]柏鄉：治所在今河北省柏鄉縣。

[14]隆平：治所在今河北省隆堯縣。

邢州，[1]上，安國軍節度。宋信德府鉅鹿郡安國軍節度，[2]天會七年降爲邢州，仍置安國軍節度。産玄精石。户八萬二百九十二。縣八、鎮四：

邢臺[3] 有石門山、百巖山、蓼水、渦水。[4]

唐山[5] 有堯山、泜水。[6]

内丘[7] 有干言山、内丘山、泜水、渚水。[8]

平鄉[9] 鎮一 道武。[10]

任[11] 有溹水、任水。[12] 鎮一 新店。[13]

沙河[14]　有湯水、渪水。[15]　鎮一　綦村。[16]

南和[17]　有任水、泜水。

鉅鹿[18]　有大陸澤、漳河、落漠水。[19]　鎮一　團城。[20]

[1]邢州：治所在今河北省邢臺市。

[2]宋信德府：治所在今河北省邢臺市。

[3]邢臺：與本州治所在同一地。按本志行文慣例，此下當有小字注文“倚”字。

[4]石門山：不詳。　百巖山：在今河北省邢臺市西北一百三十里。　蓼水：源出河北省邢臺市西北，經河北省任縣東北行，合沙河入漳河。　渦水：本卷所載渦水有二。此渦水源出今河北省邢臺市西北，東南流至今邢臺市南折東，又東北經今任縣東南，入古漳水。

[5]唐山：治所在今河北省隆堯縣西堯山鎮。

[6]泜水：有兩河同名泜水，都是漳水北支的支流。本州泜水皆是同一條河，出今河北省臨城縣西，東流至堯山鎮西，折南至任縣境入漳水。

[7]内丘：治所在今河北省内丘縣。

[8]干言山：在今河北省隆堯縣西。今河北省隆堯縣西有大、小干言山，此不詳何指。　内丘山：不詳。　渚水：當爲今河北省邢臺市北境的一條小河。

[9]平鄉：治所在今河北省平鄉縣西南平鄉。

[10]道武：今河北省廣宗縣。

[11]任：治所一説在今河北省任縣東；一説在今河北省任縣。

[12]溹水：出敦輿山南麓，東行入漳河。　任水：不詳。

[13]新店：一名辛店鎮。在今河北省任縣東三十七里辛店。

[14]沙河：治所在今河北省沙河市北沙河鎮。

[15]湯水：不詳。　洺水：一名沙河。源出太行山，東行經河北省沙河縣北折而東北流，過南和縣、任縣，合蓼水入漳河。

[16]綦村：即今河北省沙河市西北綦村鎮。

[17]南和：治所在今河北省南和縣。

[18]鉅鹿：治所在今河北省巨鹿縣。

[19]落漠水：即今河北省平鄉縣西南，南和、任縣東之留壘河。一名劉累河，俗稱牛尾河。

[20]團城：在今河北省巨鹿縣東北四十五里團城。

洺州，[1]上，防禦，廣平郡。治永年。天會七年以守邊置防禦使。户七萬三千七十。縣九、鎮四：

永年[2]　有榆溪山、洺水、漳水。[3]　鎮一　西臨洺。[4]

廣平[5]　本魏縣，大定七年更。

宗城[6]

新安[7]

成安[8]

肥鄉[9]　鎮一　新安。[10]

鷄澤[11]　有洺水、漳水、沙河。

曲周[12]　鎮二　平恩、白家灘。[13]

洺水[14]

[1]洺州：治所在今河北省永年縣東南城關鎮。

[2]永年：與本州治所在同一地。

[3]榆溪山：不詳。　洺水：即今河北省西南部的洺河，爲古漳水支流。源出武安市西北，東流至永年縣北，自此以下歷代屢經變遷，今東流至舊永年折北經南和縣、隆堯縣東，北入滏陽河。

[4]西臨洺：即今河北省永年縣臨洺關鎮。

［5］廣平：治所在今河北省廣平縣。

［6］宗城：治所在今河北省威縣東五十里邵固。

［7］新安：治所在今河北省肥鄉縣西辛安鎮。

［8］成安：治所在今河北省成安縣。

［9］肥鄉：治所一説在今河北省肥鄉縣；一説在今河北省肥鄉縣西二十二里。

［10］新安：在今河北省肥鄉縣西辛安鎮。北宋屬肥鄉縣，金升置新安縣，此與新安縣並存，誤。

［11］鷄澤：治所在今河北省鷄澤縣東南二十里舊城營。

［12］曲周：治所在今河北省曲周縣。

［13］平恩：在今河北省曲周縣西呈孟鄉。　白家灘：在今河北省曲周縣東南。

［14］洺水：治所在今河北省威縣北五十五里古城。

彰德府，[1]散，下。宋相州鄴郡彰德軍節度，治安陽。天會七年仍置彰德軍節度，明昌三年升爲府，以軍爲名。户七萬七千二百七十六。縣五、鎮五：

安陽[2]　倚。有韓陵山、龍山、洹水、防水。[3]　鎮三　天禧、永和、豐樂。[4]

林慮[5]　舊林慮鎮，貞祐三年十月升爲林州，置元帥府。興定三年九月升爲節鎮，以安陽縣水冶村爲輔巖縣隸焉。有隆慮山、洹水、漳水。[6]

湯陰[7]　有牟山、羑水、蕩水、通漕、羑里。[8]　鎮一　鶴壁。[9]

臨漳[10]　東山、漳水。[11]　鎮一　鄴鎮。[12]

輔巖[13]　本水冶村，興定三年置。

［1］彰德府：治所在今河南省安陽市。

［2］安陽：與本府治所在同一地。

［3］韓陵山：一名七里岡，在今河南省安陽市東北。　龍山：不詳。　洹水：即今河南省北部衛河支流安陽河。源出河南省林州市西隆慮山，東流經安陽市，至今内黄縣入衛河。　防水：不詳。

［4］天禧：在今河南省安陽市西南天喜鎮。　永和：在今河南省安陽市東四十里永和鄉。　豐樂：在今河南省安陽市北豐樂鎮。

［5］林慮：治所在今河南省林州市。

［6］有隆慮山：隆慮山在今河南省林州市西北二十里。原脱“有”字，從中華點校本補。　洹水：原作“洹山”，從中華點校本改。

［7］湯陰：治所在今河南省湯陰縣。

［8］牟山：一名石尚山。在今河南省鶴壁市西。　羑水：源出今河南省鶴壁市北，東流入衛河。　蕩水：《元豐九域志》卷二作湯水，是。源出河南省鶴壁市北牟山，東流入衛河。　通漕：不詳。　羑里：在今河南省湯陰縣北九里，相傳爲紂囚周文王處。

［9］鶴壁：在今河南省鶴壁市西北鶴壁集。

［10］臨漳：治所在今河北省臨漳縣西南舊縣村。

［11］東山：不詳。

［12］鄴鎮：在今河北省臨漳縣南四十里鄴鎮。

［13］輔巖：治所在今河南省安陽市西四十里水冶鎮。

磁州，[1]中，刺史。宋滏陽郡，國初置滏陽郡軍。户六萬三千四百一十七。縣三、鎮八：

滏陽[2]　有滏山、磁山、漳水、滏水。[3]　鎮四　臺城、觀城、昭德，[4]後廢二祖，增臨水鎮。[5]

武安[6]　有錫山、武安山。[7]　鎮一　固鎮。[8]

邯鄲[9]　有邯山、靈山、漳水、牛首山。[10]　鎮三　大趙、北陽、邑城。[11]《士民須知》惟有邯山鎮。[12]

[1]磁州：治所在今河北省磁縣。

[2]滏陽：與本州治所在同一地。

[3]滏山：一名鼓山。在今河北省武安市南三十里。　磁山：在今河北省武安市西南。　滏水：即今河北省磁縣境内的滏陽河。源出磁縣西北鼓山，東南流到臨漳縣西入漳河。漳河南徙後，成爲胡盧河的正源，故胡盧河也稱爲滏陽河。

[4]臺城：一説在今河北省邯鄲市西南；一説在今河北省磁縣北二十里。　觀城：在今山東省莘縣西南觀城鎮。　昭德：即今河北省磁縣西北臨水鎮。

[5]二祖：鎮名。在今河北省磁縣東。　臨水：即今河北省磁縣西北臨水鎮。此與昭德鎮並存，誤。

[6]武安：治所在今河北省武安市。

[7]錫山：不詳。　武安山：不詳。

[8]固鎮：一作故鎮，在今河北省武安市西五十里。

[9]邯鄲：治所在今河北省邯鄲市。

[10]邯山：一名堵山，在今河北省邯鄲市西南。　靈山：不詳。　牛首山：不詳。《元豐九域志》卷二僅有"牛首水"，疑此誤。牛首水即今河北省邯鄲市南沁水。

[11]大趙：在今河北省邯鄲市東十五里代召鎮。　北陽：在今河北省邯鄲市境。　邑城：在今河北省武安市東北邑城鎮。

[12]《士民須知》：書名。已佚。　邯山：不詳。

中山府。[1]宋府，天會七年降爲定州博陵郡定武軍節度使，後復爲府。户八萬三千四百九十。縣七、鎮二：

安喜[2]　倚。有滱水、盧奴水、長星川。[3]

新樂[4]　有泒水、木刀溝。[5]

無極[6]　有滱河。[7]

永平[8]　貞祐二年四月升爲完州。

慶都[9]　有堯山、都山、唐水。[10]

曲陽[11]　劇。[12]有常山、曲防水。[13]　鎮一　龍泉。[14]

唐[15]　有孤山、唐山、滱水。[16]　鎮一　軍城。[17]

[1]中山府：治所在今河北省定州市。

[2]安喜：與本州治所在同一地。

[3]滱水：源出今山西省渾源縣南翠屏山，東南流至今河北省唐縣，以下又稱唐河。經河北省定州市南、安國縣南，折而北流，至今安新縣匯入南易水，易水因而也稱滱水。自宋以後滱水之名漸已不用，今名唐河。　盧奴水：在今河北省定州市北。《水經注》滱水："盧奴城内西北隅，有水淵而不流。南北百步，東西百餘步，水色正黑，俗名黑水。或云水黑曰盧，不流曰奴，故此城藉水以取名。"　長星川：源於河北省曲陽縣北，東南流，至定州市東南合於唐河。

[4]新樂：治所在今河北省新樂市東北。

[5]泒水：一名沙水、沙河。源出山西省靈丘縣南，屈曲東南流經河北省阜平縣南、陽曲縣西，過新樂市、定州市、安國市入安平縣，與唐河合。今名沙河，唯新樂市以下歷代變遷，已非故道。木刀溝：滋水分支。滋水又名兹水，今名磁河。源出河北省阜平縣西部南坨山東，古代爲滹沱河支流。下游自河北省行唐縣以下分爲兩支，一支仍名滋水，至今無極縣南入滹沱河；另一支稱木刀溝，東流至饒陽縣入滹沱河。後因河道變遷，今磁河爲瀦龍河支流。

[6]無極：治所在今河北省無極縣。

[7]濱河：不詳。

[8]永平：治所在今河北省順平縣。

[9]慶都：治所在今河北省望都縣。

[10]堯山：又名唐山、豆山、唐巖山，在今河北省唐縣東北，接望都縣界。　都山：在今河北省唐縣東北。　唐水：一名唐河。源出今河北省唐縣北，南流經縣城東，至今定州市北入滱水（今唐河）。

[11]曲陽：治所在今河北省曲陽縣。

[12]劇：縣的等級。據本書卷五七《百官志三》云："次赤縣又曰劇縣，凡縣二萬五千户以上爲次赤，爲劇。"

[13]常山：即今河北省曲陽縣西大茂山。　曲防水：《九域志》作"曲陽水"。未詳孰是。

[14]龍泉：在今河北省曲陽縣東北。

[15]唐：治所在今河北省唐縣。

[16]孤山：不詳。　唐山：即上文慶都縣下堯山。

[17]軍城：即今河北省唐縣西北軍城集。

祁州，[1]中，刺史。宋蒲陰郡，國初置蒲陰郡軍。户二萬三千三百八十二。縣三：

蒲陰[2]

鼓城[3]

深澤[4]

[1]祁州：治所在今河北省安國市。

[2]蒲陰：與本州治所在同一地。

[3]鼓城：治所在今河北省晋州市。

[4]深澤：治所在今河北省深澤縣。

濬州，[1]中，防禦。宋大邳郡通利軍，又改平川軍。天會七年以邊境置防禦使。皇統八年，嫌與宗峻音同，[2]更爲通州，天德三年復。户二萬九千三百一十九。縣二、鎮二：

黎陽[3] 有大伾山、枉人山。[4]

衛[5] 有蘇門山、鹿臺、糟丘酒池、枋頭城。[6] 鎮二 衛橋、淇門。[7]

[1]濬州：治所在今河南省濬縣。

[2]宗峻：本名完顔繩果，本書卷一九《世紀補》有傳。"峻"，原作"雋"，從中華點校本改。

[3]黎陽：與本州治所在同一地。

[4]大伾山：一名黎山、黎陽山，在今河南省濬縣東南。 枉人山：一名善化山，在今河南省濬縣西北。相傳商朝時紂王殺比干於此。

[5]衛：治所在今河南省濬縣西南四十七里衛賢鄉。

[6]蘇門山：又名蘇山，一作百門山，在今河南省輝縣市西北。鹿臺：一名南單臺。在今河南省淇縣城中。相傳商紂王死於此。糟丘酒池：相傳商紂王以糟爲丘，以酒爲池，淫樂無度。此與上文中的枉人山、鹿臺等，都是托古的地名，未必是當年真迹。此不詳具體所在地，應在今河南省淇縣境。 枋頭城：在今河南省濬縣西南淇門渡。

[7]衛橋：在今河南省淇縣附近。 淇門：在今河南省淇縣西南淇門村。

衛州，[1]下，河平軍節度。宋汲郡，天會七年因宋置防禦使，明昌三年升爲河平軍節度，治汲縣，以滑州爲支郡。大定二十六年八月以避河患，徙於共城。二十八年復舊治。貞祐二年七月城宜村，[2]三年五月徙治於宜村新城，以胙城爲倚郭。[3]正大八年以石甃其城。户九萬一百一十二。縣四、[4]鎮二：

汲[5]　有蒼山、黄河。[6]

新鄉[7]

蘇門[8]　本共城，大定二十九年改爲河平，避顯宗諱也。[9]明昌三年改爲今名。貞祐三年九月升爲輝州，興定四年置山陽縣隸焉。[10]有白鹿山、天門山、淇水、百門陂。[11]　鎮一　早生。[12]

獲嘉[13]　鎮一　大寧。[14]

胙城[15]　本隸南京，海陵時割隸滑州，泰和七年復隸南京，八年以限河來屬。貞祐五年五月爲衛州倚郭，增置主簿。興定四年以修武縣重泉村置縣，來隸。

[1]衛州：治所在今河南省衛輝市。

[2]宜村：在今河南省衛輝市。

[3]以胙城爲倚郭：此承上文作貞祐三年（1215）五月，而下文胙城縣下作“貞祐五年五月”，未詳孰是。

[4]縣四：殿本作“縣五”，是。

[5]汲：與本州治所在同一地。

[6]蒼山：在今河南省衛輝市北。

[7]新鄉：治所在今河南省新鄉市。

[8]蘇門：治所在今河南省輝縣市。

[9]顯宗：廟號。即完顔允恭，金章宗父。本書卷一九《世紀補》有傳。

[10]山陽縣：治所在今河南省輝縣市西南。

[11]白鹿山：在今河南省獲嘉縣北。　天門山：一名石門山，在今河南省輝縣市西北。　淇水：本卷所載淇水有二，此淇水即今淇河。源出今河南省林州市東南，東南流至今河南省濬縣西南淇門地入黄河。東漢建安末曹操於淇口築堰，遏其水東北流入白溝（今衛河），此後遂成爲衛河支流。原作"淇山"，從中華點校本改。　百門陂：一作百門泉、百泉，在今河南省輝縣市西北蘇門山下。"陂"，原作"波"，從施國祁《金史詳校》卷三上改。

[12]早生：在今河南省淇縣西南棗生村。

[13]獲嘉：治所在今河南省獲嘉縣。

[14]大寧：在今河南省獲嘉縣境。

[15]胙城：治所在今河南省延津縣北胙城。

滑州，[1]下，刺史。宋靈河郡武成軍。本南京屬郡，大定六年割隸大名府。[2]户二萬二千五百七十。縣二、鎮二：

白馬[3]　鎮二　衛南、武城。[4]

内黄[5]　本隸大名府，大定六年來屬。

[1]滑州：治所在今河南省滑縣東舊滑縣。

[2]大名府：治所在今河北省大名縣東北大街鄉。

[3]白馬：與本州治所在同一地。

[4]衛南：在今河南省滑縣東南。　武城：在今河南省滑縣西南沙店。

[5]内黄：治所在今河南省内黄縣。

山東東路，宋爲京東東路，[1]治益都。府二，領節鎮二，[2]防禦二，刺郡七，縣五十三，鎮八十三。

[1]山東東路：治所在今山東省青州市。　宋爲京東東路：原脱“宋”字，從中華點校本補。

[2]領節鎮二：原無“領”字，從中華點校本補。

益都府，[1]上，總管府。宋鎮海軍，[2]國初仍舊置軍，置南青州節度使，後升爲總管府，置轉運司。大定八年置山東東西路統軍司。[3]産石器、玉石、沙魚皮、天南星、半夏、澤瀉、紫草。户一十一萬八千七百一十八。縣七、鎮七：

益都[4]

臨朐[5]　有朐山、几山、洱水、般水。[6]

穆陵[7]　貞祐四年四月升臨朐之穆陵置。

壽光[8]　有甘水、澠水。[9]　鎮一　廣陵，[10]有鹽場。

博興[11]　有濟水、時水。[12]　鎮二　博昌、淳化。[13]

臨淄[14]　有南郊山、牛山、天齊淵、康浪水。[15]

樂安[16]　鎮四　新鎮、高家港、清河、王家。[17]

[1]益都府：治所在今山東省青州市。

[2]宋鎮海軍：原無“宋”字，從中華點校本補。

[3]山東東西路統軍司：按本書卷八六《夾古胡剌傳》：“正隆末，山東盜起。山東路統軍司選諸軍八百人作十謀克”，證明正隆末已有山東路統軍司，本書卷六《世宗紀上》：“大定三年五月己亥，罷河南、山東、陝西統軍司”，卷七三《完顔宗尹傳》：“大定八年置山東路統軍司”。知大定時爲復置。故“山”前當有“復”字。

[4]益都：與本府治所在同一地。

[5]臨朐：治所在今山東省臨朐縣。

［6］朐山：一名覆釜山，在今山東省臨朐縣東南。　几山：不詳。　洱水：即今彌河，古之巨洋水。源出今山東省臨朐縣沂山西麓，北流經臨朐縣東，又北經山東省青州市東，又東北流經山東省壽光市，東北入海。施國祁《金史詳校》卷三上認爲，“洱”當作“沮”。　般水：在今山東省淄博市淄川城東南。

［7］穆陵：治所在今山東省臨朐縣南穆陵關。

［8］壽光：治所在今山東省壽光市。

［9］甘水：不詳。　澠水：源自今山東省淄博市東北臨淄鎮東，北流至今博興縣東南入時水（今小清河）。

［10］廣陵：在今山東省壽光市東北三十五里廣陵鄉。

［11］博興：治所在今山東省博興縣。

［12］濟水：古爲“四瀆”之一，包括黄河南、北兩部分。河北部分今仍名濟水，源出今河南省濟源市西王屋山，入黄河，惟其下游河道歷代屢有變遷；河南部分爲黄河所分支派，其分流點約在今河南省滎陽市北，東流經原陽、封丘等縣，至今山東省定陶縣西，折東北入巨野澤，又自澤北出經梁山縣東，折東北經今平陰、長清、齊河、濟南、鄒平、博興等縣市，而入海，歷代屢有變遷，故道或堙，或爲他河所奪。　時水：又名如水，上游即今山東省淄博市東南烏河，下游自今臨淄鎮西北分爲二支，一支西流至今山東省桓臺縣西北注入古濟水，稱爲乾時，久堙；一支北流折東循今小清河和淄河入海。

［13］博昌：在今山東省博興縣東南二十里寨郝鎮南。　淳化：即今山東省博興縣東北淳化。一説在今山東省博興縣北四十里。

［14］臨淄：治所在今山東省淄博市東北臨淄鎮。

［15］南郊山：不詳。　牛山：一名齊山。在今山東省淄博市東北臨淄鎮南。　天齊淵：在今山東省淄博市東北臨淄鎮南牛山北麓。　康浪水：在今山東省青州市東。

［16］樂安：治所在今山東省廣饒縣。

［17］新鎮：在今山東省墾利縣西南辛店鎮。　高家港：在今山

東省廣饒縣東北高家港。　清河：在今山東省廣饒縣境。　王家：在今山東省廣饒縣東北。

濰州，[1]中，刺史。户三萬九百八十七。縣三、鎮一：

北海[2]　倚。有浮煙山、溉源山、溉水、汶水。[3]　鎮一　固底。[4]

昌邑[5]　有霍侯山、濰水。[6]

昌樂[7]　有方山、聚角山、丹水、朐水。[8]

［1］濰州：治所在今山東省濰坊市。

［2］北海：與本州治所在同一地。

［3］浮煙山：即浮山。即今山東省濰坊市西南二十里的符山。　溉源山：在今山東省濰坊市東南。　溉水：在今山東省濰坊市東南，東北流入渤海。　汶水：本卷所載汶水有二。此汶水即今山東中部濰河西岸支流汶河。

［4］固底：在今山東省濰坊市東北固堤鎮。

［5］昌邑：治所在今山東省昌邑市。

［6］霍侯山：一名陸山。在今山東省昌邑市南四十里。　濰水：即今山東省東部的濰河。

［7］昌樂：治所在今山東省昌樂縣。

［8］方山：在今山東省昌樂縣東南。　聚角山：《元豐九域志》卷一作“藂角山”。所在地不詳。　丹水：源出今山東省昌樂縣南，北流至昌樂縣西折而東北流入海。

濱州，[1]中，刺史。宋軍事。户一十一萬八千五百八十九。縣四、鎮十：

渤海[2]　有黄河。　鎮五　豐國、寧海、濱海、蒲臺、安平。[3]

利津[4]　明昌三年十二月以永和鎮升置。[5]

蒲臺[6]　鎮二　安定、合波。[7]

沾化[8]　本名招安，明昌六年更。　鎮三　永豐、永阜、永科。[9]

[1]濱州：治所在今山東省濱州市北濱城鎮。

[2]渤海：與本州治所在同一地。

[3]豐國：在今山東省沾化縣東利國鎮。　寧海：在今山東省墾利縣西。　濱海：不詳。　蒲臺：在今山東省濱州市東南蒲城鄉。　安平：在今山東省濱州市東南，與蒲臺縣隔大清河相對。

[4]利津：治所在今山東省利津縣。

[5]永和鎮：誤。應爲永利鎮，即本州沾化縣所屬永利鎮。下文沾化縣下誤爲永科鎮。

[6]蒲臺：治所在今山東省濱州市東南蒲城鄉。

[7]安定：在今山東省濱州市南二十六里舊鎮。　合波：在今山東省濱州市境。

[8]沾化：治所在今山東省沾化縣西古城鎮。

[9]永豐：在今山東省沾化縣西下洼鎮。　永阜：在今山東省墾利縣西北；一説在今山東省利津縣東北五十里。　永科：施國祁《金史詳校》卷三上認爲當作"永和"。中華點校本據《嘉慶一統志》卷一七六，認爲當是"永利"之誤。永利鎮在今山東省利津縣。

沂州，[1]上，防禦。宋琅邪郡。户二萬四千三十五。縣二、鎮三：

臨沂[2]　劇。　鎮三　長任、向城、利城。[3]

費[4]

[1]沂州：治所在今山東省臨沂市。

[2]臨沂：與本州治所在同一地。

[3]長任：在今山東省臨沂市南三十里。　向城：即今山東省蒼山縣西向城鎮。　利城：在今山東省臨沭縣東北。

[4]費：治所在今山東省費縣。

密州，[1]宋爲密州高密郡安化軍節度。户一萬一千八十二。縣四、鎮七：

諸城[2]　劇。有琅邪山、濰水、荆水、盧水。[3]　鎮三　普慶、信陽、草橋[4]

安丘[5]　有安丘山、劉山，汶、濰、浯水。[6]　鎮一　李文。[7]

高密[8]　有礪阜山、密水、膠水。[9]

膠西[10]　鎮三　張倉、梁鄉、陳村。[11]

[1]密州：治所在今山東省諸城市。

[2]諸城：與本州治所在同一地。

[3]琅邪山：在今山東省膠南市西南。　荆水：在今山東省諸城市東北，爲浯水支流。　盧水：出今山東省諸城市東南盧山，北流入濰河。

[4]普慶：即今山東省諸城市西南普慶莊。　信陽：在今山東省膠南市西南信陽鎮。　草橋：在今山東省膠南市西南，信陽鎮的東北。

[5]安丘：治所在今山東省安丘市。

[6]安丘山：不詳。　劉山：在今山東省安丘市西南。　汶水：本卷所載汶水有二，此汶水即今山東中部濰河西岸支流汶河，一名浯汶。　浯水：浯水一名清河，源出今山東省莒縣北的浯山，東北流經安丘市、諸城市，至高密市入濰河。“浯”原作“涪”，從中華點校本改。

[7]李文：一説在今山東省安丘市南；一説在今山東省諸城市西北里文。

[8]高密：治所在今山東省高密市。

[9]礪阜山：在今山東省安丘市東，接高密市界。　密水：源於今山東省諸城市東，西北流入濰水。　膠水：源出今山東省膠南市北，北流入萊州灣。

[10]膠西：治所在今山東省膠州市。

[11]張倉：在今山東省膠南市西北。　梁鄉：在今山東省膠南市南古鎮營。　陳村：在今山東省膠州市東北大店。

海州，[1]中，刺史。户三萬六百九十一。縣五、[2]鎮四：

朐山。[3]

贛榆[4]　本懷仁，大定七年更。　鎮二　荻水、臨洪。[5]

東海[6]

漣水[7]　本漣水軍，皇統二年降爲縣來屬。　鎮二　太平、金城。[8]

[1]海州：治所在今江蘇省連雲港市西南海州鎮。

[2]縣五：以下所列僅四縣，中華點校本認爲，應脱沭陽縣。沭陽縣治所在今江蘇省沭陽縣。

[3]朐山：與本州治所在同一地。

[4]贛榆：治所在今江蘇省贛榆縣。

[5]荻水：一説在今江蘇省贛榆縣東北；一説在今山東省日照市西南荻水村。　臨洪：即今江蘇省東海縣東北臨洪鎮。

[6]東海：治所在今江蘇省灌雲縣北南城鎮。

[7]漣水：治所在今江蘇省漣水縣。

[8]太平：在今江蘇省漣水縣北。　金城：在今江蘇省漣水縣北三十里金城庵。

莒州，[1]中，刺史。本城陽軍，大定二十二年升爲城陽州，二十四年更今名。户四萬三千二百四十。縣三、鎮三：[2]

莒[3]

日照[4]　鎮一　濤洛。[5]

沂水[6]　鎮一　沂安。[7]舊有扶溝、洛鎮二鎮，[8]後廢。

[1]莒州：治所在今山東省莒縣。

[2]鎮三：殿本作“鎮二”，是。

[3]莒：與本州治所在同一地。

[4]日照：治所在今山東省日照市。

[5]濤洛：即今山東省日照市西南濤雒鎮。

[6]沂水：治所在今山東省沂水縣。

[7]沂安：不詳。

[8]扶溝：不詳。　洛鎮：不詳。

棣州，[1]上，防禦。宋安樂郡。户八萬二千三百三。縣三、鎮九：

猒次[2]　鎮五　清河、歸化、達多、永利、脂角。[3]

陽信[4]　有黄河、鈎盤河。　鎮二　欽風、西界。[5]

商河[6]　有黄河、馬頰河、商河。[7]　鎮二　歸仁、官口。[8]

［1］棣州：治所在今山東省惠民縣。

［2］猒次：與本州治所在同一地。

［3］清河：即今山東省惠民縣東南大清河鎮。　歸化：在今山東省惠民縣西歸化村。按《元豐九域志》卷二作“歸仁”。　達多：在今山東省惠民縣境。　永利：在今山東省惠民縣東四十里桑落墅鎮。　脂角：一作淄角鎮，即今山東省惠民縣西南淄角鎮。

［4］陽信：治所在今山東省陽信縣。

［5］欽風：一説在今山東省陽信縣東南；一説在今山東省惠民縣東南。　西界：在今山東省陽信境。

［6］商河：治所在今山東省商河縣。

［7］馬頰河：《禹貢》“九河”之一的馬頰河漢以後已不存在；今之馬頰河不經古商河縣境，二者均與金時馬頰河無關。一説此馬頰河故道自今山東省陵縣東南分古黄河東北流，經今商河、惠民二縣北，復經陽信縣南，至沾化縣西北入海。待考。　商河：一名土河、夾馬河，又名滴河。自今山東省禹城市東北流，至濱州市西入徒駭河。

［8］歸仁：在今山東省惠民縣東南歸仁村。　官口：在今山東省商河縣境。

濟南府，[1]散，上。宋齊州濟南郡。初置興德軍節度使，後置尹，置山東東西路提刑司。[2]户三十萬八千四百六十九。縣七、鎮二十九：

歷城[3]　鎮六　盤水、中宫、老僧口、上洛口、王舍人店、遥牆。[4]

臨邑[5]　鎮三　新鎮、安肅、新市。[6]

齊河[7]　鎮三　晏城、劉宏、新孫耿。[8]

章丘[9]　有長白山、東陵山、百脉水、楊緒水。[10]　鎮四　普濟、延安、臨濟、明水。[11]

禹城[12]　有黄河、濟河、淇河、濕水。[13]　鎮三　新安、仁水寨、黎濟寨。[14]

長清[15]　劇。有劘笄山、隔馬山、黄河、清水。[16]　鎮六　赤莊、莒鎮、李家莊、歸德、豐濟、陰河。[17]

濟陽[18]　鎮四　回河、曲堤、舊孫耿、仁豐。[19]

[1]濟南府：治所在今山東省濟南市。

[2]山東東西路提刑司：官署名。山東東西路提刑司設在濟南。

[3]歷城：與本州治所在同一地。

[4]盤水：在今山東省章丘市西龍山鎮。　中宫：在今山東省濟南市西南中宫鎮。　老僧口：即今山東省濟南市東北老僧口鎮。上洛口：即今山東省濟南市北洛口鎮。　王舍人店：在今山東省濟南市東三十里王舍人莊。　遥牆：在今山東省濟南市東南遥牆鎮。

[5]臨邑：治所在今山東省臨邑縣。

[6]新鎮：在今山東省臨邑縣西南。　安肅：在今山東省臨邑縣境。　新市：在今山東省濟陽縣西北新市。

[7]齊河：治所在今山東省齊河縣東南城關。

[8]晏城：在今山東省齊河縣。　劉宏：在今山東省齊河縣西南。　新孫耿：在今山東省齊河縣東北孫耿街。

[9]章丘：治所在今山東省章丘市北章丘城。

[10]長白山：在今山東省鄒平縣西南，交章丘界。　東陵山：

在今山東省章丘市境。　百脉水：一名百脉泉，在今山東省章丘市東南。　楊緒水：在今山東省章丘市東北。

［11］普濟：在今山東省章丘市南普集鎮。　延安：在今山東省章丘市北稍西黄河南岸。　臨濟：在今山東省章丘市西北臨濟村。　明水：在今山東省章丘市。

［12］禹城：治所在今山東省禹城市。

［13］濟河：本書所載濟河有二，此濟河與益都府博興縣下的濟水同。　淇河：本卷所載淇河有二，此淇河與今稱淇河的古淇水不是一條河。　濕水：後代作"漯水"，爲黄河下游主要支流之一。也作漯川。自今河南濬縣西南分黄河東北流，經河南省濮陽市、范縣及山東省莘縣、聊城市、臨邑縣、濱州市等縣市境，注入渤海。久堙。胡渭《禹貢錐指》："自宋世河决商胡，朝城流絶，而舊迹之存者鮮矣。"此濕水當是宋代黄河改道以後在本縣境内尚存的古漯水舊迹。

［14］新安：在今山東省禹城市北。　仁水寨：在今山東省禹城市境。　黎濟寨：在今山東省禹城市西北。

［15］長清：治所在今山東省長清縣。

［16］劆笄山：不詳。　隔馬山：在今山東省長清縣南。　清水：古濟水下游别名。故道起自今山東省梁山縣，東北經今東阿縣、平陰縣、長清縣、濟南市、濟陽縣、博興縣，入渤海。

［17］赤莊：在今山東省長清縣境。　莒鎮：在今山東省長清縣西北。　李家莊：在今山東省長清縣境。　歸德：在今山東省長清縣西南歸德鎮。　豐濟：在今山東省長清縣東北。　陰河：在今山東省長清縣西北。

［18］濟陽：治所在今山東省濟陽縣。

［19］回河：在今山東省濟陽縣西南回河鎮。　曲堤：在今山東省濟陽縣曲堤鎮。　舊孫耿：在今山東省濟陽縣西南孫耿鎮。　仁豐：一作仁風鎮，即今山東省濟陽縣仁風鎮。

淄州，[1]中，刺州。宋淄川郡軍。户一十二萬八千六百二十二。縣四、鎮六：

淄川[2]　倚。有鬻山、夾谷山、商山、淄水。[3]　鎮三　金嶺、張店、顏神店。[4]

長山[5]　有長白山、栗水。[6]

鄒平[7]　有系河、濟河。[8]　鎮三　淄鄉、齊東、孫家嶺。[9]舊有啞店鎮，[10]後廢。

高苑[11]　有濟河。

[1]淄州：治所在今山東省淄博市西南淄川鎮。

[2]淄川：與本州治所在同一地。

[3]鬻山：在今山東省淄博市南。“鬻”，原作“鬻”，從中華點校本改。　夾谷山：一名祝其山，在今山東省淄博市淄川西南。　商山：一名鐵山，在今山東省桓臺縣東南，接青州市界。　淄水：即今山東省淄河。源出淄博市南魯山北麓，東北流經臨淄鎮東，北注小清河。

[4]金嶺：在今山東省淄博市東金嶺鎮。　張店：即今山東省淄博市。　顏神店：在今山東省淄博市西南。

[5]長山：治所在今山東省鄒平縣東長山鎮。

[6]長白山：即今山東省鄒平縣西南會仙山。　栗水：流域不詳。按《元豐九域志》卷一、《文獻通考》卷三一七《輿地考》並作“粟水”。

[7]鄒平：治所在今山東省鄒平縣。

[8]系河：一名梧河，在今山東省鄒平縣東北。　濟河：本書所載濟水有二，本州濟河皆與益都府博興縣下的濟水同。

[9]淄鄉：在今山東省鄒平縣境。　齊東：齊東鎮在今山東省鄒平縣西北黄河南岸。“齊”，原作“介”，從中華點校本改。　孫

家嶺：《宋會要》食貨十五之五作“孫家店”，《元豐九域志》卷一作“孫家”。在今山東省鄒平縣北孫鎮。

［10］啀店鎮：在今山東省鄒平縣西北。

［11］高苑：在今山東省鄒平縣東北苑城鎮。

萊州，[1]上，定海軍節度。宋東萊郡。户八萬六千六百七十五。縣五、鎮一：

掖[2]　倚。有三山、夜居山、掖水。[3]

萊陽[4]　有高麗山、七子山。[5]　鎮一　衡村。[6]舊有海倉、西由、移風三鎮。[7]

即墨[8]　有牢山、不其山、天室山、沽水、曲裹鹽場。[9]

膠水[10]

招遠[11]

［1］萊州：治所在今山東省萊州市。

［2］掖：與本州治所在同一地。

［3］三山：一作參山，在今山東省萊州市北。　夜居山：所在地不詳。《元豐九域志》作“夜唐山”。　掖水：源出今山東省萊州市南塞同山，北流經今萊州市西入海。

［4］萊陽：治所在今山東省萊陽市。

［5］高麗山：在今山東省萊陽市西南。　七子山：在今山東省海陽市西南。

［6］衡村：在今山東省海陽市西南邢村鎮。

［7］海倉：在今山東省萊州市西南九十里海倉，膠萊河入海口處。　西由：在今山東省萊州市北五十里西由鎮。　移風：即今山東省即墨市西北移風鎮。

［8］即墨：治所在今山東省即墨市。

[9]牢山：一名勞山，即今山東省青島市嶗山區東嶗山。　不其山：在今山東省即墨市西南。　天室山：在今山東省青島市北。沽水：源出今山東省招遠市，西南行至山東省膠州市入膠州灣。曲裏鹽場：在今山東省即墨市境。

[10]膠水：治所在今山東省平度市。

[11]招遠：治所在今山東省招遠市。

登州，[1]中，刺史。宋東牟郡。户五萬五千九百一十三。縣四、鎮二：

蓬萊[2]　有巨風鹽場。[3]

福山[4]　鎮一　孫大川。[5]

黄[6]　有萊山、蹲狗山。[7]　鎮一　馬停。[8]

棲霞[9]

[1]登州：治所在今山東省蓬萊市。

[2]蓬萊：與本州治所在同一地。

[3]巨風鹽場：在今山東省蓬萊市西南。

[4]福山：治所在今山東省烟臺市西南兩水鎮。

[5]孫大川：當是孫夼鎮之誤。孫夼鎮在今山東省烟臺市西北海濱。

[6]黄：治所在今山東省龍口市。

[7]萊山：一名萊陰山，即今山東省龍口市東南萊山。　蹲狗山：一名蹲犬山。在今山東省龍口市東南，爲大沽河發源地。

[8]馬停：即今山東省龍口市。

[9]棲霞：治所在今山東省棲霞市。

寧海州，[1]上，刺史。本寧海軍，大定二十二年升爲州。户六萬一千九百三十三。縣二、鎮二：

牟平[2] 有東牟山、之罘山、清陽水。[3] 鎮一湯泉。[4]

文登[5] 劇。有文登山、成山、昌陽山。[6] 鎮一温水。[7]

[1]寧海州：治所在今山東省烟臺市東南寧海鎮。

[2]牟平：與本州治所在同一地。

[3]東牟山：即牟山的别稱，在今山東省文登市西北。 之罘（fú）山：在今山東省烟臺市北芝罘島上。 清陽水：源出今山東省烟臺市西南，東北流入海。

[4]湯泉：在今山東省烟臺市寧海鎮東南四十里龍泉鎮。

[5]文登：治所在今山東省文登市。

[6]文登山：一名文山，在今山東省文登市東。 成山：一名成山頭、成山角，在今山東省榮成市東北。 昌陽山：當在今山東省文登市東南。

[7]温水：一名温泉鎮，在今山東省威海市東南。

山東西路，[1]府一，領節鎮二，防禦二，刺郡五。[2]

[1]山東西路：治所在今山東省東平縣。

[2]刺郡五：殿本此下有“縣三十七，鎮四十八”，與下面所列的縣、鎮數相符。

東平府，[1]上，天平軍節度。宋東平郡，舊鄆州，後以府尹兼總管，置轉運司。産天麻、全蝎、阿膠、薄荷、防風、絲、綿、綾、錦、絹。户一十一萬八千四十六。縣

六、鎮十九：

須城[2]　有梁山、濟水、清河。[3]

東阿[4]　有吾山、穀城山、黄河、阿井。[5]　鎮五　景德、木仁、關山、銅城、陽劉。[6]

陽穀[7]　有黄河、碻磝津。[8]　鎮二　樂安、定水。[9]

汶上[10]　本名中都，貞元元年更爲汶陽，[11]泰和八年更今名。有汶水、大野陂。[12]　鎮一　柴城。[13]

壽張[14]　大定七年河水壞城，遷於竹口鎮，[15]十九年復舊治。鎮一竹口。

平陰[16]　有鬱葱山、鴟夷山。[17]　鎮九　但歡、安寧、寧鄉、翔鸞、固留、滑口、廣里、石横、澄空、傅家岸。[18]

[1]東平府：治所在今山東省東平縣。

[2]須城：與本州治所在同一地。

[3]梁山：在今山東省梁山縣南東平湖西，漢代又稱良山，北宋時山在梁山泊中。　濟水：本書所載濟水有二，此濟水即益都府博興縣下的濟水。

[4]東阿：治所在今山東省東阿縣南舊城。

[5]吾山：一名魚山，在今山東省東阿縣西南大青河西。　穀城山：一名黄山，在今山東省平陰縣西南。　阿井：在今山東省陽穀縣東北阿城鎮。井水清洌甘甜，用以煮膠，稱爲“阿膠”。

[6]景德：在山東省陽穀縣張秋。　木仁：在今山東省東阿縣境。　關山：在今山東省東阿縣西南關山。　銅城：即今山東省東阿縣。　陽劉：在今山東省東阿縣東北楊柳鎮。

[7]陽穀：治所在今山東省陽穀縣。

[8]碻磝津：一作敲礘津，在今山東省茌平縣西南古黄河上。

[9]樂安：中華點校本本卷校勘記云，據《元豐九域志》卷一

及《嘉慶一統志》卷一六六當作“安樂”。即今山東省陽穀縣東北安樂鎮。　定水：在今山東省陽穀縣北定水鎮。

[10]汶上：治所在今山東省汶上縣。

[11]貞元元年更爲汶陽：按元好問《續夷堅志》卷三“永安錢”條：“海陵天德初（當作貞元），卜宅于燕，建號中都，易析津府爲大興。始營造時，得古錢地中，文曰‘永安一千’，朝議以爲瑞，乃取長安例，地名永安。改東平中都縣曰汶陽，河南永安縣曰芝田，中都永安坊曰長寧。”本書卷七《世宗紀中》，大定十三年（1173）三月乙卯，有世宗謂宰臣“自海陵遷都永安”句，知此縣因與新都中都重名而改。

[12]汶水：本卷所載汶水有二。此汶水即今山東省西部的大汶河。源出今山東省淄博市西南，西南流至東平縣西南入濟水。　大野陂：一作大野澤、巨野澤，在今山東省巨野縣北。唐時湖面南北約三百里，東西約百餘里。五代後南部涸爲平地，北部成爲梁山泊的一部分。

[13]柴城：在今山東省汶上縣境。

[14]壽張：治所在今山東省梁山縣西北壽張集。

[15]竹口鎮：在今山東省陽穀縣南竹口。

[16]平陰：治所在今山東省平陰縣。

[17]鬱葱山：不詳。　鵶夷山：不詳。

[18]但歡、安寧、寧鄉、翔鸞、固留、滑口、廣里、石横、澄空、傅家岸：中華點校本本卷校勘記云，《九域志》作“祖歡、石溝、界首、寧鄉、滑家口、傅家岸、翔鸞七鎮”。此似應作十鎮。但歡鎮在今山東省東阿縣東北但鎮街。安寧鎮即今山東省肥城市南安臨鎮。寧鄉鎮在今山東省平陰縣境。翔鸞鎮在今山東省平陰縣境。固留鎮在今山東省肥城市西南。滑口鎮一説在今山東省平陰縣西南，一説在今山東省東阿縣東南。廣里鎮在今山東省平陰縣東北孝里鋪。石横鎮即今山東省平陰縣東南石横鎮。澄空鎮在今山東省平陰縣境内。傅家岸鎮即今山東省東阿縣東傅家寨。界首鎮在今山

東省長清縣東南界首鎮。

濟州，[1]中，刺史。宋濟陽郡，舊治鉅野，[2]天德二年徙治任城縣，分鉅野之民隸嘉祥、鄆城、金鄉三縣。户四萬四百八十四。縣四、鎮二：

任城[3]　倚。有承匡山、泗水、新河。[4]　鎮一　魯橋。[5]

金鄉[6]　有桓溝。[7]　鎮一　昌邑。[8]

嘉祥[9]　舊有合來、山口二鎮，[10]後廢。

鄆城[11]　大定六年五月徙治盤溝村以避河決。[12]有馬頰河、濮水。[13]

[1]濟州：治所在今山東省濟寧市。

[2]鉅野：治所在今山東省巨野縣南。

[3]任城：與本州治所在同一地。

[4]承匡山：爲"承雀山"之訛，在今山東省鄒城市西南五十二里。原脱"匡"字，從《元豐九域志》卷一、《太平寰宇記》卷一四補。又，中華點校本以爲脱字爲"注"，此山應是"承注山"。新河：不詳。

[5]魯橋：在今山東省濟寧市東南魯橋鎮。

[6]金鄉：治所在今山東省金鄉縣。

[7]桓溝：一名桓公溝，即洪水。東晋桓温北伐時所鑿。故道自今山東省巨野縣東北承古巨野澤薛訓渚，傍澤東岸北流一百二十里至鄆城縣東北復入古巨野澤匯濟水。

[8]昌邑：在今山東省巨野縣南六十里昌邑鄉。

[9]嘉祥：治所在今山東省嘉祥縣。

[10]合來：不詳。　山口：在今山東省嘉祥縣西二十五里

酒店。

[11]鄆城：治所在今山東省鄆城縣東。

[12]盤溝村：即今山東省鄆城縣。

[13]馬頰河：此指何水不詳。《禹貢》“九河”之一的馬頰河漢以後已不存在；今之馬頰河亦不經鄆城縣境，二者均與此無關。一説此馬頰河故道自今山東省陵縣東南分古黄河東北流，經今商河、惠民二縣北，復經陽信縣南，至沾化縣西北入海，但也不經鄆城縣。 濮水：一名濮渠水。上游分爲二支，一支於今河南省封丘縣西分古濟水東北流，一支於今河南省原陽縣北分古黄河東流，二支合流於今長垣縣西。東至今河南省滑縣又分爲二：一支經今山東省東明縣北，東北至鄄城縣南入古瓠子河；一支經今東明縣南，又東經山東省菏澤市北入古巨野澤。久堙。

徐州，[1]下，武寧軍節度使。宋彭城郡，貞祐三年九月改隸河南路。户四萬四千六百八十九。縣三、鎮五：

彭城[2] 倚。有九里山、赭土山、泗水、猴水、沛澤。[3] 鎮三 吕梁、利國、卞唐。[4]又有厥堌鎮，[5]元光二年升爲永固縣。

蕭[6] 有綏輿山、丁公山、古汴渠。[7] 鎮二 白土、安民。[8]舊有晋城、雙溝二鎮。[9]

豐[10] 有泡水、大澤。[11]

[1]徐州：治所在今江蘇省徐州市。

[2]彭城：與本州治所在同一地。

[3]九里山：又名九嶷山、象山。在今江蘇省徐州市西北五里。赭土山：在今江蘇省銅山縣北。原脱“山”字，從中華點校本補。

猴水：不詳。　沛澤：當指江蘇省徐州市以北、沛縣以東的古湖濼。

[4]吕梁：在今江蘇省徐州市東南吕梁集。《元豐九域志》卷一作“吕梁洪”。　利國：在今江蘇省銅山縣東北利國驛。　卞唐：在今江蘇省徐州市東北汴塘集。“卞”，原作“下”，從中華點校本改。《宋會要》食貨十五之五與《元豐九域志》卷一並作“卞塘”。

[5]厥堌鎮：一名厥固城，即今安徽省蕭縣南永堌鎮。

[6]蕭縣：治所在今安徽省蕭縣西北。

[7]綏輿山：在今安徽省蕭縣東北。　丁公山：在今安徽省蕭縣東南十五里。　古汴渠：本卷所載汴渠有二，此與單州碭山縣的古汴渠同。

[8]白土：即今安徽省蕭縣東南白土鎮。　安民：在今安徽省蕭縣東北。

[9]晋城：不詳。　雙溝：即今江蘇省睢寧縣西北雙溝鎮。

[10]豐：治所在今江蘇省豐縣。

[11]泡水：自今江蘇省豐縣西分黄河水東流，經豐縣、沛縣南入古黄河岔流（南清河）。　大澤：在今江蘇省豐縣北。

邳州，[1]中，刺史。宋淮陽軍，貞祐三年九月改隸河南路。户二萬七千二百三十二。縣三：

下邳[2]　有嶧陽山、磬石山、艾山、沂水、泗水、沭水、睢水。[3]

蘭陵[4]　本承縣，明昌六年更名。貞祐四年三月徙治土婁村。[5]

宿遷[6]　元光二年四月廢。有泗水、汜水。[7]

[1]邳州：治所在今江蘇省睢寧縣西北古邳鎮。

[2]下邳：與本州治所在同一地。

[3]嶧陽山：即葛嶧山。即今江蘇省邳州市西南的鉅山。　磬石山：在今安徽省靈璧縣北七十里。　艾山：在今江蘇省邳州市北。“山”，原作“水”，從中華點校本改。　沂水：本卷所載沂水有二。此沂水源出山東省沂源縣西南，東北流經沂源縣南折而東南流，至沂水縣折南，經沂南縣、臨沂市、郯城縣，至江蘇省邳州市西南入黄河。　沭水：即今沭河。源出山東省沂水縣沂山，南流經今山東省莒縣、郯城等縣，又南流入今江蘇省新沂市境，此下歷代屢有變遷，今道流入新沂河。“沭”，原作“沐”，從中華點校本改。

[4]蘭陵：治所在今山東省棗莊市東南嶧城鎮西。

[5]土婁村：不詳。

[6]宿遷：治所在今江蘇省宿遷市西南舊黄河南岸古城。

[7]氾水：不詳。

滕州，[1]上，刺史。本宋滕陽軍，大定二十二年升爲滕陽州，二十四年更今名。貞祐三年九月爲兖州支郡。户四萬九千九。縣三、鎮一：

滕[2]　舊名滕陽，大定二十四年更。有桃山、抱犢山、漷水。[3]

沛[4]　有微山、泗水、泡水、漷水。[5]　鎮一　陶陽。[6]

鄒[7]　宋隸泰寧軍。有嶧山、鳧山、泗水、漷水。[8]

[1]滕州：治所在今山東省滕州市。

[2]滕：與本州治所在同一地。

[3]桃山：在今山東省滕州市東南。　抱犢山：今山東省棗莊市東北有抱犢山，一名君山。此抱犢山本書僅此一見，《元豐九域

志》作“犢”。疑此“犞”爲“犢”之誤。　漷水：一名南沙河。源出今山東省滕州市，西流經市南，西南至江蘇省沛縣入運河。

[4]沛：治所在今江蘇省沛縣。

[5]微山：在今山東省微山縣東南微山湖中。

[6]陶陽：在今山東省滕州市東南六十里。

[7]鄒：治所在今山東省鄒城市。

[8]嶧山：也作繹山、嶧陽山、鄒山、鄒嶧山、朱嶧山，在今山東省鄒城市東南。　梟山：在今山東省鄒城市西南。

博州，[1]上，防禦。宋博平郡。户八萬八千四十六。縣五、鎮十一：

聊城[2]　倚。有茌山、黄河、金沙水。[3]　鎮二　王館、武水。[4]

堂邑[5]　鎮二　回河、侯固。[6]

博平[7]　有漯河。[8]　鎮一　博平。[9]

茌平[10]　鎮二　廣平、興利。[11]

高唐[12]　有黄河、鳴犢溝。[13]　鎮四　固河、齊城、靈城、夾灘。[14]

[1]博州：治所在今山東省聊城市。

[2]聊城：與本州治所在同一地。

[3]茌山：在今山東省茌平縣城。《漢書》卷二八《地理志》，東郡茬縣下引應劭曰“茬山在東北”。《太平寰宇記》卷五四亦爲“茬山”，此誤。　金沙水：不詳。

[4]王館：在今山東省聊城市東南王官莊。　武水：在今山東省聊城市西南五十里沙鎮。

[5]堂邑：在今山東省聊城市西堂邑鎮。

［6］回河：在今山東省聊城市西堂邑鎮附近。　侯固：在今山東省聊城市西北堠固鎮。

［7］博平：治所在今山東省茌平縣西博平。

［8］漯河：也作漯水、漯川，爲黄河下游主要支流之一。自今河南濬縣西南分黄河東北流，經河南省濮陽市、范縣及山東省莘縣、聊城市、臨邑縣、濱州市等縣市境，注入渤海。久堙。胡渭《禹貢錐指》："自宋世河决商胡，朝城流絶，而舊迹之存者鮮矣。"此漯水當是宋代黄河改道以後在本縣境内尚存的古漯水舊迹。

［9］博平：在今山東省高唐縣西南清平鎮。

［10］茌平：治所在今山東省茌平縣。

［11］廣平：在今山東省茌平縣西南廣平。　興利：在今山東省茌平縣西南。

［12］高唐：治所在今山東省高唐縣。

［13］鳴犢溝：一名鳴犢河，故道在今山東省高唐縣至河北省景縣境，西漢時黄河至此分流。此不詳何指，疑指鳴犢河舊迹。

［14］固河：在今山東省高唐縣東北涸河鎮。　齊城：在今山東省高唐縣東。　靈城：在今山東省高唐縣南南鎮村。　夾灘：在今山東省高唐縣東南夾灘鎮。

兗州，[1]中，泰定軍節度使。宋襲慶府魯郡。舊名泰寧軍，大定十九年更。户五萬九十九。縣四：

嵫陽[2]　本瑕丘。

曲阜[3]　宋名仙源。有防山、曲阜山，泗、洙、沂水。[4]

泗水[5]　有陪尾山、尼丘山、泗水、洙水。[6]

寧陽[7]　舊名龔縣，大定二十九年以避顯宗諱改。

［1］兗州：治所在今山東省兗州市。

［2］嵫陽：與本州治所在同一地。

[3]曲阜：治所在今山東省曲阜市東古城村。

[4]防山：又名筆架山，在今山東省曲阜市東。孔子之父葬此。曲阜山：不詳。　洙水：水源出今山東省新泰市東北，西南流至泰安市東南，折西南至泗水縣北與泗水合流，西至曲阜市城東北復與泗水分流，西經兖州市至濟寧市東，折南注入泗水。後屢經變遷，上源於泰安市東南改道西流與柴汶會合北入汶水，今爲小汶河上游，中游故道久堙。上游自兖州市以下至濟寧市南魯橋鎮已爲今府河、大運河所取代。　沂水：本卷記載的沂水有二。此沂水源出山東省曲阜市東南，西流至兖州市東入泗水。

[5]泗水：治所在今山東省泗水縣。

[6]陪尾山：在今山東省泗水縣東。　尼丘山：即今山東省泗水縣西南尼山。

[7]寧陽：治所在今山東省寧陽縣。

泰安州，[1]上，刺史。本泰安軍，大定二十二年升。户三萬一千四百三十五。縣三、鎮二：

奉符[2]　倚。有泰山、社首山、龜山、徂徠山、亭亭山。[3]有汶水、梁水。[4]　鎮二　太平、静封。[5]

萊蕪[6]　有肅然山、安期山、嬴汶水、牟汶水。[7]

新泰[8]

[1]泰安州：治所在今山東省泰安市。

[2]奉符：與本州治所在同一地。

[3]泰山：即今山東省泰安市北泰山。　社首山：在今山東省泰安市西南。　龜山：在今山東省新泰市南。　徂徠山：在今山東省泰安市東南。　亭亭山：在今山東省泰安市南。

[4]汶水：本卷所載汶水有二。此汶水即今山東省西部的大汶河。源出今山東省淄博市西南，西南流至東平縣西南入濟水。　梁

水：不詳。

[5]太平：在今山東省泰安市西三十里天平店。　静封：在今山東省泰安市東。

[6]萊蕪：治所在今山東省萊蕪市。

[7]肅然山：在今山東省萊蕪市西北。　安期山：在今山東省萊蕪市南。　嬴汶水：不詳。"嬴"，原作"羸"，從中華點校本改。　牟汶水：源出山東省新泰市北，北流折西至泰安市東入汶水。

[8]新泰：治所在今山東省新泰市。

德州，[1]上，防禦。宋平原郡軍。户一萬五千五十三。縣三、鎮七：

安德[2]　有鬲津河。　鎮四　磁博、嚮化、盤河、德安。[3]

平原[4]　有金河。[5]　鎮一　水務。[6]

德平[7]　鎮二　懷仁、孔家鎮。[8]

[1]德州：治所在今山東省陵縣。

[2]安德：與本州治所在同一地。

[3]磁博：在今山東省陵縣磁博鎮。　嚮化：在今山東省濟陽縣西北五十里新市城。　盤河：在今山東省臨邑縣西北。　德安：在今山東省陵縣境。

[4]平原：治所在今山東省平原縣。

[5]金河：不詳。

[6]水務：即今山東省平原縣東水務鎮。

[7]德平：治所在今山東省臨邑縣北德平鎮。

[8]懷仁：即今山東省商河縣西北懷仁鎮。　孔家鎮：即今山東省樂陵市西南孔鎮。

曹州，[1]中，刺史。宋興仁府濟陰郡彰信軍。本隸南京，泰和八年來屬。大定八年城爲河所没，遷州治于古乘氏縣。[2]户一萬二千六百七十七。縣三、鎮一：

濟陰[3]　倚。有曹南山、定濮岡、左山、祝丘、荷水、汎水、饗城、鄸城。[4]　鎮一　濮水。[5]

定陶[6]　本宋廣濟軍，熙寧間廢爲定陶縣。[7]城中有梁王臺。[8]有㚏山、獨孤山。[9]

東明[10]　初隸南京，後避河患，徙河北冤句故地。[11]後以故縣爲蘭陽、儀封，[12]有舊東明城。[13]

[1]曹州：治所在今山東省曹縣西北。

[2]乘氏縣：治所在今山東省菏澤市。

[3]濟陰：與本州治所在同一地。

[4]曹南山：一名南山，在今山東省曹縣南。　定濮岡：不詳。左山：又名左岡。在今山東省曹縣西北六十五里。　祝丘：不詳。荷水：一作菏水。分東、西兩段：東段自今山東省定陶縣東北菏澤東流，經今成武、金鄉二縣北，至魚臺縣東北入古泗水；西段自今定陶縣西古濟水南岸分出，東北流至縣北還入濟水。金以後堙。饗城：不詳。　鄸城：不詳。

[5]濮水：一名濮渠水。上游一支首受濟水於今河南省封丘縣西，東北流；一支首受黄河於今原陽縣北，東流經今延津縣南。二支合流於今長垣縣西。東流經長垣縣北至滑縣東南，此下又分爲二：一支經山東省東明縣北，東北至鄄城縣南注於瓠子河；一支經東明縣南，又東經菏澤北注入巨野澤。歷代上下游各支時通時塞。後因濟水涸竭、黄河改道，故道漸堙。明清之際，餘流猶存於長垣、東明二縣一帶，俗稱普河。

[6]定陶：治所在今山東省定陶縣西北。

[7]熙寧：宋神宗年號（1068—1077）。

[8]梁王臺：在今山東省定陶縣北。

[9]髣（fǎng）山：在今山東省成武縣南。　獨孤山：不詳。

[10]東明：治所在今山東省東明縣東南東明集。

[11]冤句故地：此指今山東省東明縣東南東明集。但冤句縣始設於西漢，治所在今山東省曹縣西北，北宋改爲宛亭縣，在黄河以南，與此云“徙河北”不合。

[12]蘭陽：縣名。治所在今河南省蘭考縣東北，即下文所説的舊東明城。　儀封：縣名。治所在今河南省蘭考縣東。

[13]舊東明城：指東明縣徙河北以前治所所在地，在今河南省蘭考縣東北。